# 지식 및 기술융합 서비스분야 신설가능 자격종목에 관한 연구(독일)

한국산업인력공단

연구자    박재현 선임연구원(한국산업인력공단 자격동향분석팀)

2014년 11월 20일 1판 1쇄 인쇄
2014년 11월 20일 1판 1쇄 발행

지 은 이   한국산업인력공단
발 행 인   이현숙
표    지   김학용
발 행 처   생각쉼표 & 주)휴먼컬처아리랑
          서울특별시 영등포구 여의도동 45-13 코오롱포레스텔 309
전    화   070) 8866 - 2220 FAX • 02) 784-4111
등 록 번 호  제 2009 - 000008호
등 록 일 자  2009년 12월 29일

www.휴먼컬처아리랑.kr
ISBN  979-11-5565-115-5

# 지식 및 기술융합 서비스분야 신설가능 자격종목에 관한 연구(독일)

한국산업인력공단

# 머 리 말

　기후변화에 따른 녹색성장과 글로벌 무한경쟁시대의 도래는 국내 사회 및 경제에 크나큰 변화를 요구하고 이에 따른 산업과 직업의 변화, 교육과 훈련의 변화를 다양한 경로를 통해 요구하고 있다. 특히 산업화시대의 국가원동력으로 자리매김한 국가기술자격은 현재 3차 이상의 산업변화와 더불어 미래 지향적 직업군 형성에 순응하지 못하고 그 변화의 폭이 미미한 것이 사실이다.

　이러한 국가기술자격의 현 위치에서 공단의 미래입지를 위해 현장성을 반영한 검정방법의 개선 및 과정이수형 자격의 개발과 더불어 미래유망자격에 대한 연구 등 국가자격의 허브기관으로서의 예측경영을 통한 공단 미래상에 대한 정립이 요구되고 있다.

　이에 따른 노력으로 '11년도 제3차 산업인 서비스분야를 중심으로 신설 가능한 종목에 대해 연구하였고 미래 산업 및 직업군의 변화를 예측한바 있다. 따라서 '12년도는 순수 서비스분야보다 기술 및 지식이 융합된 서비스분야에 대한 신설 가능한 종목을 연구하여 제시하고 가능성에 대해 개략적으로 분석하고자 한다.

　제시되는 유망종목의 경우 현재 운영되고 있는 자격의 변형형태로 나타나거나 새로운 방향의 신설종목으로 대두될 가능성이 있어 국가기술자격의 신설 및 통·폐합의 기초자료로 제공될 수 있다. 또한 연구된 종목들은 국내 노동시장의 노동수급과 연계해 충분히 신설가능성에 대해 연구할 필요가 있으며 더불어 개발종목의 검정과 현재 검정방법의 차별화를 통해 보다 효율적인 검정방법의 개선방안을 제안하고 필요에 따른 국가기술자격 제도개선의 기초자료로 제공될 수 있을 것으로 판단한다.

2012. 12.

한국산업인력공단 이사장  송 영 중

# 목 차

그림목차 ······················································································ iii
표목차 ·························································································· iv
부록목차 ······················································································ vii
요약 ···························································································· viii


# 제 Ⅰ 장 서 론 ········································································· 1
제1절 연구목적 및 필요성 ······················································ 1
제2절 연구방법 및 절차 ·························································· 2

# 제 Ⅱ 장 이론적 고찰 ······························································ 4
제1절 서비스분야 연구동향 ···················································· 4
  2.1.1 서비스산업 정책방향 ·················································· 4
제2절 국내 서비스산업 자격현황 ·········································· 7
  2.2.1 자격관련 서비스산업의 연구현황 ······························ 7
  2.2.2 서비스산업 자격의 현황 ············································ 10

# 제 Ⅲ 장 독일 자격제도 및 운영현황 ································· 15
제1절 독일의 일반현황 ···························································· 15
  3.1.1 독일의 경제 및 노동현황 ·········································· 15
  3.1.2 조사방문 업체 및 기관현황 ······································ 19
제2절 독일의 교육 및 자격현황 ············································ 21
  3.2.1 독일의 교육현황 ·························································· 21
  3.2.2 독일의 자격제도 운영현황 ········································ 26

제3절 독일 직업교육 및 훈련(VET : Vocational Education & Training)과
자격운영현황 ·················································································· 30
 3.3.1 직업교육 및 훈련(VET) 일반 ················································· 30
 3.3.2 독일의 자격종목 및 평가·시험요구(Demands of Examination Syllabuses
  and Question Papers) ································································ 34

# 제 Ⅳ 장 서비스분야 신설가능종목 연구 ········································ 43
제1절 독일의 BiBB 인증 자격현황 ······················································ 43
제2절 기술·지식융합 서비스분야 자격선정 ········································· 48
 4.2.1 독일 자격종목의 벤치마킹 및 신설가능종목선정 ······················· 48
 4.2.2 독일 자격종목의 당면과제 ························································ 80

# 제 Ⅴ 장 결론 및 향후 연구방향 ······················································· 94

# 그림목차

<그림 2.1> Service-PROGRESS 개요 및 내용 ·················································· 5

<그림 3.1> 독일의 NQF ······························································································ 22
<그림 3.2> 직업교육자격의 신설 및 운영 프로세스 ········································· 26

## 표 목 차

<표 2.1> Service-PROGRESS 단계별 추진방향 ········································ 6
<표 2.2> 신성장동력산업 ····················································································· 6
<표 2.3> 4개국 서비스분야 신설가능 자격종목 및 OECD 분류 ············· 8
<표 2.4> 국내 서비스분야 적용가능종목 ························································· 9
<표 2.5> 서비스분야 자격종목현황 ································································· 10
<표 2.6> 국가기술자격 신설현황(최근 7년간) ·············································· 14

<표 3.1> 독일 주요경제지표 ············································································· 17
<표 3.2> OECD 비교 독일의 경제현황 ·························································· 18
<표 3.3> GQF 수준과 자격의 할당 ································································· 28
<표 3.4> 독일 VET 정책 우선순위 ································································· 31
<표 3.5> 후기중등교육과정 수준의 IVET ····················································· 32
<표 3.6> 고등교육수준의 VET ········································································· 33
<표 3.7> 독일의 직종분류기준 ········································································· 35
<표 3.8> 독일의 유형별 자격검정현황 요약 ················································· 36
<표 3.9> 필기시험 평가지 분석시트 ······························································· 41

<표 4.1> 독일 직업교육 및 훈련관련 자격종목 수 ····································· 43
<표 4.2> 독일자격종목의 재분류 ····································································· 44
<표 4.3> 기술 및 지식융합 서비스분야 선정종목 ······································· 49
<표 4.4> 농업서비스전문가 내용요약 ····························································· 50
<표 4.5> 시청각매체 사무원 내용요약 ··························································· 51
<표 4.6> 시청각매체 프로듀서 내용요약 ······················································· 52
<표 4.7> 자동차사업관리자 내용요약 ····························································· 53
<표 4.8> 바이크수리사 내용요약 ····································································· 54
<표 4.9> 바이크판매사 내용요약 ····································································· 55

<표 4.10> 현악기 활 제조업자 내용요약 ·················································· 56
<표 4.11> 혼합음료 및 몰트제작자 내용요약 ········································· 57
<표 4.12> 빌딩 및 특수목적표면처리사 내용요약 ································ 58
<표 4.13> 건축자재시험사 내용요약 ······················································ 59
<표 4.14> 콘크리트커팅 및 제거기술자 내용요약 ······························· 60
<표 4.15> 도축사 내용요약 ····································································· 61
<표 4.16> 분연구처리사 내용요약 ·························································· 62
<표 4.17> 금속장신구기술자 내용요약 ·················································· 63
<표 4.18> 건조자재 빌더 내용요약 ························································ 64
<표 4.19> 조판사 내용요약 ····································································· 65
<표 4.20> 서비스물류 운전자 내용요약 ················································ 66
<표 4.21> 이벤트설계 및 기술전문가 내용요약 ··································· 67
<표 4.22> 유리공예사 내용요약 ····························································· 68
<표 4.23> 유리기술 공정관리사 내용요약 ············································ 69
<표 4.24> 청각개선 청능사 내용요약 ··················································· 70
<표 4.25> 수력관리기술자 내용요약 ····················································· 71
<표 4.26> 산업클리너 내용요약 ····························································· 72
<표 4.27> 재활용 및 폐기물관리기술자 내용요약 ······························· 73
<표 4.28> 상·하수관 관리기술자 내용요약 ········································ 74
<표 4.29> 신호 및 발광광고 제어기술자 내용요약 ···························· 75
<표 4.30> 수제가구제작사 내용요약 ····················································· 76
<표 4.31> 수제인테리어소품제작사 내용요약 ······································ 77
<표 4.32> 차량도장기술자 내용요약 ····················································· 78
<표 4.33> 가황장치 및 차륜정비사 내용요약 ······································ 79
<표 4.34> 종목선정을 위한 선호도 설문지 ········································· 82
<표 4.35> 최종 선호도 결과 ·································································· 83
<표 4.36> 바이크판매 및 정비전문가 ··················································· 85
<표 4.37> 신호 및 발광광고 제어기술자 ············································· 86

<표 4.38> 자동차사업관리자(수입판매, 렌트) ·················································· 87
<표 4.39> 콘크리트커팅 및 제거기술자 ························································ 88
<표 4.40> 산업클리너 ······················································································ 89
<표 4.41> 건조자재 빌더 ················································································ 90
<표 4.42> 상·하수관 관리기술자 ································································ 91
<표 4.43> 서비스물류운전자 ·········································································· 92
<표 4.44> 유리기술 공정관리사 ···································································· 93

## 부 록 목 차

<부록> 독일자격의 종류 ·································································· 97

# 요 약

## □ 서 론

### ○ 연구목적 및 필요성

글로벌 경제위기 속에서 독일은 다른 유럽국가와는 달리 탄력적인 노동정책과 자격정책을 통해 경제시장과 노동시장을 안정화하였다. 특히 서비스분야의 취약계층의 활용을 통해 가정경제를 안정시키는 정책을 시도하면서 글로벌 위기를 극복하였다.

이러한 독일의 선례를 통해 기존 산업화기반의 우리 경제시스템이 세계경제위기의 조류를 극복할 수 있도록 기술 및 지식융합 서비스 경제로의 효율적 전환방법에 대해 벤치마킹하여야 한다.

특히, 국가기술자격은 기존 산업화에 기반한 기능중심의 자격으로 구성되어 있으며, 이를 위탁·수행하는 한국산업인력공단 스스로는 환경변화에 능동적으로 대처하고 경제변화에 대한 미래예측을 통해 국가기술자격을 신설할 수 있는 직접적인 권한이 없다. 따라서 본 연구는 최소한 국제적인 환경변화에 따라 변화될 수 있는 국가기술자격의 형태에 대해 광의적 서비스분야에 대해 독일의 자격종목을 벤치마킹하고 국가기술자격종목의 미래변화에 대해 대응할 수 있는 기초자료를 제공하도록 한다.

### ○ 연구방법 및 절차

독일 자격의 표준과 인증 및 시행기관을 방문하여 획득한 자료를 바탕으로 현재 독일의 제도 운영현황에 대해 정리하고, 독일에서 운영되는 자격종목에 대해 현재 우리가 가지는 등급수준에 대해 어떻게 일치할 수 있으며 우리 자격운영체계와 어떻게 다른지 장·단점을 분석하여 적용 가능한 종목을 선정하도록 한다.

세부적인 연구방법은 다음과 같다.

첫째, 독일자격의 운영현황분석을 통해 제조업 및 서비스분야 지식·기술 융합산업 자격에 대한 선정기준을 마련하도록 한다.

둘째, 독일의 노동인력수급동향을 산업별/직업별 노동동향에 의존하여 분석한다.

셋째, 전문가 집중분석 및 가중치 적용 등의 공학적 방법을 통해 국내에 적용 가능한 유망한 자격종목을 선정하도록 한다.

넷째, 마지막으로 유망자격종목에 대해 독일의 자격운영 및 평가형태에 대해 세부조사를 실시한다.

## □ 이론적 고찰

### ○ 독일의 경제 및 노동현황

OECD 통계와 독일연방 통계청 자료를 인용한 독일의 전반적 경제 및 노동관련 추이를 살펴보면 다음 <표 1>과 같다.

<표 1> 독일 주요 경제지표

| 구 분 | 2007 | 2008 | 2009 | 2010 | 2011 | 2012(1/4) |
|---|---|---|---|---|---|---|
| 명목 GDP | 24,238 | 24,812 | 23,971 | 24,768 | 25,708 | 6,452 |
| 1인당 명목 GDP | 29,465 | 30,214 | 29,278 | 30,554 | 37,936 | 31,427 |
| 실질경제성장률 | 2.5 | 1.0 | -4.7 | 3.6 | 3.0 | 0.6(6월) |
| 물가상승률 | 2.4 | 2.6 | 0.4 | 1.1 | 2.1 | 1.9(5월) |
| 실 업 률 | 9.0 | 7.4 | 7.6 | 7.7 | 6.6 | 6.6(4월) |

자료 : 독일 연방통계청(Statistisches Bundesamt), 연방 노동청(BA)

## ○ 조사방문 업체 및 기관 현황

연구수행을 위해 '12년 10월 28일부터 11월 1일까지 방문한 독일 내 업체 및 기관을 일자별로 요약하면 다음과 같다.

### 1. ZF Friedrichshafen AG

자동차 부품회사로, 듀얼시스템 직업교육실시기관으로써 듀얼시스템을 적용한 교육훈련생의 교육과정운영, 평가방법, 교육훈련생 모집방법(학교와 계약을 통한 직원채용) 등 청취 및 토의, 현장시찰

### 2. DIHK

독일연방상공회의소(직업교육·훈련에서 평가기준 등 정립)로, 직업교육 및 직업훈련에서의 DIHK의 역할 및 시험출제자 선정, 시험시행방법, 평가문제 선정방법 등 토의

### 3. BiBB(Federal Institute for Vocational Education and Training : VET)

독일연방직업교육연구소(독일연방교육부 소속)로, 직업교육에서 BiBB와 정부, 검정기관, 교육기관과의 역할 및 독일의 직업교육 정책방향 청취 및 토의

### 4. SMS Siemag

철강관련 제조회사로, 듀얼시스템 직업교육실시기관으로써 직업진입시기에서 최종 마이스터까지의 일련의 과정 및 직업교육현장 시찰 및 인터뷰 수행

### 5. Berufsskolleg Technik

직업교육학교(고등학교 및 전문대학 과정)로, 직업교육에서 전공교과와 일반교과의 비중정도, 교육시간, 평가방법 등 청취 및 토의

### 6. IHK Bonn

본 상공회의소(직업교육·훈련에서 평가 및 자격수여 담당)로, 독일의 듀얼시스템 내에서의 지역상공회의소의 역할, 조직구성(직업교육담당자의 경력 등을 포함), 교육·훈련기관의 질 관리방법 등 청취 및 토의

## ○ 독일의 교육현황

독일은 고등교육을 제외한 나머지 교육제도는 자격제도와 밀접한 연관성이 있다. 따라서 노동시장운영과 깊은 연계가 있고 전통적으로 기업과 학교에서 교육·훈련을 받는 듀얼시스템에 의해 운영되고 있다. 따라서 독일의 교육제도 및 자격제도의 이해를 위해서는 [그림 1]과 같은 독일 국가자격틀(NQF : National Qualification Framework)에 대한 이해로부터 교육과 자격의 이해가 시작된다.

| 학년 | 구 분 | | | | | | | 연령 |
|---|---|---|---|---|---|---|---|---|
| 고등교육 | 평생교육(Weiterbildung) | | | | | | | |
| | | | | | | 박사과정 | | |
| | | | | | | 종합대학 (Universitat) | | |
| | | | | | | 기술종합대학 (Technische Universitat) | | |
| | | | | | | 기술대학 (Technische Hochschule) | | |
| | | | | | 직업대학 | 교육대학 (Padagogische Hoschule) | | |
| | | | | | | 미술대학 (Kunsthochschule) | | |
| | | | | | | 음악대학 (Musikhochschule) | | |
| | | | | | | 전문대학 (Fachhochschule) | | |
| | | | | | | 행정전문대학 (Verwaltumgsfachhochschule) | | |
| | 직업 계속교육 수료증 취득 | 전문학교 (Fashschule) | 일반대학입학자격증취득 야간학교 (Abendgymnasium Kolleg) | | 전문대학 입학 자격증 취득 | 일반대학 입학자격증 취득 | | |
| 13 | | | | | | | | 19 |
| 12 | | 이원화 제도 (직업학교, 기업) (Duales System) | 직업전문학교 (Perufifachschule) | 전문고등학교 (Fachoberschule) | 직업고등학교 (Perupsoperschule) | 인문계 학교 상급단계 (Gymnasiale Oberstufe) | | 18 |
| 11 | | | | | | | | 17 |
| (중등Ⅱ) | | | | | | | | 16 |
| 10 | 예비 직업교육 | | | | | | | 15 |
| | ※ 중등 교육과정 Ⅰ은 10학년에서 수료 | | | | | | | |
| 10 | 특수학교 | 10학년(Schuljahr) | 실업학교 (Realschule) | | 종합학교 (Gesamtschule) | | 인문계 학교 (Gymnasium) | 16 |
| 5~9 (중등Ⅰ) | | 기간학교 (Hauptschule) | | | | | | 12~15 |
| | | 진학 예비과정 (Orientirungsstufe) | | | | | | 11 |
| 1~4 (초등) | 초등학교(Grundschule) | | | | | | | 7~10 |
| 기초 | 유치원 (Kindergarten)(선택) | | | | | | | 3~6 |

[그림 1] 독일의 NQF

독일자격의 수준과 자격은 다음 <표 2>와 같이 정리할 수 있다.

<표 2> GQF 수준과 자격의 할당

| Lv. | Level Indicators | Exemplary assignment of formal qualifications |
|---|---|---|
| 1 | Having skills required to carry out simple tasks in a field of study or work that is closely defined and has a stable structure. The tasks are carried out under supervision.<br><br>정적인 구조에서 거의 명확한 작업이나 학습분야의 단순한 작업을 수행하는 기술을 요구하며, 작업들은 모두 감독자 아래에서 수행됨 | |
| 2 | Having skills required to properly carry out basic tasks in a field of study or work that is closely defined and has a stable structure. The tasks are mostly carried out under supervision.<br><br>정적인 구조에서 거의 명확한 작업이나 학습분야의 기초작업을 적절하게 수행하는 기술을 요구하며, 작업들은 거의 대부분 감독자 아래에서 수행됨 | |
| 3 | Having skills required to carry out specialized tasks autonomously in a field of study or vocational activity that is still narrowly defined and has a partially open structure.<br><br>부분적으로 개방된 구조에서 아직 정확성이 명시된 직업활동 또는 학습분야에서 전문적 작업을 자치적으로 수행할 수 있는 기술을 요구함 | two-year training occupations<br><br>2년간의 직업훈련 |
| 4 | Having skills required to plan and work autonomously in order to carry out specialized tasks in a comprehensive and changing field of study or vocational activity.<br><br>직업활동 또는 학습분야가 포괄적이고 변형되는 환경에서 명령에 따른 전문 작업을 자치적으로 계획하고 수행할 수 있는 기술을 요구함 | three- and three-and-a-half-year training occupations<br><br>3년 또는 3년반의 직업훈련 |
| 5 | Having skills required to plan and work autonomously in order to carry out comprehensive specialized tasks in a complex, specialized and changing field of study or vocational activity.<br><br>직업활동 또는 학습 시 복잡하고 전문적인 응용된 분야에서 포괄적인 전문 작업을 명령에 따라 자치적으로 계획하고 수행할 수 있는 기술을 요구함 | First upgrading training level (specialist)<br><br>첫 번째 상급훈련수준(전문가) |
| 6 | Having skills required to plan, implement and evaluate solutions to comprehensive specialized tasks and problems and to take responsibility for controlling processes in parts of a scientific discipline or in a field of vocational activity. The requirement structure is characterized by complexity and frequent changes.<br><br>직업활동 또는 학습 시 복잡하고 전문적인 응용된 분야에서 포괄적인 전문 작업을 명령에 따라 자치적으로 계획하고 수행할 수 있는 기술을 요구함 | Second upgrading training level (operative professional), bachelor, vocational school, business specialist, master craftsman<br><br>두 번째 상급훈련수준 (관리전문가·학사, 직업학교, 사업전문가, 마스터기능인) |
| 7 | Having skills required to implement solutions to new and complex tasks and problems and to take responsibility for controlling processes in a scientific discipline or in a strategy-oriented field of vocational activity. The requirement structure is characterized by frequent and unpredictable changes.<br><br>직업활동이 정책지향분야 또는 과학분야에서 관리수행을 위한 책임을 지고 복잡한 작업과 새로운 문제를 해결할 수 있는 권한을 요구하는 기술을 필요로 하며, 요구되는 조직구조는 작업예측이 어렵고 빈번하게 변화하는 특성화된 구조임 | Third upgrading training level (strategic professional), master<br><br>세 번째 상급훈련수준 (정책 전문가, 석사) |
| 8 | Having skills required to generate new research findings in a scientific discipline or to develop innovative solutions and methods in a field of vocational activity. The requirement structure is characterized by novel and unclear problems.<br><br>직업활동 영역 내에서 혁신적인 방법론과 해결방안을 개발하거나 과학적 분야에서 일반적인 새로운 연구발견을 필요로 하며, 요구되는 조직구조는 비정형, 비정의된 문제에 대해 특성화함 | Dr., Ph. D.<br><br>박사 학위 |

## ○ 독일의 자격종목 및 평가시험요구

독일의 자격종목을 직업교육의 운영주체의 기준에 대해 살펴보면 아래와 같이 구분할 수 있다.

첫째, Betriebliche Ausbildung : 이원화 교육제도를 의미함

둘째, Schulische Ausbildung : 직업전문학교 교육수료 시 부여되는 자격임

셋째, Ausbildung im öffentlichen Dienst : 공공서비스 내 교육을 통해 부여되는 자격임

넷째, Weiterbildung : 이원화교육 이후 실시되는 향상훈련자격임

향상훈련자격은 Techniker(기능사), Meister(마이스터) 등으로 구분되고, Kaufmännische und weitere Weiterbildungen(상업 및 기타교육), Weiterbildungen in Form von Seminaren(세미나형태의 교육), Hochschulstudium(고등 교육) 등으로 구분할 수 있다. 이상 독일의 자격종목 분류에 대해 살펴보았고 다음은 독일의 자격유형별 자격검정방법에 대해 다음 <표 3>과 같이 요약할 수 있다.

<표 3> 독일의 유형별 자격검정 현황요약

| 구 분 | | 관련법 | 관계부처 | 검정기관 | 응시요건 | 검정방법 | 검정위원회 |
|---|---|---|---|---|---|---|---|
| 직업자격 | 기능사 | 연방직업훈련법 | 연방경제부, 연방교육연구부 | 상공회의소 수공업협회 | 이원화제도과정 이수자 | 필기시험 실무시험 | 사용자대표 노조대표, 교사 |
| | 마이스터 | | 연방교육연구부 | | 기능사자격소지 및 3년 현장경력 | 필기시험 구두시험 | |
| 교육자격 | 테크니션 | 주정부 학교법 | 주 교육부 | 학교 | 직업전문학교 과정이수자 | 필기시험 구두시험 | 주공무원(교육감사원)교장 등 |
| | 엔지니어 (학사) | 주대학 교육법 | | 대학 | 전문대학 과정이수자 | 필기시험 구두시험 졸업논문 | 단과대학 학장 (위원장), 교수 |
| | 엔지니어 (석사) | | | 대학 | 종합대학 과정이수자 | 구두시험 필기시험 석사논문 | |
| 기술사 | 검증 엔지니어 | 건축기술사법 | 주 상급관리청 | 주 상급관리청 | 석사학위 및 10년 이상 경력 | 서류심사 필기 및 구두시험 | 교수, 검증기사, 산업계대표, 주정부 공무원 |
| 국가자격 | 전문직 | 관련개별법 | 시험관리부, 시험관청 | 관련관청 | 교육이수 후 실습경력 | 필기시험, 구두시험, 논문시험 | 교수 및 교육부 공무원, 시험관장 |

## □ 기술 및 지식융합 서비스분야 종목 선정

### ○ 독일의 자격종목 현황

독일자격을 살펴보기 위해 연방고용안정국 "Lexikon der Ausbildungsberufe: 2010/2011"에서 제시하는 독일 전체 자격종목에 대해 살펴보았다. 독일 전체 자격은 총 3,938개로 나타나고, 그 중 구분되지 않는 자격을 제외하고 총 1,518개 자격이 도출되었다. 나머지 자격은 독일 사이트에서 도우미 자격과 구분되지 않는 자격으로 구분하여 운영하고 있다.

이상의 1,518개의 구분이 명확한 자격은 연구자 임의로 ①직업경로, ②학문경로, ③교육직업, ④교육직업-고급, ⑤마이스터, ⑥도제제도-Dual, ⑦도제제도-Abi, ⑧도제제도-BFS, ⑨도제제도-Sonstige, ⑩도제제도-Reha ⑪학사, ⑫석사로 구분하여 살펴보았다.

현재 국가기술자격과 유사한 직업훈련과 교육에 해당하는 도제제도 관련자격은 총 377개 종목으로 나타난다. 또한 마이스터의 경우 총 56개 종목으로 나타나고 있다. 각각의 유형과 종목 수는 다음 <표 4>와 같다.

<표 4> 독일 직업교육 및 훈련관련 자격종목 수

| 자격유형 | 계 | 도제제도-Dual, | 도제제도-Abi, | 도제제도-BFS | 도제제도-Sonstige | 도제제도-Reha |
|---|---|---|---|---|---|---|
| 종목 수 | 377 | 210 | 15 | 70 | 40 | 42 |

이들 자격종목에서 본 연구의 목적에 부합되도록 결정한 기준은 다음과 같다.

첫째, 자격의 선정에 있어서는 '11년도 영국 서비스분야 자격종목 연구와의 최대한 중복을 피한다.

둘째, 기술·지식 융합 서비스분야 종목을 우선선정하고, 단순서비스분야의 자격의 경우는 후에 전문가 의견분석에서 설명하여 선호도 평가를 조절할 수 있도록 한다.

셋째, 자격화가 가능한 종목으로 선정한다. 독일 역시 영국과 마찬가지로 직무능력단위에 따라 자격이 세분화되어 있어 국내 적용 시 자격으로 단위화가 가능한 종목을 선정한다.

넷째, 자격의 명칭은 유사한 명칭으로 선정하여 최대한 벤치마킹한 지식·기술·태도의 내용을 인용하여 선정한다.

이상의 기준에 따라 독일자격을 분석하여 선정된 30개 종목의 자격은 다음 <표5>와 같다.

<표 5> 기술 및 지식융합 서비스분야 선정종목

| 구 분 | 자 격 명 | 구 분 | 자 격 명 |
|---|---|---|---|
| 1 | 농업서비스전문가 | 16 | 조 판 사 |
| 2 | 시청각매체 사무원 | 17 | 서비스물류운전자 |
| 3 | 시청각매체 프로듀서 | 18 | 이벤트설계 및 기술전문가 |
| 4 | 자동차사업 관리자(수입판매, 렌트) | 19 | 유리공예사 |
| 5 | 바이크수리사 | 20 | 유리기술 공정관리사 |
| 6 | 바이크판매사 | 21 | 청각개선 청능사 |
| 7 | 현악기 활 제조업자 | 22 | 수력관리기술자 |
| 8 | 혼합음료 및 몰트제조사 | 23 | 산업클리너 |
| 9 | 빌딩 및 특수목적표면처리사 | 24 | 재활용 및 폐기물관리기술자 |
| 10 | 건축자재시험사 | 25 | 상·하수관 관리기술자 |
| 11 | 콘크리트커팅 및 제거기술자 | 26 | 신호 및 발광광고 제어기술자 |
| 12 | 도 축 사 | 27 | 수제가구제작사 |
| 13 | 분연구처리사 | 28 | 수제인테리어소품제작사 |
| 14 | 금속장신구기술자 | 29 | 차량도장기술자 |
| 15 | 건조자재 빌더 | 30 | 가황장치 및 차륜정비사 |

○ 신설가능종목 선정방법

선정된 30개의 자격종목에 대해 공단 연구진과 관련출장자를 대상으로 <표 6>과 같이 선호도 조사를 실시하고자 한다. 선호도 조사는 영국의 자격종목 조사방법과 동일하게 수행한다.

<표 6> 종목 선정을 위한 선호도 설문지

| 서비스분야 | 서비스분야 | | | 자격화 가능성(선호도 점수) | | | | | | | | |
|---|---|---|---|---|---|---|---|---|---|---|---|---|
| | 기술 및 지식 | 환경 | 순수 서비스 | 1 | 2 | 3 | 4 | 5 | 6 | 7 | 8 | 9 |
| | | | | | | | | | | | | |
| | | | | | | | | | | | | |
| | | | | | | | | | | | | |
| | | | | | | | | | | | | |
| | | | | | | | | | | | | |
| | | | | | | | | | | | | |
| | | | | | | | | | | | | |
| | | | | | | | | | | | | |
| | | | | | | | | | | | | |

마찬가지로 종목별 분야에 대한 가중치의 계산은 아래와 같은 수식에 의해 계산하도록 한다.

$$가중치 합 = 해당서비스분야 \times 연구진 선호도 합$$
$$= W_i \times \sum_{j=1}^{6} RP$$

연구진의 인터뷰 결과에 따른 최종값에 대하여 선호도를 상위 종목과 국내 자격과 유사한 가황장치 및 차륜정비사, 그리고 금속장식류 기술자를 제외한 국내 적용이 가능한 기술 및 지식융합 서비스분야 종목은 아래와 같이 9가지 종목으로 선정되었다.

① 바이크 판매 및 정비전문가   ② 신호 및 발광광고 제어기술자

③ 자동차사업관리자(수입판매, 렌트)   ④ 콘크리트 커팅 및 제거 기술자

⑤ 산업 클리너   ⑥ 건조자재 빌더   ⑦ 상하수관 관리기술자

⑧ 서비스 물류 운전자   ⑨ 유리기술 공정관리사

각각의 종목 특성은 본문에 기술하였다.

## □ 결론 및 향후 연구방향

　독일은 유럽의 다른 국가와 달리 2010년 글로벌 경제위기 시 미국과 비교할 때 상대적으로 실업률을 안정적으로 유지하였다. 이와 같은 결과는 노동시장정책이나 경제정책 등 다양한 원인이 포함되며, 또한 독일교육과 직업이 동등성을 이루는 자격제도가 하나의 원인으로 작용했을 것이라 판단된다.

　특히 교육과 자격의 분야에서는 평생학습촉진에 중점을 두고 기능계 자격취득자들이 고등교육으로의 진입에는 한계를 최소화하고 자격을 통하여 원활하게 평생학습촉진이 이루어질 수 있도록 투명성(transparency), 침투성(permeability) 그리고 동등성(equivalence)을 확보하여 새로운 독일 국가자격틀(NQF : National Qualification Framework=GQF)을 제정한 것이 주요한 요인으로 작용하였다.

　NQF는 2005년부터 2011년까지 교육 및 경제, 그리고 노동조합 및 상공회의소 등의 협의를 거쳐 유럽표준인 EQF와 같은 방향으로 전환하여 GQF의 8수준 자격에 따라 BiBB에서 인정한 총 3,938개의 교육 및 직업자격을 운영하고 있다.

　본 연구에서는 독일 자격의 표준화에 기인하여 현재 우리가 개발한 NCS의 확대를 통해 우리나라 전체 교육-직업-자격에 대한 표준을 제시하고 이에 따른 교육과 노동 양쪽 분야에서 공통되는 합의점이 도출되어야 할 것으로 판단된다. 이러한 결론에 따라 다음과 같은 자격제도의 개선방안에 대해 제안하는 바이다.

　첫째, 현재 개발된, 그리고 향후 개발될 NCS를 영국 및 독일의 수준에 맞추어 최대한 조속히 개발 완료할 수 있도록 한국산업인력공단을 교육과 노동, 그리고 기업과 노조 등이 연계된 새로운 연구기관으로 승격하여 운영하여야 한다.

　둘째, 현행 운영되고 있는 국가기술자격에 대한 전면적 명칭개편과 더불어 융·복합의 기준을 마련하여 자격을 새롭게 정비하여야 한다.

셋째, 글로벌 경제변화에 따라 국내 국가기술자격이 국제적 통용성을 확보하기 위한 노력이 요구된다.

넷째, 다양한 검정방법의 개발이다. 현재 공단에서 안고 있는 가장 큰 과제 중 하나가 과정이수형 자격이라 할 수 있다. 이 자격의 경우 교육기간 내의 포트폴리오와 더불어 중간·기말평가에 의한 기준제시, 그리고 환경의 타당성에 따른 자격여부를 평가하는 새로운 방법을 개발하는 방법의 하나이다.

다섯째, 자격운영의 현실성이다. 자격은 가지는 것이 아닌 평생능력의 개발에 대한 제3자의 정해진 기간의 인정으로 평가되어야 한다.

이상의 연구결과에 따라 향후과제는 다음과 같다.

첫째, 제시된 자격종목에 대해 국내 고용동향, 산업 및 직업분석을 보다 세부적으로 수행하여 실제 미래유망자격으로 제시할 수 있는지 지속적 연구가 필요하다.

둘째, 이상에서 제시된 결과에 따라 국가기술자격제도가 유연하게 변화하고 사회경제의 변화에 앞선 최적화 제도의 구성에 노력하여야 한다.

셋째, 급변하는 인터넷·IT와 더불어 에너지 및 환경변화에 따른 기술 및 지식 융·복합 관련 자격에 대한 연구를 지속적으로 수행하여야 한다.

마지막으로 이제 국내 사회경제의 변화는 과거와는 다르게 국제적인 변화와 동시성으로 변화하고 있어 국가기술자격이 생존하고 발전하기 위한 글로벌 통용성에 대한 연구가 지속적으로 필요하다.

# 제Ⅰ장 서론

## 제1절 연구목적 및 필요성

　　지구온난화에 따른 녹색성장 및 환경보전과 관련되어 전 세계 다양한 분야에서 그 관심이 높아지고 있다. 특히 온난화 대책에 대한 필요성은 세계에서 다양한 온난화 대책 시장을 창출하고 있으며 태양광 발전, 풍력 발전, 하이브리드차, 전기자동차, 바이오 에탄올 등의 기술이나 시스템이 현재 전 세계에서 거대한 시장을 형성하기 시작해 세계 각국의 메이커가 그 시장에 주목하고 있는 실정이다.

　　이러한 환경의 변화에 따라 기존 산업중심기반에서 서비스중심의 경제로 전화되는 추세에 있다. 이상의 변화에 따라 전 세계가 서비스분야의 산업범위를 기존의 사회서비스 및 개인서비스 분야에 국한하지 않고 제조업 기술융합 및 지식융합 산업을 포함시켜 확대해 광범위하게 정의하고 있는 실정이다. 이러한 서비스산업의 확대는 지구온난화와 녹색성장과 같은 주제에 국한하는 것이 아니라, 현재 발생하고 있는 전 세계의 경제위기에 대응하기 위한 노력의 일각으로 볼 수 있다.

　　우리나라 역시 세계 경제위기에서 안전하지 못하고 고등교육의 팽창과 직업교육의 위축 및 교육훈련과 노동시장 간의 갭 차이로 인해 노동인력수급이 안정적이지 못하다. 본 연구는 이러한 세계경제의 환경변화에 따라 국제적 공통 위기에 대응하고 국가기술자격이 이러한 위기의 해결 방법으로 존속하여 그 위상을 존립하기 위한 노력의 하나로 수행되었다.

　　현재 국가기술자격은 기존 산업화에 기반한 기능중심의 자격으로 구성되어 있으며, 이를 위탁·수행하는 한국산업인력공단 스스로는 환경변화에 능동적으로 대처하고 경제변화에 대한 미래예측을 통해 국가기술자격을 신설할 수 있는 직접적인 권한이 없다. 따라서 본 연구는 최소한 국제적인 환경변화에 따라 변화될 수 있는 국가기술자격의 형태에 대해, 광의적 서비스분야에 대해 독일의 자격종목을 벤치마킹하고 국가기술자격종목의 미래변화에 대해 대응할 수 있는 기초자료를 제공하도록 한다.

## 제2절 연구방법 및 절차

　본 연구는 '11년도 4개국 서비스분야 관련 자격제도와 자격종목 조사에 기반을 두고 국가기술자격의 특징을 고려해 전통적인 서비스분야인 사회, 생산자, 유통, 개인서비스 분야 이외 제조업 산업별/직업별 지식 및 기술융합 서비스분야에서 국가별 자격운영실태와 신설가능한 자격종목 및 국내 적용가능종목 선정의 필요성에 대해 분석한다.

　연구는 독일 자격의 표준, 인증 및 시행 기관을 방문하여 실증적으로 운영현황에 대해 조사하고 이들 기관에서 정한 규정과 규범에 따라 기업 및 학교에서 자격운영실태에 대한 견학 및 조사를 바탕으로 실시한다. 이러한 조사는 독일에서 운영되는 자격종목에 대해 현재 우리가 가지는 등급수준에 대해 어떻게 일치할 수 있으며 우리 자격운영체계와 어떻게 다른지 장·단점 분석이 용이할 것으로 판단한다.

　연구수행에 있어 해당 국가별 산업/직업 동향에 대해 일반적 분석을 선행하고 노동시장의 인력수급전망에 대해 조사하여 현재 운영되고 있는 자격 및 미래 신설자격에 대한 국가별 필요성에 대해 예측 분석하도록 한다. 추가적으로 자격의 운영에 있어 국가별 교육 및 훈련현황에 대해 우리나라와 비교분석하도록 한다.

　세부적인 연구방법은 다음과 같다.

　첫째, 독일의 운영자격분석을 통해 우리 자격과의 갭 분석을 실시하고 제조업 및 서비스분야 지식·기술 융합산업자격에 대해 선정할 수 있는 기준을 마련하여 도출하도록 한다.

　둘째, 독일의 노동인력수급동향은 미래 유망자격과 직업에 대해 간접적으로 평가가 가능한 방법으로 산업별/직업별 노동동향에 대해 분석하여 미래유망자격에 대하여 도출할 수 있는 하나의 대표 변수가 될 것이다.

　셋째, 국내 적용가능자격의 선정방법은 독일의 유망자격이라 할지라도 국내의 산업과 직업동향이 불일치하는 자격종목의 경우 벤치마킹할 타당성이 부족하다. 따라서 선정된 가능종목에 대하여 전문가 집중분석 및 가중치 적용 등의 공학적 방법을 통해 유망한 자격종목을 선정하도록 한다.

넷째, 마지막으로 유망자격종목에 대해 독일의 자격운영 및 평가형태에 대해 세부조사를 실시하고 국내 자격운영방법과 비교하여 새로운 검정방법 및 진보된 검정방법 개선방안에 대해 제시하도록 한다.

# 제Ⅱ장 이론적 고찰

## 제1절 서비스분야 연구동향

### 2.1.1 서비스산업 정책방향

　　서비스분야에 대한 유망 직업과 산업에 대한 관심은 현 정부 초기 세계변화의 조류에 맞추어 고학력 청년실업문제해결, 복지, 그리고 해외 서비스수요에 대한 국내유치 등과 관련하여 깊은 관심을 표명하였다. 이에 따라 청년실업문제해결을 위해 금융·물류·법률·회계 등 고급 서비스산업을 집중적으로 육성할 필요성에 대해 제시하였다. 또한 복지와 관련하여 교육과 의료서비스는 국민을 위한 보편적 서비스제공과 함께 산업적 측면을 고려하여 개방과 경쟁 정책의 필요성에 대해 제시하였다. 이와 더불어 해외 서비스수요의 국내유치를 위한 문화·관광·레저 등 서비스산업에 대한 육성의 필요성을 제시하였다.

　　'08년도 정부는 그동안 우리경제를 지탱해온 수출위주의 제조업주도로 성장을 고용흡수력이 높은 서비스업과 기술 및 지식 융합 제조업에 치중하여 고용을 동반하는 성장경제구조로 전환하기 위하여 다음 [그림 2.1]과 같이 정부 측면에서 서비스선진화방안에 대해 마련하였다.

　　서비스선진화방안은 Service PROGRESS-Ⅰ 단계에서 서비스수지개선, Service PROGRESS-Ⅱ 단계에서 서비스산업 규제 및 제도개선, 그리고 Service PROGRESS-Ⅲ단계에서 서비스산업 성장동력화로 규정하고 단계별로 진행하도록 하였다. 단계별 특징과 추진방향에 대해 요약하면 다음 <표 2.1>과 같다. 본 연구는 마지막 단계에서 요구하는 서비스분야 유망산업발굴과 더불어 산업발전을 예측하여 도출될 수 있는 자격에 대해 도출하여야 할 것이다.

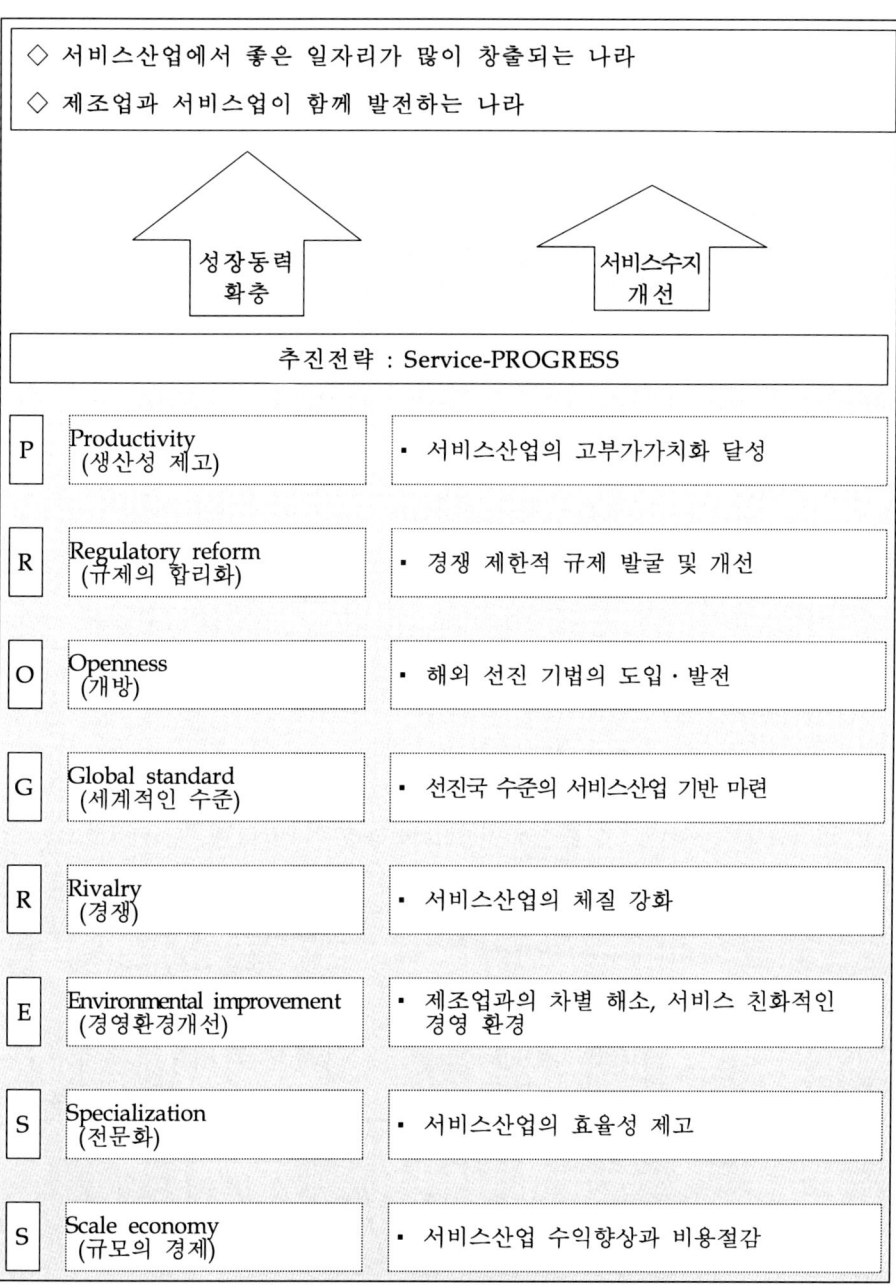

[그림 2.1] Service-PROGRESS 개요 및 내용

<표 2.1> Service-PROGRESS 단계별 추진방향

| PROGRESS I | 서비스수지 개선 | ○ 【관광·의료관광】 외국 관광객의 국내 유치 확대<br>　· 주민·사업자·지자체가 주도적 역할<br>　· 수요자·고객 입장에서 여행 전 과정을 세밀하게 개선<br>○ 【교육】 조기 유학 수요를 국내 전환<br>　· 외국교육기관 등 설립·운영 지원, 영어 공교육 내실화 등<br>○ 【지식기반서비스】 국내외 시장 개척 및 창출<br>　· 제조업에 비해 미흡한 금융 등 수출지원 시스템 강화 |
|---|---|---|
| PROGRESS II | 서비스산업 규제 및 제도개선 | ○ 【규제 합리화】 서비스산업에 대한 투자 활성화<br>　· 방송·통신 등 경쟁을 원천 봉쇄하는 규제를 혁신<br>○ 【제도 선진화】 서비스 기업의 창업 촉진<br>　· 서비스산업을 혁신하는 새로운 제도 도입 |
| PROGRESS III | 서비스산업 성장동력화 | ○ 【고부가가치 서비스】 서비스산업의 부가가치 창출 제고<br>　· 디자인, 컨설팅, 컨벤션 및 연관산업 등 유망서비스산업 육성<br>○ 【서비스 인력】 서비스산업 발전을 위한 기반 강화<br>　· 높은 질적 수준의 서비스 인력을 양성하는 체계 구축 |

이상의 추진방향에 따라 선정된 3대 분야 17개 신성장동력산업은 다음 <표 2.2>와 같다.

<표 2.2> 신성장동력산업

| 녹색기술산업분야 | 첨단융합산업분야 | 고부가서비스분야 |
|---|---|---|
| 1. 신재생에너지<br>2. 탄소저감에너지<br>3. 고도물처리<br>4. LED응용<br>5. 그린수송시스템<br>6. 첨단그린도시 | 7. 방송통신융합산업<br>8. IT융합시스템<br>9. 로봇응용<br>10. 신소재·나노융합<br>11. 바이오제약(자원)·의료기기<br>12. 고부가 식품산업 | 13. 글로벌 헬스케어<br>14. 글로벌 교육서비스<br>15. 녹색금융<br>16. 문화콘텐츠·SW<br>17. MICE·관광 |

'09년부터 서비스선진화방안과 신성장동력산업에 대한 총 190건의 개선과제에 대한 추진실적을 점검하기 위해 서비스산업점검단을 구성, 정례회의를 통해 지속적인 관리·감독을 수행하고 있다.

## 제2절 국내 서비스산업 자격현황

### 2.2.1 자격관련 서비스산업의 연구현황

정부의 서비스산업선진화방안에 따라 자격과 관련된 분야에서는 선정된 신성장동력산업과 관련된 자격분야보다 사회서비스산업과 보건복지관련 서비스산업과 관련된 자격의 연구가 한국직업능력개발원으로부터 수행되었다. 그러나 이들 연구의 결과는 제3차 산업인 서비스분야에 국한되는 경향이 있어 국가기술자격이 가지는 기술·기능 능력단위와는 차이가 있다.

한국산업인력공단은 서비스분야의 자격과 관련하여 '09년도 '저탄소녹색성장에 따른 국가기술자격변화에 관한 자체연구'를 시작으로 'FTA 추진에 따른 국가기술자격제도의 방향과 과제' 연구용역을 수행하여 서비스산업으로의 전환에 따른 국가기술자격의 방향과 과제에 대해 연구를 수행하였다.

이후 기획재정부의 요청으로 '10년도 '서비스분야 선진외국 자격제도 및 자격종목 조사(일본)'를 시작으로 포괄적 서비스분야에 대한 외국의 자격제도와 자격종목에 관련된 연구를 수행하게 되었다. 이에 따라 '11년도에는 미국, 호주, 독일, 영국의 서비스분야 자격제도 및 신설가능 종목에 관련된 연구용역은 포괄적 서비스분야를 사회서비스, 개인서비스, 유통서비스, 생산자서비스로 구분하여 연구를 수행하게 되었다. 선정된 각 국가의 서비스분야 종목은 <표 2.3>에서 정리하였다.

연구의 결과에서 관련된 4개국 서비스분야 자격종목들에 대해 국내환경 및 경제상황 등을 고려하여 적용이 가능하다고 판단되는 서비스분야 30개 종목에 대해서는 <표 2.4>에서 제시하였다. 종목의 선정은 전문가회의를 통해 선호도에 의한 가중치를 통계적으로 적용하여 선정하였다. 추가해 전체 선정종목 중 5종목인 네일아티스트, 해충방제사, 가발제작관리사, 청각기능보조기계제작사, CCTV관리사에 대해 '12년도 종목에 대한 직무분석을 실시하여 자격으로 활용가능 여부에 대해 연구를 수행하고 있다.

<표 2.3> 4개국 서비스분야 신설가능 자격종목 및 OECD 분류

| 국가명 | 번호 | 서비스산업관련 자격 | OECD분류 | 번호 | 서비스산업관련 자격 | OECD분류 |
|---|---|---|---|---|---|---|
| 호주 | 1 | 시신방부 처리사 | 개인서비스 | 12 | 언어활동/수리전문가 | 사회서비스 |
| | 2 | 푸드스타일리스트 | 〃 | 13 | 발음 및 언어교정사 | 〃 |
| | 3 | 인명구조원 | 〃 | 14 | 제약판매 보조원 | 유통서비스 |
| | 4 | 가족지원 지도사 | 사회서비스 | 15 | 뷰티 테라피스트 | 개인서비스 |
| | 5 | 재활체육 지도사 | 〃 | 16 | 시설물 관리자 | 공급자서비스 |
| | 6 | 아동미술심리상담가 | 〃 | 17 | 회계장부 관리사 | 〃 |
| | 7 | 아동발달 상담사 | 〃 | 18 | 메이크업 기술자 | 개인서비스 |
| | 8 | 복지센터운영관리자 | 〃 | 19 | 물건 경매사 | 〃 |
| | 9 | 약물 및 알콜중독자상담사 | 〃 | 20 | 장례 지도사 | 〃 |
| | 10 | 청각관리사 | 〃 | 21 | 리스크 관리자 | 공급자서비스 |
| | 11 | 인적자원관리사 | 공급자서비스 | 22 | 가정 상담사 | 개인서비스 |
| 독일 | 1 | 이륜자동차 정비사 | 개인서비스 | 11 | 고용상담사 | 사회서비스 |
| | 2 | 요식업관련설비 판매사 | 사회서비스 | 12 | 보청기제작 기술사 | 공급자서비스 |
| | 3 | 투자기금관리사 | 공급자서비스 | 13 | 노인관리사 | 사회서비스 |
| | 4 | 보험판매사 | 〃 | 14 | 호흡/언어/음성 치료사 | 〃 |
| | 5 | 의료 실험실보조사 | 개인서비스 | 15 | 재해요법치료사 | 〃 |
| | 6 | 화학시험사 | 〃 | 16 | 시력 및 사시 교정사 | 공급자서비스 |
| | 7 | 지리정보사 | 〃 | 17 | 폐수처리 기술사 | 〃 |
| | 8 | 홍보 및 마케팅관리사 | 〃 | 18 | 해충방제사 | 사회서비스 |
| | 9 | 사무통신전문가 | 공급자서비스 | 19 | 심리운동치료사 | 〃 |
| | 10 | 의약품판매사 | 사회서비스 | 20 | 발 관리사 | 〃 |
| 미국 | 1 | 식품원산지관리사 | 개인서비스 | 16 | 보석금 보증인 | 공급자서비스 |
| | 2 | 보험장부관리사 | 공급자서비스 | 17 | 위험스포츠관리사 | 개인서비스 |
| | 3 | 특수폐기물처리사 | 공급자서비스 | 18 | 사설탐정 및 민간조사자 | 〃 |
| | 4 | 농수산물경매사 | 사회서비스 | 19 | 인터넷수입보증 판매자 | 유통서비스 |
| | 5 | DIY공정사 | 공급자서비스 | 20 | 묘지관리사 | 개인서비스 |
| | 6 | 레저경비행기조종사 | 공급자서비스 | 21 | 렌터카 중개인 | 유통서비스 |
| | 7 | 도난경보관리사 | 개인서비스 | 22 | 병원감시관 | 사회서비스 |
| | 8 | 중고자동차중개인 | 유통서비스 | 23 | CCTV 관리사 | 유통서비스 |
| | 9 | 외국인불법체류관리사 | 사회서비스 | 24 | 보험판매마케팅전문가 | 공급자서비스 |
| | 10 | 배기가스기술자 | 공급자서비스 | 25 | 네일아티스트 | 개인서비스 |
| | 11 | 동물마취사 | 사회서비스 | 26 | 혈액투석 기술자 | 〃 |
| | 12 | 대기간호관리사 | 〃 | 27 | 장묘 및 납골 관리사 | 개인서비스 |
| | 13 | 보청기전문가 | 〃 | 28 | 가정방문학습지도사 | 〃 |
| | 14 | 외국인결혼상담사 | 〃 | 29 | 거짓말탐지기술자 | 공급자서비스 |
| | 15 | 자살방지예방사 | 〃 | 30 | 블랙머니 관리자 | 사회서비스 |
| 영국 | 1 | 주거편의서비스제공 | 개인서비스 | 16 | 갈등관리해결사 | 사회서비스 |
| | 2 | 지역발전개발전문가 | 공급자서비스 | 17 | 사회영향평가사 | 개인서비스 |
| | 3 | 지역안전 감시자 | 사회서비스 | 18 | 사회적기업 평가사 | 사회서비스 |
| | 4 | 청소지원관리자 | 〃 | 19 | 신생국제거래관리사 | 〃 |
| | 5 | 가발제작 관리사 | 개인서비스 | 20 | 콜센터 관리사 | 유통서비스 |
| | 6 | 생태관광 전문가 | 〃 | 21 | 임상실험 전문기술자 | 사회서비스 |
| | 7 | 전문요리코디네이터 | 〃 | 22 | 학습장애 지도보조원 | 〃 |
| | 8 | 방송사운드 편집자 | 유통서비스 | 23 | 병해충관리사 | 〃 |
| | 9 | 음향전문가 | 〃 | 24 | CCTV 관리사 | 유통서비스 |
| | 10 | 조명전문가 | 〃 | 25 | 약국전산입력보조원 | 〃 |
| | 11 | 산전/산후 조리사 | 사회서비스 | 26 | 물질남용 상담사 | 사회서비스 |
| | 12 | 신체장애운동관리사 | 〃 | 27 | 위험 평가사 | 공급자서비스 |
| | 13 | 대인관계치료사 | 〃 | 28 | 경매물 평가사 | 개인서비스 |
| | 14 | 능력개발컨설턴트 | 개인서비스 | 29 | 방송 메이크업전문가 | 〃 |
| | 15 | 리더십 코칭전문가 | 〃 | 30 | 온라인저작권전문가 | 유통서비스 |

<표 2.4> 국내 서비스분야 적용가능종목

| 산업 \ 자격 | 미래 유망 종목 | | | 국내시행 여부 |
|---|---|---|---|---|
| | 산 업 기 준 | 중 복 기 준 | 국 제 기 준 | |
| 통신 서비스업 | 약국 및 병원 전산의료 기록사 | CCTV관리사 | | - |
| | | 콜센터관리사 | | - |
| 보건 및 사회복지사업 | 약물/물질남용 상담사 | 가족지원지도사 | 농수산물경매사 | 국가 |
| | 대기 간호관리사 | 노인/장애인 케어 | | - |
| | 산전/산후조리사 | | | 민간 |
| 사회보장 서비스산업 | 사회봉사인정사 | 특수교육경영사 | 외국인불법체류관리사 | 민간 |
| | 특수폐기물처리사 | 유아케어관리사 | 신생국제거래관리사 | 국가, 민간 |
| | 사회적기업평가사 | | 국제결혼상담행정사 | - |
| | 사회봉사사무보조 | | | - |
| 금융 및 보험업 | 회계/보험 장부 관리사 | 보험판매 및 영업 컨설턴트 | 블랙머니관리자 | - |
| | | 보석금 보증인 | | - |
| 기타공공수리 및 개인서비스산업 | 지역안전감시자 | 청각관리사 | 위험스포츠관리사 | 민간 |
| | 가정관리사 | 장묘/납골관리사 | | 민간 |
| | | 뷰티 테라피스트 | | 민간 |
| | | 시설물관리사 | | - |
| | | 물건경매사 | | 국가 |

그러나 '11년도 연구결과는 외국의 포괄적 서비스분야를 OECD의 4개 영역으로 분류한 것뿐, 전통적 서비스분야에 관련된 자격종목에 대한 조사로 실제 국가기술자격에서 필요로 하는 자격종목을 제시하지는 못하였다. 따라서 공단 자체적으로 서비스분야에 대한 자격제도 및 종목에 관련된 연구를 2개국 벤치마킹하여 수행하도록 계획하였다. 자체연구에서의 서비스 산업의 정의는 1·2차 산업에 대하여, 이들 산업의 발전을 기초로 하여 서비스를 생산하는 3차 산업을 뜻한다. 결국 3차 산업을 포함한 지식 및 기술 융합 1·2차 산업을 포함하는 것으로 하였다.

## 2.2.2 서비스산업 자격의 현황

현재 국가에서 운영되는 서비스분야 자격종목은 국가기술자격 123종목, 국가자격 109종목, 공인민간자격 26종목으로 분석되고 있다. 관련된 자격의 종류는 <표 2.5>와 같다. 이 분석은 연구자가 통계청 서비스산업현황을 근거로 재가공한 개인적 분석이며 민간자격의 경우 그 자료의 불확실성으로 조사에 포함하지 못하였다는 단점이 있다.

<표 2.5> 서비스분야 자격종목현황

| 구 분 | 국가기술자격 | 국 가 자 격 | 공인민간자격 |
|---|---|---|---|
| 하수, 폐기물 처리, 원료재생 및 환경복원업 | -대기관리기술사<br>-수질관리기술사<br>-소음진동기술사<br>-폐기물처리기술사<br>-자연환경관리기술사<br>-토양환경기술사<br>-대기환경기사<br>-수질환경기사<br>-소음진동기사<br>-폐기물처리기사<br>-자연생태복원기사<br>-토양환경기사<br>-대기환경산업기사<br>-수질환경산업기사<br>-소음진동산업기사<br>-폐기물처리산업기사<br>-자연생태복원산업기사<br>-환경기능사 | -정수시설운영관리사(수도법, 환경부) | |
| 도매 및 소매업 | -텔레마케팅관리사<br>-전자상거래관리사(1,2급)<br>-전자상거래운용사 | -유통관리사(유통산업발전법, 지식경제부)<br>-가맹거래상담사(가맹사업거래의 공정화에 관한 법률, 공정거래위원회)<br>-농산물검사원(농산물품질관리법, 농림수산식품부)<br>-농산물품질관리사(농산물품질관리법, 농림수산식품부)<br>-경매사(농수산물유통및가격안정에관한법률, 농림수산식품부) | |
| 운수업 | | -택시운전자격(여객자동차운수사업법, 국토해양부)<br>-교통안전관리자(교통안전법, 국토해양부)<br>-사업용조종사(항공법, 국토해양부)<br>-운송용조종사(항공법, 국토해양부)<br>-항공운상관리사(항공법, 국토해양부)<br>-자가용조종사(항공법, 국토해양부)<br>-항공공장정비사(항공법, 국토해양부)<br>-항공교통관제사(항공법, 국토해양부)<br>-항공기관사(항공법, 국토해양부)<br>-항공사(항공법, 국토해양부)<br>-항공정비사(항공법, 국토해양부)<br>-철도차량운전면허(철도안전법, 국토해양부)<br>-화물자동차운송종사자격(화물자동차운수사업법, 국토해양부)<br>-자동차운전전문학원강사(도로교통법, 경찰청)<br>-자동차운전기능검정원(도로교통법, 경찰청) | |

제Ⅱ장 이론적 고찰 11

| 구 분 | 국가기술자격 | 국 가 자 격 | 공인민간자격 |
|---|---|---|---|
| 창고 및 운송관련 서비스업 | -지게차운전기능사 | -자동차운전면허(도로교통법, 경찰청)<br>-도선사(도선법, 국토해양부)<br>-기관사(선박직원법, 국토해양부)<br>-소형선박조종사(선박직원법, 국토해양부)<br>-운항사(선박직원법, 국토해양부)<br>-통신사(선박직원법, 국토해양부)<br>-항해사(선박직원법, 국토해양부)<br>-물류관리사(화물유통촉진법, 국통해양부)<br>-감정사(항만운송사업법, 국토해양부)<br>-검량사(항만운송사업법, 국토해양부)<br>-검수사(항만운송사업법, 국토해양부) | -ERP물류정보관리사<br>(한국생산성본부) |
| 숙박 및 음식점업 | -조리기능장<br>-조리(한식)산업기사<br>-조리(양식)산업기사<br>-조리(중식)산업기사<br>-조리(일식)산업기사<br>-조리(복어)산업기사<br>-한식조리기능사<br>-양식조리기능사<br>-중식조리기능사<br>-복어조리기능사<br>-제과기능장<br>-제과기능사<br>-제빵기능사<br>-조주기능사 | -주조사(주세법, 국세청) | |
| 출판, 영상, 방송통신 및 정보서비스업 | -인쇄기사<br>-인쇄산업기사<br>-인쇄기능사<br>-전자출판기능사<br>-사진제관기능사<br>-정보통신기술사<br>-통신설비기능장<br>-정보통신기사<br>-전파통신기사<br>-전파전자기사<br>-무선설비기사<br>-정보통신산업기사<br>-통신선로산업기사<br>-전파통신산업기사<br>-전파전자산업기사<br>-무선설비산업기사<br>-통신기기기능사<br>-통신선로기능사<br>-전파통신기능사<br>-정보기기운용기능사<br>-전파전자기능사<br>-무선설비기능사<br>-방송통신기사<br>-방송통신산업기사<br>-방송통신기능사<br>-정보관리기술사<br>-정보처리기사<br>-정보처리산업기사<br>-정보처리기능사<br>-전자계산조직응용기술사<br>-전자계산기조직응용기사<br>-사무자동화산업기사<br>-게임프로그래밍전문가<br>-게임그래픽전문가<br>-게임기획전문가<br>-멀티미디어컨텐츠제작전문가 | -무선통신사(전파법, 방송통신위원회)<br>-아마추어무선기사(전파법, 방송통신위원회) | -e-TEST<br>((주)삼성SDS)<br>-PCT((주)피씨티)<br>-인터넷정보관리사<br>((주)피씨티)<br>-리눅스마스터<br>((사)한국정보통신협회)<br>-디지털정보활용능력<br>((사)한국정보통신협회)<br>-공무원정보이용능력평가<br>((사)한국정보통신협회)<br>-네트워크관리사<br>((사)한국정보통신협회)<br>-PC정비사<br>((사)한국정보통신협회)<br>-정보기술자격시험<br>(한국생산성본부)<br>-PC마스터<br>((사)한국정보평가협회)<br>-정보시스템관리사<br>((사)한국정보사회진흥원)<br>-정보보호전문가<br>((사)한국인터넷진흥원)<br>-정보기술프로젝트관리전문가<br>(대한정보통신기술) |
| 금융 및 보험업 | | -보험계리사(보험업법, 금융감독원)<br>-보험중계사(보험업법, 금융감독원)<br>-손해사정사(보험업법, 금융감독원) | -신용관리사<br>((사)신용정보협회)<br>-신용위험분석사<br>((사)신용정보협회) |

12 기술 및 지식융합 서비스분야 신설가능 자격종목에 관한 연구(독일)

| 구 분 | 국가기술자격 | 국 가 자 격 | 공인민간자격 |
|---|---|---|---|
| | | | -신용분석사<br>((사)한국금융연수원)<br>-여신심사역<br>((사)한국금융연수원)<br>-자산관리사<br>((사)한국금융연수원)<br>-재경관리사(삼일회계법인)<br>-회계관리(삼일회계법인)<br>-재무설계사(한국FPSB)<br>-국제금융역<br>((사)한국금융연수원) |
| 부동산업 및 임대업 | | -공인중개사(공인중개사의업무및부동산 거래신고에 관한 법률, 국토해양부)<br>-주택관리사(주택법, 국토해양부)<br>-감정평가사(부동산가격공시및감정평가에 관한 법률, 국토해양부)<br>-환지사(농어촌정비법, 농림수산식품부)<br>-호텔관리사(관광진흥법, 문화체육관광부)<br>-호텔경영사(관광진흥법, 문화체육관광부)<br>-호텔서비스사(관광진흥법, 문화체육관광부) | |
| 전문, 과학 및 기술서비스업 | -제품디자인기술사<br>-제품디자인기사<br>-시각디자인기사<br>-컬러리스트기사<br>-제품디자인산업기사<br>-시각디자인산업기사<br>-컬러리스트산업기사<br>-컴퓨터그래픽스운용기능사<br>-제품응용모델링기능사<br>-웹디자인기능사<br>-컨벤션기획사(1,2급) | -보세사(관세법, 관세청)<br>-관세사(관세사법, 관세청)<br>-세무사(세무사법, 국세청)<br>-공인회계사(공인회계사법, 기획재정부)<br>-공인노무사(공인노무사법, 고용노동부)<br>-산업안전지도사(산업안전보건법, 고용노동부)<br>-산업위생지도사(산업안전보건법, 고용노동부)<br>-수의사(수의사법, 농림수산식품부)<br>-경영지도사(중소기업진흥및제품구매촉진에 관한 법률, 중소기업청)<br>-기술지도사(중소기업진흥및제품구매촉진에 관한 법률, 중소기업청)<br>-행정사(행정사법, 행정안전부)<br>-변리사(변리사법, 특허청) | -행정관리사<br>((사)한국행정관리협회)<br>-도로교통사고감정사<br>(도로교통안전관리공단) |
| 사업시설관리 및 사업지원 서비스업 | -기계안전기술사<br>-화공안전기술사<br>-전기안전기술사<br>-건설안전기술사<br>-산업위생관리기술사<br>-소방기술사<br>-가스기술사<br>-가스기능장<br>-산업안전기사<br>-건설안전기사<br>-산업위생관리기사<br>-소방설비(기계분야)기사<br>-소방설비(전기분야)기사<br>-가스기사<br>-산업안전산업기사<br>-건설안전산업기사<br>-산업위생관리산업기사<br>-소방설비(기계분야)산업기사<br>-소방설비(전기분야)산업기사<br>-가스산업기사<br>-가스기능사<br>-조경기술사<br>-조경기사<br>-조경산업기사<br>-조경기능사<br>-직업상담사(1,2급)<br>-소비자전문상담사(1급,2급) | -경비지도사(경비업법, 경찰청)<br>-소방안전교육사(소방기본법, 소방방재청)<br>-화재조사관(소방기본법, 소방방재청)<br>-소방시설관리사(소방시설유지및안전관리에 관한법률, 소방방재청) | |
| 교육 서비스업 | | -사서교사(초등교육법, 교육과학기술부)<br>-사회교육전문요원(사회교육법, 교육과학기술부)<br>-실기교사(초중등교육법, 교육과학기술부)<br>-보건교사(초중등교육법, 교육과학기술부) | -한국어교육능력<br>(한국어세계화재단) |

| 구 분 | 국가기술자격 | 국 가 자 격 | 공인민간자격 |
|---|---|---|---|
| 교육 서비스업 |  | -전문상담교사(초중등교육법, 교육과학기술부)<br>-정교사(초중등교육법, 교육과학기술부)<br>-준교사(초중등교육법, 교육과학기술부)<br>-직업훈련교사(근로자 직업능력개발법, 고용노동부)<br>-생활체육지도사(국민생활진흥법, 문화체육관광부)<br>-청소년지도사(청소년기본법, 청소년보호위원회)<br>-청소년상담사(청소년기본법, 청소년보호위원회)<br>-한국어교원(국어기본법, 문화체육관광부)<br>-박물관, 미술관 학예사(박물관및미술관진흥법, 문화체육관광부) |  |
| 보건 및 사회복지 서비스업 | -의공기사<br>-의공산업기사<br>-의료전자기능사<br>-임상심리사(1,2급) | -간호사(의료법, 보건복지부)<br>-간호조무사(간호조무사및의료유사업자에관한규칙 보건복지부)<br>-물리치료사(의료기사등에관한법률, 보건복지부)<br>-방사선사(의료기사등에관한법률, 보건복지부)<br>-응급구조사(응급구조에관한법률, 보건복지부)<br>-의무기록사(의료기사등에관한법률, 보건복지부)<br>-임상병리사(의료기사등에관한법률, 보건복지부)<br>-직업치료사(의료기사등에관한법률, 보건복지부)<br>-조산사(의료법, 보건복지가족부)<br>-안경사(의료기사등에관한법률, 보건복지부)<br>-사회복지사(사회복지사업법, 보건복지부)<br>-위생사(위생사등에관한법률, 보건복지부)<br>-정신보건간호사(정신보건법, 보건복지부)<br>-정신보건사회복지사(정신보건법, 보건복지부)<br>-정신보건임상심리사(정신보건법, 보건복지부)<br>-의지보조기사(의료기사등에관한법률, 보건복지부)<br>-보건교육사(국민건강증진법, 보건복지부)<br>-안마사(의료법, 보건복지부)<br>-영양사(식품위생법, 보건복지부)<br>-한약업사(약사법, 보건복지부)<br>-한약사(약사법, 보건복지부)<br>-약사(약사법, 보건복지부)<br>-한약조제(약사법, 보건복지부)<br>-치과기공사(의료기사등에관한법률, 보건복지부)<br>-치과위생사(의료기사등에관한법률, 보건복지부)<br>-의사(의료법, 보건복지부)<br>-한의사(의료법, 보건복지부)<br>-치과의사(의료법, 보건복지부)<br>-전문의(의료법, 보건복지부)<br>-보육교사(1,2,3급)(영유아보육법, 여성가족부)<br>-의료관리자(선원법, 국토해양부) | -점역·고정사<br>(한국시각장애인협회)<br>-병원행정사<br>(대한병원행정관리자협회)<br>-수화통역사<br>(한국농아인협회) |
| 예술, 스포츠 및 여가관련 서비스업 | -스포츠경영관리사 | -경륜선수·심판(경륜·경정법, 문화체육관광부)<br>-경주선수·심판(경륜·경정법, 문화체육관광부)<br>-무대예술전문인(공연법, 문화체육관광부)<br>-관광통역안내사(관광진흥법, 문화체육관광부)<br>-국내여행안내사(관광진흥법, 문화체육관광부)<br>-경기지도사(국민체육진흥법, 문화체육관광부)<br>-생활체육지도사(국민체육진흥법, 문화체육관광부)<br>-동력수산레저기구조정면허(수상레저안전법, 해양경찰청) |  |
| 협회 및 단체, 수리 및 기타 개인서비스업 | -차량기술사<br>-자동차정비기능장<br>-자동차정비기사<br>-자동차정비산업기사<br>-자동차정비기능사<br>-자동차체수리기능사<br>-자동차보수도장기능사<br>-자동차검사기사<br>-자동차검사산업기사<br>-자동차검사기능사<br>-이용장 |  |  |

| 구 분 | 국가기술자격 | 국 가 자 격 | 공인민간자격 |
|---|---|---|---|
| | -이용사<br>-미용장<br>-미용(일반)사<br>-미용(피부)사<br>-세탁기능사 | | |

이상의 서비스분야 자격종목 중 최근 7년간 개발된 종목은 다음 <표 2.6>과 같다.

<표 2.6> 국가기술자격 신설현황(최근 7년간)

| 연도 | 종목수 | 종 목 명 |
|---|---|---|
| '05 | 8종목 | 설비보전기사·기능사, 자동차보수도장기능사, 전자부품장착(SMT)산업기사·기능사, 화학분석기사, 타워크레인기능사, 반도체설계산업기사 |
| '08 | 4종목 | 의공기사·의공산업기사·의료전자기능사, 미용사(피부) |
| '12 | 4종목 | 기상감정기사, 재료조직평가산업기사, 광학기기산업기사, 컨테이너크레인운전기능사 |
| '13<br>(예정) | 10종목 | 국제의료관광코디네이터, 방수산업기사, 임베디드기사, 정보보안기사·산업기사, 화재감식평가기사·산업기사, 신재생에너지발전설비(태양광)기사·산업기사·기능사 |

'13년도 예정종목은 그 타당성에 대해 기 인정되어 법에서 정한 신설개발절차에 따라 직무분석 및 신설타당성에 대해 검토가 완료된 자격이며, 법적으로 자격이 신설되는 종목들이다. 이외 '12년도 입법예정중인 종목으로 온실가스관리기사·산업기사, 그린전동자동차기사, 반도체유지보수기능사, 천공기운전기능사의 5종목이 신설예정중이다.

최근 신설종목들을 살펴보면 거의 대부분이 기술·지식이 융합된 서비스분야의 자격들로 구성되어 있음을 알 수 있다. 예를 들어 국제의료관광코디네이터 자격의 경우 최소 2개 언어의 능력보유자로서 의료와 관광서비스에 관련 기초지식과 경영 및 공학에 관련된 일정계획과 융합된 지식능력을 요구하고 있다. 또한 화재감식평가의 경우 소방관련 기초지식과 더불어 CCTV 및 IT기반 GIS·GPS를 연계한 융합종목으로 구성된다.

이상의 종목들과 같이 현재 사회적 요구를 반영한 자격종목의 요구가 증가함을 알 수 있고, 이에 따라 우리와 같이 자격을 운영하는 외국의 사례에 대해 벤치마킹하고 미래 산업과 직업의 변화를 예측하여 자격을 운영할 수 있는 기초자료 확보를 위해 본 연구의 필요성에 대해 다시 한 번 강조할 수밖에 없다.

# 제Ⅲ장 독일 자격제도 및 운영현황

## 제1절 독일의 일반현황

### 3.1.1 독일의 경제 및 노동현황

전통적으로 독일 노동시장은 '고용보호법'으로 인해 낮은 실업률을 유지하고 있으나 노동시장의 유연성이 높지 않다는 특징이 있다. 이에 따라 1980년대 말의 동·서독 통일, 동구권의 기존 체제 몰락과 서유럽의 교류, 세계시장의 개방, 특히 유럽시장의 형성, 산업구조변화 등은 1990년대 독일 노동시장에 부정적인 영향을 미쳐왔다.

이러한 노동시장변화에 대응하기 위한 1990년대 독일 노동시장정책은 다음과 같이 변화하였다.

첫째, 대량실업과 고용보험의 재정적자에 직면하면서 1990년대 초부터 고용보험의 틀을 축소하고 요건을 강화하자는 연방정부차원의 논의에 따라, 1998년 고용보험과 노동시장정책 전반을 규율하던 노동촉진법을 폐지하고 실업방지를 위한 사회법전 제3권(SGB Ⅲ)을 신설하였다.

둘째, 지방자치단체의 고용보험운영 자율권을 강화하였는데, 이는 노동시장정책이 보다 지역노동시장의 필요에 적절하게 운영되도록 하는 목적을 갖고 있다.

셋째, 실업급여 등 임금대체수당에서는 지급요건이 강화되거나 지급액이 줄어드는 등 요구조건은 높아지고 혜택은 감소하는 변화가 일어났다.

이러한 정책변화에도 불구하고 1990년도 실업문제는 쉽게 해결되지 못하였으며, 또다시 새로운 노동시장정책이 수립되어야 했다. 이와 관련하여 2003년에는 경제위기극복과 노동시장개혁을 위한 프로그램(Agenda 2010)을 제안·추진하였다.[1] 해당 프로그램의 정책목표는 중장기적으로 노동·사회·경제 전반에 걸쳐 "경제활력강화", "일자리창출", "사회보장체계의 현대화" 등을 도모하는 것이었다. 이에 2003년 3월 14일 의회에서 개혁안을 발표하고 관련입법을 추진하였으며, 「노동시장의 현대적 서비스를 위한 법」개혁안의 추진으로 400만이 넘는 실업자를 3년 내에 절반으로 줄이겠다는 목표를 제시한 바 있다. 이는 본 개혁안을 주도한 '하르츠' 박사의 이름을 따서 「하르츠 특별법」이라고 불리기도 한다.

Agenda 2010의 주요내용은 다음과 같다.

첫째, 경직된 해고제한 규정을 완화하였다. 수공업 기업과 5인 이하의 근로자를 고용하고 있는 기업은 해고제한법의 적용을 배제, 경영상의 이유로 적용되는 사회기준을 명확하게 하였다.

둘째, 실업급여와 사회복지를 통합하였다. 일할 능력이 있으면서 실업급여와 사회부조를 받는 사람은 새로운 형태의 급여를 지급하고, 실업급여의 수급기간을 단축(최대 32개월 ⇒ 12개월)하였다.

셋째, 연방고용청을 고객지향 및 경쟁지향 관점에 입각하여 개혁하고 "직업 에이전트"로의 역할 변화를 모색, 고용사무소를 직업센터로 전환하였다.

넷째, 이 외에 퇴직연금보험·건강보험 등 사회보장시스템의 현대화, 지방정부 재정개혁, 교육·훈련 개혁방안 등을 추진하였다.

독일은 최근 2010년 경제위기 시에도 미국과 비교할 때 상대적으로 안정적인 실업률을 유지하였는데, 이는 독일 기업들이 근로자를 해고하는 대신 내부조정전략(탄력적 근로시간제, 특히 공공재원지원을 통한 근로시간단축제도로 활용)을 활용하였기 때문이었다. 이러한 현상이 나타난 원인에 대하여 Sabine Klinger(2011)는 다음과 같은 요인을 제시하고 있다.

첫째, 독일 노동시장에 대한 제도변화이다. 독일이 2003~2005년간의 하르츠 개혁 실시 이후 노동시장의 구조가 상당히 변하였는데, 개혁의 방향은 실업으로의 유입을 줄이고 실업에서 정규 노동시장으로의 복귀를 간편하게 하는 것이었다. 즉, 노동시장의 제도변화로

---

[1] 정창화(2005)'독일 노동시장의 개혁정책에 관한 연구: '하르츠 위원회'의 노동시장 개혁정책안을 중심으로', 「한·독사회과학논총」제15권 제1호 (2005 여름)

인해 임금의 수준은 낮아졌고 실업자들은 양보를 할 준비가 되어 있었다. 이로 인하여 실업에서 고용으로의 전환이 증가되었으며 구조적 실업률이 완화되었다는 것이다.

둘째, 재정프로그램의 역할이다. 제도적 변화와 임금수준완화라는 긍정적 효과 외에도 독일정부가 국가적 주체이자 유럽연합 회원국으로서 분별있는 대처를 한 것이 위기극복에 기여하였다는 것이다. 특히 은행계좌 지급보증은 독일을 더 많은 불확실성으로부터 보호할 수 있었던 결정적 조치로 평가되고 있다. 또한 가장 잘 알려진 독일정부의 조치는 경제적 근로시간단축제도(Economic Short-time Work)에 대한 전제조건을 완화하였던 것이다. 실제로 연방고용청은 근로시간감소분에 대한 순수입 중 60%를 지급하였다.

셋째, 위기구조에 대한 부문이다. 실제 경제위기가 독일 내부에서 발생한 것이 아니라 금융 및 무역 네트워크를 통해 유입된 것이므로 서비스부문의 타격은 덜했다는 것이다. 즉, 해당기간동안 의료서비스와 교육 등 서비스부문은 채용을 계속하였다는 것이다. 특히 신규 일자리는 주로 파트타임과 여성분야에서 생겨났고, 이로 인하여 해고나 근로시간단축제도가 이들을 위협할 경우에도 가족의 수입을 안정화시키는데 도움이 되었다는 것이다.

OECD 통계와 독일연방 통계청 자료를 인용한 독일의 전반적 경제 및 노동관련 추이를 살펴보면 다음 <표 3.1>과 같다. <표 3.1>에서처럼 독일 경제는 '10년도에 들어서면서 회복세로 돌아서 실질 성장률이 3.6%로 호전되었고 실업률 역시 꾸준히 감소하는 것으로 나타나고 있다.

<표 3.1> 독일 주요경제지표

| 구 분 | 2007 | 2008 | 2009 | 2010 | 2011 | 2012(1/4) |
|---|---|---|---|---|---|---|
| 명목 GDP | 24,238 | 24,812 | 23,971 | 24,768 | 25,708 | 6,452 |
| 1인당 명목 GDP | 29,465 | 30,214 | 29,278 | 30,554 | 37,936 | 31,427 |
| 실질경제성장률 | 2.5 | 1.0 | -4.7 | 3.6 | 3.0 | 0.6(6월) |
| 물가상승률 | 2.4 | 2.6 | 0.4 | 1.1 | 2.1 | 1.9(5월) |
| 실 업 률 | 9.0 | 7.4 | 7.6 | 7.7 | 6.6 | 6.6(4월) |

자료 : 독일 연방통계청(Statistisches Bundesamt), 연방 노동청(BA)

다음 <표 3.2>는 유로 15개국 및 OECD 통계와 비교한 독일의 경제현황이다.

<표 3.2> OECD 비교 독일의 경제현황

| 변 수 | 국 가 | 2005 | 2006 | 2007 | 2008 | 2009 | 2010 | 2011 | 2012 | 2013 |
|---|---|---|---|---|---|---|---|---|---|---|
| GDP비율 통상계정 | 독 일 | 4.988 | 6.195 | 7.492 | 6.206 | 5.928 | 5.981 | 5.737 | 5.417 | 5.547 |
| | 유로15개국 | 0.390 | 0.317 | 0.202 | -0.711 | 0.138 | 0.360 | 0.485 | 1.050 | 1.519 |
| | OECD전체 | -1.432 | -1.553 | -1.274 | -1.549 | -0.481 | -0.590 | -0.621 | -0.803 | -0.804 |
| 국내 총생산 | 독 일 | 0.833 | 3.889 | 3.394 | 0.809 | -5.078 | 3.562 | 3.056 | 1.216 | 1.951 |
| | 유로15개국 | 1.794 | 3.358 | 2.971 | 0.241 | -4.358 | 1.895 | 1.523 | -0.143 | 0.887 |
| | OECD전체 | 2.680 | 3.151 | 2.765 | 0.133 | -3.782 | 3.182 | 1.822 | 1.611 | 2.195 |
| 노동 생산성 | 독 일 | 1.000 | 1.033 | 1.050 | 1.046 | 0.993 | 1.023 | 1.040 | 1.043 | 1.062 |
| | 유로15개국 | 1.000 | 1.018 | 1.031 | 1.026 | 1.000 | 1.024 | 1.037 | 1.041 | 1.052 |
| | OECD전체 | 1.000 | 1.017 | 1.033 | 1.030 | 1.011 | 1.041 | 1.052 | 1.063 | 1.078 |
| 비고용 비율 | 독 일 | 10.694 | 9.695 | 8.326 | 7.183 | 7.436 | 6.754 | 5.740 | 5.378 | 5.248 |
| | 유로15개국 | 8.942 | 8.235 | 7.416 | 7.439 | 9.376 | 9.896 | 9.982 | 10.831 | 11.076 |
| | OECD전체 | 6.640 | 6.109 | 5.665 | 5.990 | 8.168 | 8.320 | 7.951 | 7.974 | 7.878 |
| 총 고용 (천명) | 독 일 | 38,976 | 39,192 | 39,858 | 40,346 | 40,363 | 40,552 | 41,099 | 41,486 | 41,550 |
| | 유로15개국 | 139,607 | 141,829 | 144,413 | 145,764 | 143,163 | 142,469 | 142,546 | 141,686 | 141,481 |
| | OECD전체 | 531,376 | 540,292 | 548,473 | 551,927 | 542,097 | 545,159 | 550,369 | 554,256 | 559,007 |

## 3.1.2 조사방문 업체 및 기관 현황

연구수행을 위해 '12년 10월 28일부터 11월 1일까지 방문한 독일 내 업체 및 기관을 일자별로 요약하면 다음과 같다.

1. ZF Friedrichshafen AG

    ○ 방문일시 : 2012년 10월 29일(월) 10:00~14:00

    ○ 기관성격 : 자동차 부품회사로 듀얼시스템 직업교육실시기관

    ○ 면담자 : H. Welter(교육훈련 담당자), 윤성필 박사 등 3명

    ○ 주요내용 : 듀얼시스템을 적용한 교육훈련생의 교육과정운영, 평가방법, 교육훈련생 모집방법(학교와 계약을 통한 직원채용) 등 청취 및 토의, 현장시찰

2. DIHK

    ○ 방문일시 : 2012년 10월 29일(월) 14:30~15:40

    ○ 기관성격 : 독일연방상공회의소(직업교육·훈련에서 평가기준 등 정립)

    ○ 면담자 : Laschewski(검정담당 디렉터)

    ○ 주요내용 : 직업교육 및 직업훈련에서의 DIHK의 역할 및 시험출제자 선정, 시험시행 방법, 평가문제 선정방법 등 토의

3. BiBB(Federal Institute for Vocational Education and Training : VET)

    ○ 방문일시 : 2012년 10월 29일(월) 16:00~18:00

    ○ 기관성격 : 독일연방직업교육연구소(독일연방교육부 소속)

    ○ 면담자 : Monika Hacker(융합기술담당리서처), 김은숙(상업담당리서처)

    ○ 주요내용 : 직업교육에서 BiBB와 정부, 검정기관, 교육기관과의 역할 및 독일의 직업 교육 정책방향 청취 및 토의

4. SMS Siemag

   ○ 방문일시 : 2012년 10월 30일(화) 09:00~13:00

   ○ 기관성격 : 철강관련 제조회사로 듀얼시스템 직업교육실시기관

   ○ 면담자 : Hoffman(마이스터, 듀얼시스템 교사)

   ○ 주요내용 : 직업진입시기에서 최종 마이스터까지의 직업교육 실시, 교육현장 시찰 및 인터뷰 수행

5. Berufsskolleg Technik

   ○ 방문일시 : 2012년 10월 30일(화) 14:00~16:00

   ○ 기관성격 : 직업교육학교(고등학교 및 전문대학 과정)

   ○ 면담자 : Geldsetzer(교장), Andreas Kurth(IHK Siegen 담당자)

   ○ 주요내용 : 직업교육에서 전공교과와 일반교과의 비중정도, 교육시간, 평가방법 등 청취 및 토의

6. IHK Bonn

   ○ 방문일시 : 2012년 10월 31일(수) 09:00 ~12:00

   ○ 기관성격 : 본 상공회의소(직업교육, 훈련에서 평가 및 자격수여 담당)

   ○ 면담자 : Hindenberg(직업교육담당 부장)

   ○ 주요내용 : 독일의 듀얼시스템 내에서 지역상공회의소의 역할, 조직구성(직업교육 담당자의 경력 등을 포함), 교육훈련기관의 질 관리방법 등 청취 및 토의

## 제2절 독일의 교육 및 자격 현황

### 3.2.1 독일의 교육현황

 독일은 고등교육을 제외한 나머지 교육제도는 자격제도와 밀접한 연관성이 있다. 따라서 노동시장운영과 깊은 연계가 있고 전통적으로 기업과 학교에서 교육훈련을 받는 듀얼시스템에 의해 운영되고 있다. 따라서 독일의 교육제도 및 자격제도의 이해를 위해서는 독일 국가자격틀(NQF : National Qualification Framework)에 대한 이해로부터 교육과 자격의 이해가 시작된다. 여기서 자격과 교육의 이해는 현재 우리나라의 자격과 교육이 분리되어 정의·인정되고 있는 반면, 독일을 포함해 유럽의 경우 고등교육의 일정시점까지는 교육과 자격이 분류되지 않은 것으로 보인다. 이는 이들이 가지고 있는 NQF에 의해 가능한 것이다.

 독일은 2005년에 들어 자국의 NQF를 직업과 교육을 통합하기 위해 유럽표준인 EQF와 같은 방향으로 목표하여 운영하고 있다. 즉 많은 학교에서 새로이 승인받는 직업교육이나 훈련의 경우 법률이나 주법 고등교육과정에 따라 전문자격증과 연계될 수 있는 모든 가능성이 인정된다.

 따라서 독일에서의 '자격(Qualifikation)'이란 일반적으로 '개인이 특정업무기능을 수행할 수 있는 능력 및 지식'을 말한다(Gabler Wirtschafts-Lexikon, 1988). 이러한 능력 및 지식이 있다고 평가 또는 인정받는 '증서'로는 '교육자격(아비투어, 고등교육 졸업장 등)', '직업자격(기능사, 마이스터 자격)' 그리고 '전문자격(변호사, 의사 등)' 등으로 구분된다.

 아비투어나 고등교육 졸업장은 일반적으로 우리나라의 졸업장 또는 교육수료증과는 달리 철저히 품질관리가 이루어지는 교육자격이다. 독일의 직업자격은 대부분 직업훈련을 이수하고 나서 별도의 품질관리가 이루어지는 검정을 통과하여 취득하게 된다. 이에 따라 독일에서의 자격은 개인의 학습강화, 개인의 능력과 자질(competence)개발, 개인의 소득확보, 그리고 근로자의 직업이동을 촉진시킨다.

 '자격제도'란 개인의 자격여부, 즉 능력 및 지식을 일정한 기준과 절차에 따라 평가하는 시스템을 말한다. 독일 자격제도의 특징은 우선 그 학습의 목표와 평가방법이 구체적으로 명시되어 있고 나아가 이 목표가 도달되는 방식, 특히 학습내용, 학습기간과 학습장소까지 명시되어 있다. 따라서 학습을 하나의 프로세스 측면에서 볼 때 반드시 검정을 통하여 학습이 완결된다고 볼 수 있고 후에 평가방법에 대해 논의한다.

독일 국가자격제도(National Qualifikations System)의 특징은 평생학습촉진에 중점을 두고 있으나, 기능계 자격취득자들이 고등교육으로의 진입에는 한계가 있어 아직은 직업자격을 통하여 원활하게 평생학습촉진이 이루어지지 않는다. 또 하나의 특징은 직업원칙에 따라 자격종목 및 구성범위, 내용 등은 직업을 구성하고 있는 직무의 크기 및 내용과 밀접하다고 말할 수 있다.

이동임(2005)의 독일의 자격제도를 인용하여 독일 자격의 전체적인 틀을 살펴보면 다음 [그림 3.1]과 같다.

| 학년 | | | 구 분 | | | | 연령 |
|---|---|---|---|---|---|---|---|
| 고등교육 | | | 평생교육(Weiterbildung) | | | | |
| | | | | | 박사과정 | | |
| | | | | 직업대학 | 종합대학(Universitat) | | |
| | | | | | 기술종합대학(Technische Universitat) | | |
| | | | | | 기술대학(Technische Hochschule) | | |
| | | | | | 교육대학(Padagogische Hoschule) | | |
| | | | | | 미술대학(Kunsthochschule) | | |
| | | | | | 음악대학(Musikhochschule) | | |
| | | | | | 전문대학(Fachhochschule) | | |
| | | 직업 계속교육 수료증 취득 | 일반대학입학자격증취득 | | 행정전문대학(Verwaltumgsfachhochschule) | | |
| | | 전문학교(Fashschule) | 야간학교(Abendgymnasium Kolleg) | 전문대학 입학 자격증 취득 | 일반대학 입학자격증 취득 | | 19 |
| 13 | | | | | | | 18 |
| 12 | | 이원화 제도(직업학교, 기업) (Duales System) | 직업전문학교(Perufifachschule) | 전문고등학교(Fachoberschule) | 직업고등학교(Perupsoperschule) | 인문계 학교 상급단계(Gymnasiale Oberstufe) | 17 |
| 11 (중등II) | | | | | | | 16 |
| 10 | | 예비 직업교육 | | | | | 15 |
| | | | ※ 중등 교육과정 I은 10학년에서 수료 | | | | |
| 10 | 특수학교 | 10학년(Schuljahr) | 실업학교(Realschule) | | 종합학교(Gesamtschule) | 인문계 학교(Gymnasium) | 16 |
| 5~9 (중등I) | | 기간학교(Hauptschule) | | | | | 12~15 |
| | | | 진학 예비과정(Orientirungsstufe) | | | | 11 |
| 1~4 (초등) | | | 초등학교(Grundschule) | | | | 7~10 |
| 기초 | | | 유치원(Kindergarten)(선택) | | | | 3~6 |
| 학년 | | | 구 분 | | | | 연령 |

[그림 3.1] 독일의 NQF

첫 번째, 초등교육과정에는 초등학교(Grundschule)와 특수학교(Sonderschule)가 있다. 초등학교과정은 보통 1학년부터 4학년까지로 되어 있으며, 이 과정에서는 중등교육과정 수학에 필요한 기초지식을 배우게 된다. 특수학교는 장애인을 위한 제도로서 장애 종류(Behinderungsart)에 따라 구분되어 있다.

두 번째, 전기중등교육과정(Sekundarbereich I, Orientirungsstufe)은 전기중등교육과정(Sekundarbereich I)에 속하지만, 주에 따라서는 초등교육과정에 속하기도 하는 단계로서 5학년과 6학년과정을 뜻한다. 5-6학년과정은 학제구조와 관계없이, 중등교육과정(실업학교, 인문계 학교 등)을 준비하는 단계를 나타낸다. 일반적으로 인문계학교는 진학예비과정(5-6학년)을 포함하여 13학년까지로 구성되어 있는 9년제 학교로, 전기중등교육과정(Sekundarberich I)과 후기중등교육과정(Sekundarberich II)이 한 학교에서 이루어진다. 즉, 7학년부터 10학년까지 전기중등교육단계로(Sekundarstufe I), 11학년에서 13학년까지 인문계학교 상급단계(gymnasiale Oberstufe)로 이루어져 있다.

인문계 학교의 종합학교(Gesamtschule)는 통합형태의 종합학교(integrierte Gesamtschule)와 공동형태의 종합학교(kooperative Gesamtschule)로 나누어진다. 두 종류의 종합학교 모두에는 인문계 학교 상급과정(gymnasiale Oberstufe)에 해당하는 학습과정이 연결되어 있기 때문에, 이 학교를 졸업하면 일반 인문계 학교 졸업 후에 취득하게 되는 대학진학자격(Hochschulreife)이 주어진다. 기간학교는 전기중등교육과정의 일종으로서, 초등학교를 마친 후 실업계 학교(Realschule), 인문계 학교(Gymnasium) 등에도 진학하지 않는 혹은 진학할 수 없는 학생들을 위한 학교이다. 이 학교는 9학년으로 끝이 나지만 몇몇 주에서는 10학년에 끝나기도 한다. 기간학교의 목표는 직업활동의 기초교육을 전수함에 있다. 졸업자의 대부분은 이원화제도로 진입한다.

실업계 학교(Realschule) 역시 전기중등교육과정에 속하는 학교과정 중의 하나로서 10학년에 마치게 되어 있다. 개괄적으로 보면 이 과정의 수료는 고급직업으로 진출하기 위한 발판이거나 전문고등학교(Fachoberschule)·인문계 전문학교(Fachgymnasium) 진학자격, 또는 인문계 상위과정 진학자격으로서 인정된다. 상당한 수료자가 이원화제도에 진입한다.

세 번째, 후기중등교육과정(Sekundarbereich II)은 직업학교(Berufsschule)에서 기업체와의 노동계약(Arbeitsverhaltnis)을 맺은 이원화제도 내의 학생들(도제생)에게 일반지식과 직업 관련 전문지식을 전수한다. 이론수업은 주중 하루 혹은 주중 여러 날에 시간을 분배하여 시간제로 이루어지거나, 관련수업을 몰아 한 번에 하는 블록형태로도 이루어지고 있으며, 실무에 관련된 수업은 기업현장에서 직접 이루어지고 있다.

직업전문학교는 전일제 직업전문학교(Vollzeitschule)로서 연방 규제차원의 의료-사회복지 관련 직종(예: 간호보조사), 비서업무 및 외국어관련 직종(예:외국어 문서 담당자)과 주 정부차원 규정직종(예: 여러 기술분야의 보조기술자) 관련 직업교육을 실시한다. 이 학교는 입학조건, 학습기간, 그리고 수료증의 측면에서 다양한 형태를 띠고 있으나, 대부분 전기중등교육과정 졸업을 입학조건으로 하고 있다. 이 학교는 일반교양 및 직업에 필요한 전문적인 내용을 교육함으로써 학생들로 하여금 이원화제도 수료자격과 유사한 졸업장(공인된 직업교육기관:Ein anerkannter Ausbildungsberuf)[2]을 취득하게 한다. 이 학교에서 최소한 2년제 학습과정을 수료하게 되면 일정한 조건 하에 전문대학 입학자격을 취득할 수도 있다.

전문고등학교는 전기중등교육과정을 졸업한 후 진학하는 2년제(11-12학년)학교로서, 학생들은 여기서 일반교양, 전공이론, 실무지식 및 기능을 교육받음으로써 전문대학 입학자격(Fachhochschulreife)을 취득하게 된다. 11학년과정은 이론강의와 실무내용을 포괄한다. 11학년과정은 해당직업교육 수료로써 대체될 수 있다. 12학년과정은 대개 전일제 수업형태로 이루어지지만 시간제 수업 형태일 경우 최소 2년간 지속된다.

직업고등학교는 아직까지 몇몇 주(예를 들면 바이에른, 니더작센, 슐레스비히-홀스타인)에서만 실행되고 있는 전일제학교(2년제)이다. 입학조건은 전기중등교육과정 졸업, 이원화제도 수료, 관련업종에서의 5년간 실무경력이다. 이 학교에서는 일반교육 및 전문이론에 관한 교육이 이루어지며, 이 과정을 마치면 전문대학 입학자격을 취득하게 된다. 제2외국어 능력을 증명할 경우 종합대학 입학자격도 취득할 수 있다.

---

[2] 공인된 직업교육(in einem anerkannten Ausbildungsberuf): 여기서 말하는 공인된 직업교육이라 함은 연방차원의 교육규정에 명시되어 있는 직업에 관한 교육을 의미하는 것이다. 이것은 교육과 연구부의 연방장관의 동의(Bundesminister fur Bildung und Forschung)아래 주무 장관에 의해 공포되고 있다. 이런 교육규정의 법적인 기본토대는 직업교육법(Berufsbildungsgesetz)과 수공업규정(Handwerksordnung)에 의해 시행되고 있다. 이러한 직업교육은 업체나 관할관청 혹은 직업교육학교(예: 직업전문학교, 직업학교)에서 이루어지는데, 실무위주교육은 업체나 관할관청에서 이론교육은 주로 학교에서 배우게 되므로 교육장소가 두 곳에서 실시된다는 의미에서 이원화제도(Duales System)로 불리고 있다. 이런 직업교육을 받기 위한 전제조건은 따로 존재하지 않으나, 업체에서와의 교육과 관련해서는 업체마다 채용조건이 상이하다. (www.arbeitsamt.de 참조)

네 번째, 고등교육과정(Tertiarer Bereich)으로 전문학교 입학조건은 전기중등교육과정 졸업, 이원화제도 수료, 실무경력이며 직업관련 향상교육(beruflichen Weiterbildung)의 한 형태로 자리한다. 고등교육과정은 중간경영층에 필요한 전문인력 양성에 중점을 두고 학교를 졸업하면 대표적으로 테크니션 자격을 취득하게 된다. 과정은 전일제수업으로 이루어지는 경우는 학습과정이 1년, 시간제수업으로 이루어지는 경우에는 2년이 걸린다. 또한 일정조건(3년과정) 아래에서는 전문대학 입학자격도 취득할 수 있다. 이런 학교는 국영형태나 사립형태로 존재하며, 전공분야에 따라 여러 종류의 전문학교가 존재한다.

전문대학은 실무위주의 전문인력을 양성한다. 종합대학은 독일 고등교육제도의 전통적 형태로서, 여러 전공에 대해 학술교육을 시행하며 석·박사를 배출한다. 공과대학을 졸업하면 엔지니어 자격을 취득하게 되는데 여기에는 두 가지 종류가 있다 전문대학에서 취득하면 학사 엔지니어, 즉 '엔지니어(FH)', 종합대학에서 취득하면 석사 엔지니어, 즉 '엔지니어(Diplom-Ingenieur)'가 된다.

이상은 독일의 국가자격의 틀에서 교육의 형태에 대해 살펴보았다. 독일 NQF의 가장 큰 특징은 자격에 대한 횡적 유연성에 있다. 즉 직업과 교육시스템의 동등성 관계를 인정하여 자연스럽게 진입 및 이탈이 가능하며, 관련자격에 대한 직무수준 또는 학업수준에 대해 공히 인정한다는 것이다. 다음 절에서는 굳이 국가기술자격과 유사한 자격제도의 운영측면으로 NQF의 좌측에 해당하는 직업교육에 관련된 자격체계에 대해 살펴보도록 한다.

독일 자격 및 교육체계의 이해는 우선 직업교육과 직업훈련에 대한 이해가 우선되어야 한다. 독일에서 직업훈련과 직업교육은 매우 큰 차이가 있다.

우선 직업훈련이라 함은 우리가 알고 있는 국가자격으로써 [그림 3.2]와 같은 NQF의 표준화된 자격에 대한 평가를 뜻하는 것으로, BiBB에서 정한 표준에 따라 상공회의소 또는 수공업협회에서 연방직업훈련법에 따라 검정운영 및 시행을 주관한다.

반면, 직업교육이라 함은 [그림 3.2]에서 보는 바와 같이 기업과 학교의 연계에 의해 이루어지는 이원화제도의 대표적인 교육방법이다. 즉 기업체 또는 학교에서 요구하는 기능인력에 대해 기업체와 노조 등 심의위원회에서 직업교육에 대한 커리큘럼을 구성하고 이를 자격으로 인정하는 것이다.

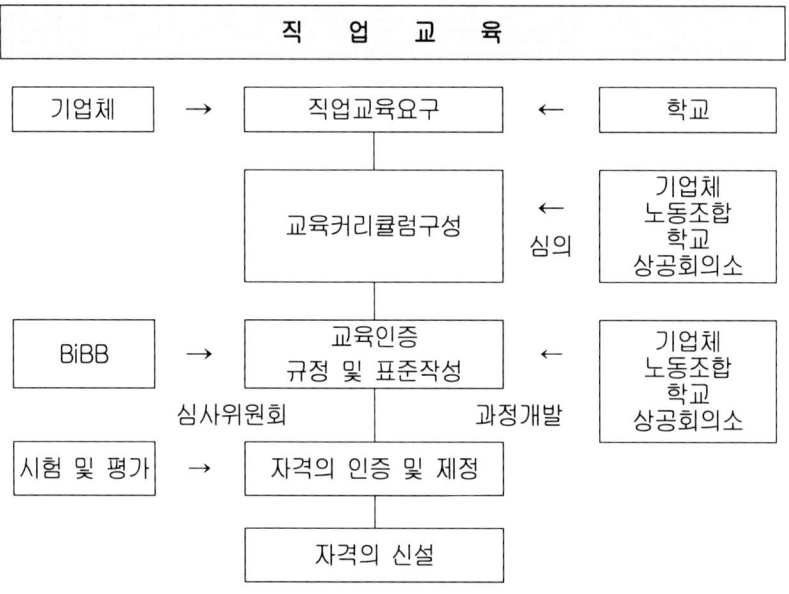

[그림 3.2] 직업교육자격의 신설 및 운영 프로세스

## 3.2.2 독일의 자격제도 운영현황

2008년 4월 23일 평생학습을 위한 유럽의 자격틀 제정이 유럽의회와 위원회의 동의로 제정되고, 각 유럽국가의 국가자격시스템은 2010년부터 EQF와 동시에 이루어졌다. 독일의 국가자격틀인 GQF(Germany that a national Qualifications Framework)는 EQF의 요구를 수행하는 것에 그 목적을 두고 제정되었다. GQF의 적용은(cf. Arbeitskreis DQR, 2011) GQF 워킹그룹이 GQF의 수준을 국가자격과 연계를 시작하기 위한 방법으로 시작되었다.

연방 또는 주와 연계된 GQF 협력그룹은 2007년에 GQF의 제도입안을 준비하면서 구성되었고 다른 관련위원회들이 포함되었다. GQF 워킹그룹의 작업은 일반용어의 정의 등 교육분야와 연계하여 GQF를 개발할 목적을 가진다.

연방/주 협력그룹의 구성에는 GQF 수행그룹을 포함하여 사회적협의체와 고등교육학교, 그리고 다른 모든 교육분야의 전문가 대표들을 포함하였다. GQF 구성단계에서 상급단계 코스를 해결할 수 없다는 것과 대학교 진입자격, 그리고 직업교육의 수료의 연계와 같은 모든 연계 상황이 서로 다르게 표현되어 교육부와 문화부(KMK : Ministers of Education and Cultural Affairs) 장관들의 협의, 그리고 BiBB국에 속한 협의체 사이에서 서로 다른 의견이 도출되었다. 이에 따라 다른 의견에 대해 KMK는 Level 5의 상급직업수료자격 이상과 연계해 대학진학 자격을 분명하게 할당하여 일반화하도록 제안하였다, 기술대학교 진입자격은 Level 4에 해당하는 3년 또는 3년 반 이상의 직업훈련으로부터 자격을 인정하도록 하였다. 그리고 2년 직업훈련은 Level 3으로 인정하였다.

KMK는 GQF의 Level 3·4·5 이상의 직업훈련자격에 대한 확장을 요구했지만, 보다 상급의 직업수료에 대한 의미는 아직 존재하지 않고 전문성이 충분히 인정받는다고 정의했다. 회의로부터 GQF 작업그룹은 단지 350개 수준의 직업훈련에 대해 인정하였다.

2011년 8월 25일에 GQF와 EQF를 어떻게 수행하여야 되는지를 경제부(WMK : Economy Affairs) 장관 회의에서 시도하여 명확하게 정의하였다. 여기서는 독일 교육시스템과의 투명성 (transparency), 침투성(permeability), 그리고 동등성(equivalence)을 지적하여 모든 잠재적 GQF 사용자를 수용하고 추가되는 자격가치에 대해 인정하도록 하였다. 이는 현존하는 교육과 훈련의 계층구조를 연계시킨다는 의미가 아니라, 국가와 유럽의 수준에서 수직적·수평적으로 상호침투가 용이하도록 강화하여 개인적 기술이 공급되도록 보증하는데 그 의미가 있다.

WMK에 의해 만들어진 이 점은 부분적으로 매우 중요하다. 만약 GQF 규정 내 기준과 GQF에서 기술하고 있는 직무능력에 기초한 방법을 따른다면, 교육의 다른 분야에서 역시 자격에 대해 인정받을 수 있다. 그러나 WMK의 기술대학교 또는 특수목적대학교 진학자격보다 일반대학교 진학자격의 수준을 보다 높은 자격수준으로 인정한다는 의미는 아니다.

이에 따라 WMK는 GQF에서 일반대학교 진학자격과 동일한 위치에 상공회의소법 (Trades Regulation Code), 그리고 직업훈련법 및 규정에 상응하는 3년 또는 3년 반 과정의 직업훈련에 대해 인정하기에 이르렀다. 2011년 10월 20/21일 335차 총회에서 KMK가 일반, 그리고 특수목적대학교 진학자격뿐만 아니라 Level 5의 상급직업상 수료증과 Level 3 이상의 직업훈련자격의 성취에 대해 동일한 위치를 가지게 한다고 정책안을 구성하였다.

그러나 2011년 말에 모든 경제인협회와 조직에서 고용을 위한 부정적인 견해가 도출되었다. 예를 들어 직업교육과 훈련의 듀얼시스템의 한부분에서 만약 초기에 직업교육과 훈련을 선택하고 고등학교를 졸업하지 못한 사람이 학교교육이 아닌 직업훈련을 수료한 것보다 더 가치있게 나타난다는 것이다. KMK는 교육부의 자격동등성에 대해 의문을 제기하였고, BiBB 또한 이런 경우에 대해 KMK의 동등한 위치선정의 일관성이 결여되었다고 비판하였다(BiBB-Hauptausschuss 2011). 이외 추가해서 독일 하원 내의 정책그룹인 CDU/CSU, SPD, Bündnis 90/Die Grünen and FDP와 같이 서로 다른 부서와 협의체에서도 역시 KMK의 해결방법에 대하여 비판하였다.(cf. Deutscher Bundestag 2012; Ausschuss für Bildung, Forschung und Technikfolgenabschätzung 2012; KAMP 2012).

이상의 경로를 거쳐 독일정부는 여러 문제점이 도출되기는 했지만 GQF는 EQF를 사용함에 위험한 문제가 없다고 판단하여 2012년 1월 31일에 대통령 등 최고위원들과 이하 BiBB의 동의까지 얻어 EQF를 기반한 GQF를 제정하게 되었다. GQF는 EQF에 대한 국가적 수행으로 유럽과 독일자격에 대한 비교와 더불어 동등성에 대한 방법을 제시한다.

이상의 논의를 통해 독일은 직업지향자격의 할당과 GQF의 8수준 자격을 다음과 같이 정의하였다.

<표 3.3> GQF 수준과 자격의 할당

| Level | Level indicators | Exemplary assignment of formal qualifications |
|---|---|---|
| 1 | Having skills required to carry out simple tasks in a field of study or work that is closely defined and has a stable structure. The tasks are carried out under supervision.<br>정적인 구조에서 거의 명확한 작업이나 학습분야의 단순한 작업을 수행하는 기술을 요구하며 작업들은 모두 감독자 아래에서 수행됨 | |
| 2 | Having skills required to properly carry out basic tasks in a field of study or work that is closely defined and has a stable structure. The tasks are mostly carried out under supervision.<br>정적인 구조에서 거의 명확한 작업이나 학습분야의 기초작업을 적절하게 수행하는 기술을 요구하며 작업들은 거의 대부분 감독자 아래에서 수행됨 | |
| 3 | Having skills required to carry out specialized tasks autonomously in a field of study or vocational activity that is still narrowly defined and has a partially open structure.<br>부분적으로 개방된 구조에서 아직 정확성이 명시된 직업활동 또는 학습분야에서 전문적 작업을 자치적으로 수행할 수 있는 기술을 요구함 | two-year training occupations<br>2년간의 직업훈련 |

| Level | Level indicators | Exemplary assignment of formal qualifications |
|---|---|---|
| 4 | Having skills required to plan and work autonomously in order to carry out specialized tasks in a comprehensive and changing field of study or vocational activity. | three- and three-and-a-half-year training occupations |
| | 직업활동 또는 학습분야가 포괄적이고 변형되는 환경에서 명령에 따른 전문작업을 자치적으로 계획하고 수행할 수 있는 기술을 요구함 | 3년 또는 3년 반의 직업훈련 |
| 5 | Having skills required to plan and work autonomously in order to carry out comprehensive specialized tasks in a complex, specialized and changing field of study or vocational activity. | first upgrading training level (specialist) |
| | 직업활동 또는 학습의 복잡하고 전문적인 응용된 분야에서 포괄적인 전문작업을 명령에 따라 자치적으로 계획하고 수행할 수 있는 기술을 요구함 | 첫 번째 상급훈련수준(전문가) |
| 6 | Having skills required to plan, implement and evaluate solutions to comprehensive specialized tasks and problems and to take responsibility for controlling processes in parts of a scientific discipline or in a field of vocational activity. The requirement structure is characterized by complexity and frequent changes. | second upgrading training level (operative professional), bachelor, vocational school, business specialist, master craftsman |
| | 직업활동 또는 학습의 복잡하고 전문적인 응용된 분야에서 포괄적인 전문작업을 명령에 따라 자치적으로 계획하고 수행할 수 있는 기술을 요구함 | 두 번째 상급훈련수준 (관리전문가) - 학사, 직업학교, 사업전문가, 마스터기능인 |
| 7 | Having skills required to implement solutions to new and complex tasks and problems and to take responsibility for controlling processes in a scientific discipline or in a strategy-oriented field of vocational activity. The requirement structure is characterized by frequent and unpredictable changes. | third upgrading training level (strategic professional), master |
| | 직업활동이 정책지향분야 또는 과학분야에서 관리수행을 위한 책임을 지고 복잡한 작업과 새로운 문제를 해결할 수 있는 권한을 요구하는 기술을 필요로 하며, 요구되는 조직구조는 작업예측이 어렵고 빈번하게 변화하는 특성화된 구조임 | 세 번째 상급훈련수준 (정책 전문가) - 석사 |
| 8 | Having skills required to generate new research findings in a scientific discipline or to develop innovative solutions and methods in a field of vocational activity. The requirement structure is characterized by novel and unclear problems. | Dr., Ph. D. |
| | 직업활동 영역 내에서 혁신적인 방법론과 해결방안을 개발하거나 과학분야에서 일반적인 새로운 연구발견을 필요로 하며, 요구되는 조직구조는 비정형, 비정의된 문제에 대해 특성화함 | 박사 학위 |

## 제3절 독일 직업교육 및 훈련(VET : Vocational Education & Training)과 자격운영현황

### 3.3.1 직업교육 및 훈련(VET) 일반

독일에서 초기직업교육 및 훈련(IVET)은 직업이나 직업군에 진입하기 위한 가능한 지식·기술·직무능력의 성취를 촉진하기 위해 전형적으로 풀타임 의무교육 이후에 수행하는 훈련으로 정의하였다. 따라서 도제제도(Apprenticeship)를 포함해 현장중심 또는 학교중심 환경 모두를 수행하는 것으로 정의된다(BBiG). 독일에서의 자격이란 개개인이 주어진 표준에 대한 학습결과를 성취하는 것으로, 직무능력을 결정할 때 얻게 되는 다양한 절차나 평가의 정형화된 결과라고 말한다.

최근의 직업교육 및 훈련(Modernizing VET)은 사회경제의 변화에 부응하기 위해 2006년도에 '직업교육의 혁신', '직업교육과 훈련의 혁신'이라는 연구를 추진하여 IVET와 CVET의 새로운 구조를 정의하였다. 지속해서 2008년도에 독일연방정부가 평생학습을 위한 정책을 입법하게 되었다. 이에 따라 2008년도에 55개 분야에서 초기직업교육 및 훈련(IVET) 프로그램을 통해 학교를 졸업한 젊은층을 육성하였다.

새로운 직업교육과 훈련의 주요정책분야의 개발내용을 정리하면 다음 <표 3.4>와 같다. 표에서 알 수 있듯 독일 현대적 직업교육 및 훈련은 크게 6가지의 정책방향을 가지고 운영된다. 이 내용은 미래 국내의 자격제도의 개선에 참고가 될 것으로 판단되어 그 내용을 번역하여 수록하였다. 정책방향의 6가지를 국내의 현황과 연계해 살펴보면, 자격에 대한 재입장을 가장 큰 이슈로 하여 가격의 범위에 대해 재정립하고, 이후 교육과의 연계, 취약계층에 대한 연계, 또한 재취업과정과의 연계 및 국제적 통용성에 대한 연계로 확장하고 있음을 알 수 있다.

독일의 경제·사회현실 또한 글로벌 환경과 동일하게 적용되고 있으며 우리나라 미래의 경제·사회현실을 반영하고 있어, 이들 직업교육과 훈련의 형태를 벤치마킹하는 것이 국내 자격의 미래를 간접적으로 들여다보고 미래정책방향설정 시 기본자료로 사용될 수 있을 것으로 판단한다.

<표 3.4> 독일 VET 정책 우선순위

| 정책우선순위 | 정책의 접근 및 평가 |
|---|---|
| 1. 모든 훈련분야 | · 독일의 기술인력개발과 훈련경로를 위한 국가 간 협약의 지속<br>· 주 정부 측면의 IVET 구조의 개선<br>· 훈련보너스의 소개<br>· 훈련모듈 프로그램<br>· 비규정 지원자를 위한 내·외부 훈련능력의 사용<br>· 수행분야의 확장<br>· 직업자격의 예측<br>· 개선분야의 캠페인과 같이 IVET 성장분야, 연구기반분야 그리고 개선분야에 해당되는 기업 모집<br>· 지자체 교육협약의 준비와 청소년 및 교육특수계층의 지원 협약<br>· 독일 회계 프로그램<br>· 교육망 초기화 |
| 2. 초기 직업자격을 향상시키기 위한 교육향상의 연계망 | · 전환시스템의 재사정<br>· 수행기반 직업지향, 그리고 교육지원자에 대한 초기직업자격에서 7등급 수준까지의 개인적 멘토링<br>· 노동자로부터 젊은층의 초기 훈련 |
| 3. 직업교육분야에서 대학으로 명확하게 전환하기 위한 교육분야 사이의 통합과 침투성의 개선 | · 이원화시스템의 도제제도 후 상위교육으로 직접전환을 희망하는 완료자에 대한 장학금 수여<br>· 상위훈련을 위한 진보된 수준 제공<br>· 독일대학과 독일국제학교에서의 교육의 촉진<br>· 초기 및 계속직업교육훈련 사이에서 상호연계 가능한 추가자격의 개발<br>· 대학입학가능성을 수여하여 학교를 떠난 지원자에게 직업을 위한 고등교육 입학자격 수여<br>· 고등교육수준을 통해 우선자격인증을 위한 서로 다른 선택사항과 추가사항 작성<br>· ANKOM-대학과정에서 요구되는 VET 전문적 직무능력을 위한 인정<br>· DECEVET-직업교육을 위한 독일인정시스템의 개발<br>· 상위 프로그램<br>· 23번째 연방 교육훈련 사정위원회 결과 |
| 4. 다른 나라들에서 획득할 수 있는 자격의 인정 | · 외국자격과 독일초기 직업훈련프로그램 사이의 동등수준에 대한 사정 및 적용을 위한 올바른 절차의 정립<br>· 외국자격과 전문자격의 개선된 인정 및 사정 |
| 5. 직업교육의 현대화와 자격보증 | · VET 연구의 강화<br>· 일반적인 전문자격 직업중요성에 대한 신중한 검토와 더불어 직업그룹의 개발<br>· 국제통용성 - 예를 들어 유럽 EQF의 수행, NQF의 개발, 상호전환을 위한 틀의 개발과 자격화 |
| 6. 2015년까지 지속적인 교육과 낮은 자격근로자의 참여의 중요성 보증 | · 평생학습을 위한 강력한 개인적 책임과 동기<br>· 평생학습의 수용 및 인정<br>· 교육분야의 통합성과 침투성의 개선<br>· 상급직업 안내서와 전환에 대한 보증의 안내서 개발<br>· 교육시스템 내의 노동자의 통합개선방안<br>· 고령자를 위한 지속교육기회의 제공촉진<br>· 계속교육의 의미적 보조 |

또한 독일에서 자격정책 수행 시 가장 큰 이슈로 여기는 것은 교육과 직업교육의 전환성으로 나타나고 있다. MVET 역시 이 부분에 집중하여 일반교육과 고등교육, 그리고 평생교육으로 연계할 방안에 대해 연구하고 있다.

초기 IVET는 젊은층, 즉 19세 이하 학생이 보다 쉽게 훈련에 진입할 수 있도록 모듈을 설계하여 직업교육을 받을 수 있도록 구성하였다. 이에 따라 BiBB는 2011년도 8월 현재 534개의 자격모듈을 데이터베이스화하였다. 그러나 학교교육을 이수하지 못하고 중퇴하는 청소년을 예방하고 학교교육으로부터 이원화시스템 IVET로 진입하고자 하는 청소년을 위해 '초기직업교육을 이끄는 교육망-침투성 완성'을 2010년도 여름에 구성하였다. 이 공급망의 주요구성은 '교육 공급망-경로시작 안내'라는 명칭의 전문프로그램으로, 직업기반 프로그램과 IVET의 JOBSTARTER 구성 프로그램으로 되어 있다.

또한 VET는 독일뿐만 아니라 유럽 전체에서 세계경제의 변화에 따른 글로벌화와 전환 추진에 발맞춘 변화정책을 추진하여 VET 전체틀에 대해 정비하고 있다. VET 전체틀 중 국내 현황에 대해 연구해야 할 분야인 후기중등교육과정과 고등교육과정에 대해 살펴보면 다음과 같다.

먼저 직업지향교육의 상위수준인 후기중등교육과정수준에서의 IVET의 요구사항은 다음 <표 3.5>와 같다.

<표 3.5> 후기중등교육과정 수준의 IVET

| 교육프로그램 형태 | 주요경제분야 | ISCED 수준 | 학교 및 직업기반 훈련 | 학 업 평균기간 | 다 른 경로전환 | 요 구 승 인 |
|---|---|---|---|---|---|---|
| 전일제 직업학교 | 상업, 언어, 기능, 주택 및 관리, 예술 | 3B | 학교기반 | 최소1년 ~ 최대3년 | 직업연장학교, 상업 및 기술학교 | 낮은 수준 후기학교 또는 자격수료 후 바로 떠나는 후기중등학교 |
| 전문기술학교 | 창고관리, 상업 및 회계, 기술 | 3A | 1년 : 직업기반실무훈련뿐만 아니라 학교기반 교육 | 최소1년 ~ 최대2년 | 과학분야 대학지원자격, 조합지원대학교 | 관련학교 수료증 |
| 직업지향 및 김나지움의 상위수준 | 비즈니스, 기술, 영양, 인간공학, 건장복지, 정보통신기술 | 3A | 학교기반 | 3년 ~ 4년 | 대학교, 응용과학대학교 | 관련학교 수료증 |

2011년 8월 현재 독일의 직업교육훈련 프로그램에 의한 후기중등교육학생의 수는 1,679,166명(57.5%)으로 일반교육학생 1,242,102(42.5%)보다 43만 명이 많은 숫자를 나타내고 있으며, EU-27개 국가의 평균보다 12.2% 정도 높게 나타나고 있다. 반면 일반교육인원은 7.2% 적게 나타나고 있다.

고등교육수준의 직업교육 및 훈련(VET at Tertiary Level)은 다음 <표 3.6>과 같이 구분할 수 있다.

<표 3.6> 고등교육수준의 VET

| 교육프로그램 형태 | 주요경제분야 | ISCED 수준 | 학교 및 직업기반 훈련 | 학업 평균기간 | 다 른 경로전환 | 요구승인 |
|---|---|---|---|---|---|---|
| 이원화학습 프로그램 | 경제과학, 기술 | 5B | 부분학교와 수행기반 | 3년이상~5년 | 대학교 | 훈련계약과 고급교육진입자격 수료 |
| 응용과학 대학교 | 부분: 공학과학, 경제과학/상법, 사회보장, 해정과 법무부, 컴퓨터과학, 설계·수리 정보통신기술, 보건간호 | 5A | 부분학교와 수행기반 | 3년이상~5년 | 대학교 | 고등교육진입자격 수료 인정 |
| 직업 아카데미 | 사회보장, 기술, 경제과학 | 5A | 부분학교와 수행기반 | 3년이상~5년 | 대학교 | 이하 주법에 따름 |
| 보건복지분야 학교 | 보건복지분야 | 3B | 학교부속병원, 이론과 실습훈련 | 2~3년 | 직업확장학교 | 후기교육 첫 단계 수료와 경험 또는 직업자격수행 |
| 대학교 | 모든 전공 | 5A | 단지 학교를 기반 | 3~5년 | 박사 | 고등교육진학자격의 수료(Abitur) |

독일의 고등교육수준의 학생은 2011년 8월 현재 5A에 1,915,088명, 5B에 330,050명으로 총 2,245,138명이 재학중이고, 유럽 27개국 총계에 비교하여 5A의 경우 85.3%로 0.9% 많고, 5B의 경우 14.7%로 1.7% 많게 나타나고 있다.

## 3.3.2 독일의 자격종목 및 평가·시험요구
(Demands of Examination Syllabuses and Question Papers)[3]

본 연구에서는 연방고용안정국(BA : Bundesanstalt fuer Arbeit)이 2010년 발행한 "Lexikon der Ausbildungsberufe : 2010/2011"의 자료를 바탕으로 연방차원에서 관리되는 직업자격종목의 현황을 교육장소, 즉 교육의 운영주체를 기준으로 다음과 같이 분류하여 정리하고자 한다. 여기서 교육의 운영주체의 기준에 대한 자격을 살펴보면 아래와 같이 구분할 수 있다.

첫째, Betriebliche Ausbildung(이원화 교육제도를 의미)의 경우는 일반적으로 알려진 '도제제도-Dual'과 '도제제도-BFS' 자격이 이에 해당하는 자격이라 말할 수 있다.

둘째, Schulische Ausbildung(직업전문학교 교육수료 시 부여되는 자격)은 '도제제도-Abi' 자격이 이에 해당한다고 말할 수 있다.

셋째, Ausbildung im öffentlichen Dienst(공공서비스 내 교육을 통해 부여되는 자격)는 '도제제도-Sonstige' 자격이 해당한다고 말할 수 있다.

넷째, Weiterbildung(이원화교육 이후 실시되는 향상훈련자격)은 Techniker(기능사), Meister(마이스터) 등으로 구분되고, Kaufmännische und weitere Weiterbildungen(상업 및 기타교육), Weiterbildungen in Form von Seminaren(세미나형태의 교육), Hochschulstudium (고등교육) 등으로 구분할 수 있다.

이상의 분류는 직업교육과 훈련에 관련된 것으로 교육자격과는 또 다른 의미를 지니고 있다. 연방고용안정국의 "Lexikon der Ausbildungsberufe: 2010/2011"은 독일 내 직종을 <표 3.7>과 같이 총 27개 분야로 세분화하여 관리하고 있다. 결국 관련직종에서 요구되는 자격종목이 독일에서 운영하고 있는 직업교육과 훈련의 자격종목이라 말할 수 있다. 이상에서 첫째부터 셋째에 해당하는 도제제도-Dual, BFS, Abi, Sonstige 자격은 다음 절에서 독일의 구체적인 자격에 대해 언급하면서 정의하도록 한다.

---

[3] Alastair Pollitt, Ayesha Ahmed and Victoria Crisp

<표 3.7> 독일의 직종분류기준

| Code | 독일의 직종분류기준 |
|---|---|
| 1 | Construction, architecture, surveying |
| 2.1 | Technology, law and security (services) |
| 2.2 | Tourism, leisure, hotel, restaurants, Dialogue Marketing(Services) |
| 2.3 | Personal care, housekeeping (service) |
| 3 | Electro |
| 4 | Corporate, humanities |
| 5.1 | Medicine, psychology, nursing and therapy |
| 5.2 | Medical, rehabilitation, sports and exercise |
| 6 | Computers, computer science, IT |
| 7.1 | Crafts, restoration |
| 7.2 | Design, music, dance, drama |
| 8 | Agriculture, Nature, Environment |
| 9 | Media |
| 10 | Metal, Mechanical |
| 11 | Science and laboratory |
| 12.1 | Ceramics, building materials, mining |
| 12.2 | Wood and paper |
| 12.3 | Glass, paints, varnishes, plastics |
| 12.4 | Textiles, Clothing and Leather |
| 12.5 | Gems, jewelry, musical instruments |
| 12.6 | Food, beverages |
| 13.1 | Education |
| 13.2 | Social services, religion |
| 14 | Engineering, technology fields |
| 15 | Transportation, logistics, transportation |
| 16.1 | Business and secretarial |
| 16.2 | Finance, marketing, legal and administrative |

이상 독일의 자격종목분류에 대해 살펴보았고, 다음은 독일의 자격유형별 자격검정에 대해 <표 3.8>과 같이 정리하였다.

<표 3.8> 독일의 유형별 자격검정현황 요약

| 구 분 | | 관련법 | 관계부처 | 검정기관 | 응시요건 | 검정방법 | 검정위원회 |
|---|---|---|---|---|---|---|---|
| 직업자격 | 기능사 | 연방직업훈련법 | 연방경제부, 연방교육연구부 | 상공회의소 수공업협회 | 이원화제도과정 이수자 | 필기시험 실무시험 | 사용자대표 노조대표, 교사 |
| | 마이스터 | | 연방교육연구부 | | 기능사자격소지 및 3년 현장경력 | 필기시험 구두시험 | |
| 교육자격 | 테크니션 | 주정부 학교법 | 주 교육부 | 학교 | 직업전문학교 과정이수자 | 필기시험 구두시험 | 주공무원(교육감사원)교장 등 |
| | 엔지니어 (학사) | 주대학 교육법 | | 대학 | 전문대학 과정이수자 | 필기시험 구두시험 졸업논문 | 단과대학 학장 (위원장), 교수 |
| | 엔지니어 (석사) | | | 대학 | 종합대학 과정이수자 | 구두시험 필기시험 석사논문 | |
| 기술사 | 검증 엔지니어 | 건축기술사법 | 주 상급관리청 | 주 상급관리청 | 석사학위 및 10년이상의 경력 | 서류심사 필기 및 구두시험 | 교수, 검증기사, 산업계대표, 주정부공무원 |
| 국가자격 | 전문직 | 관련개별법 | 시험관리부, 시험관청 | 관련관청 | 교육이수 후 실습경력 | 필기시험, 구두시험, 논문시험 | 교수 및 교육부 공무원, 시험관장 |

독일의 검정방법은 필기시험과 실기시험인 구두시험, 그리고 교육자격에서는 관련 논문시험이 필수적으로 운영되고 있음을 알 수 있다. 또한 운영되는 자격시험의 검정기관이 각각 다르게 나타나고 있음을 알 수 있다.

우선 검정기관의 형태와 검정영역을 살펴보면, 직능단체(상공회의소, 수공업협회 등)는 정부로부터 위탁받은 검정관련업무를 수행하고, 문제출제(관리 및 보안)·검정시행·채점·합격자관리·자격증등록 및 발급 등을 실시한다.

자격종목개발의 경우 최종의사결정은 BiBB에서 노·사·정이 함께 하고 검정시행에 있어서 정부의 지원은 없다. 자격증은 직능단체(상공회의소, 수공업협회 등)장의 이름으로 발급된다. 자격증에는 검정결과에 대한 점수가 함께 기재된다. 직능단체는 기능사 및 마이스터자격의 검정을 시행하는데, 수공업협회는 주로 수공업과 관련된 직종을, 상공회의소는 상업 및 기타 서비스직종과 관련된 검정을 시행한다.

직업교육과 훈련 이외에 학교교육을 통해서 취득하게 되는 자격의 경우, 학교가 자체 검정위원회를 구성하여 검정을 시행한다. 테크니션자격, 엔지니어자격 등이 여기에 해당한다. 주정부는 테크니션자격, 엔지니어자격을 포함하여 개별 법령에 포함되는 전문기술자격(기술사자격)에 관련하여 관련부서가 검정을 시행한다.

듀얼시스템을 운영하는 독일의 경우 기업이 이원화체제의 양성훈련에 깊숙이 관계되어 있다. 도제생을 선발하고 훈련수당을 지급하며 교육·훈련내용을 제공한다. 그리고 업종별 기업의 대표인 사용자단체는 검정위원회를 통해 훈련기준, 출제기준 등에 관한 중요한 의사결정을 행하며, 분야에 따라서는 직접 검정출제를 담당한다. 또한 기업체와 연계한 노조는 오랫동안 직업훈련과 자격제도의 품질관리를 위해 노력해왔고 각종 위원회를 통해 훈련 직종이나 자격종목의 신설 및 변경 혹은 폐지에 관한 의사결정과정에 참여해 왔다. 특히 검정위원회의 위원으로 출제기준·출제위원 선정, 채점 등에 참여한다.

독일자격의 검정운영체계를 살펴보면 시험문제의 출제와 자격유형별 검정방법을 중심으로 살펴볼 수 있다. 특히 독일의 직업훈련직종에 대한 자격검정의 운영은 시험시행기관(상공회의소 : IHK 등)에서 각각의 해당종목에 대한 시험문제출제에서부터 합격자의 결정과 합격증서교부에 이르기까지의 전(全)과정에 관한 권한을 가지고 있다.

먼저 시험문제의 출제의 경우, 동일한 직종에 대해 지역상공회의소에서 독자적으로 시험문제를 출제하고 검정을 시행하게 되면 과도한 인력과 예산의 낭비가 발생된다. 따라서 바덴뷔르템베르크 주, 슈투트가르트 시의 상공회의소에 시험문제 및 교보재 개발처를 설치·운영하도록 하였다. 여기서 개발된 시험문제로 주 내의 각 상공회의소에서 중간 및 졸업시험을 보도록 되어 있으며, 현재 전체 독일 내 상공회의소를 대상으로 시험문제를 개발·공급하고 있다.

필기시험은 문제은행에 보관된 문제 중 검토회의 1개월 전에 담당직원이 약 1.5배수의 문항을 선정하여 해당전문위원에게 우편으로 송부한다. 송부된 문제는 전문위원이 각자 검토 후 지정된 일자의 문제검토회의에 참석하여 검토문제에 대한 수정사항·문제점 등을 보완하여 문제를 최종 선정한다. 선정된 시험문제는 인쇄소에서 편집·완료된 후 전문위원 중 3인에게 최종적인 검토를 받아 수정·완료된다.

실기시험문제는 매 시험마다 새로운 문제를 개발하여 출제하고 있으며, 출제절차는 1차 전문위원회에서 2명의 전문위원을 선정하여 이들에게 출제를 의뢰하고, 나머지 전문위원은 출제된 문제의 적정성·타당성 등을 검토한 후 수정·보완하여 최종 문제를 확정·출제한다.

자격유형별 검정방법에 대해 세부적으로 살펴보면 다음과 같다.

첫 번째, 기능사자격의 경우 양성훈련의 수료자격으로서 교육의 수료와 더불어 훈련과정에 대한 검증이 완료되었음을 증빙하는 것이다. 자격증은 수공업협회와 상공회의소에서 발급한다. 검정방법은 교육과정의 수료에 대한 증명으로, 중간시험과 졸업시험을 통해 교육과정동안 어느 정도의 기술과 지식을 습득하였는지를 평가하게 된다.

특히, 중간시험은 3년 ~ 3년 반의 교육기간 중 2년차 중반 또는 마지막에 실시하고, 이수한 전공과목에 대해 필기·실기·구두질의답변 시험 중 필요한 시험방법에 따라 정해진 시간 내에 해결한 과제의 수를 기준으로 합격여부를 판정한다. 졸업시험은 마지막 학기에 실시되며, 중간시험과 같은 방법으로 실시된다. 수료자격은 모든 과목과 평가분야에서 시험성적이 D 이상이어야 합격증이 교부된다. 어느 한 과목이라도 낙제평가가 있을 경우 불합격 처리된다.

두 번째, 향상훈련수료자격으로서의 마이스터자격은 수공업협회의 기술전문가자격과 상공회의소 전문가자격으로 구분될 수 있다. 관련 수공업분야 기능사자격소지자 또는 법정훈련직종이수자 중 관련지식을 보유한 자, 그리고 기타 자격증 내지 이에 상응하는 서류제출을 통해 능력 및 경력을 입증하는 경우에 응시자격이 부여된다.

검정방법은 필기시험과 구두시험으로 실시한다. 필기시험은 관련전공지식·기능·경험을 검증하는 것으로서 각 시험문제의 출제는 종목별로 다를 수 있다. 구두시험은 개별 분야 성적을 종합하여 합격여부를 판정하며, 일반적으로 전체 또는 개별 성적이 모두 D(50점) 이상인 경우 합격된다. 상공회의소의 경우 구두시험의 면제는 불가능하다.

세 번째, 교육자격의 하나인 테크니션자격은 전문학교4)수료자격으로, 주 교육부 교육감사원에서 자격을 수여한다. 검정방법은 전공필수과목들을 대상으로 필기시험과 구두시험을 실시한다. 전문학교학생이 아닌 경우 필기시험과 구두시험을 모두 치러야 하나, 전문학교학생인 경우에는 조건을 갖춘 경우 구두시험이 면제된다.5)

테크니션자격의 합격기준은 전체 시험과목에서 최소한 D 이상의 점수를 확보하고, D 미만의 최종점수가 두 과목(이중 한 과목만 필기시험과목이어야 함)에서 서로 상쇄할 수 있는 점수가 있어 D 이상인 경우에 합격으로 한다.

네 번째, 교육자격의 또 다른 하나인 엔지니어자격은 전문대학을 졸업하면 취득하는 학사엔지니어자격과 종합대학을 졸업하면 취득하는 석사엔지니어자격으로 구분된다. 전문대학 과정은 학제규정에 따라 8학기로 구성되며 일반 종합과정과 같이 운영된다. 자격은 8학기의 이론학기와 실습학기, 그리고 시험과 논문을 끝내야 취득할 수 있다. 이중 실습학기에는 필수적으로 일반기업체나 실습시설을 갖추고 있는 기관에서 최소 20주를 실습해야 한다.

검정시험은 교수 및 해당학과 강의자 또는 주정부 법에 의해 시험관자격을 가진 자가 출제하며 해당학과 졸업자 또는 상응하는 시험에 합격한 자가 배석한다. 시험은 기초과정 수료시험과 졸업시험으로 구분된다. 기초과정 수료시험은 전공시험에 합격함으로써 통과되고 졸업시험은 전공시험 합격과 더불어 졸업논문(및 구두시험)에서 최소 D 이상의 평가를 받아야 한다.

석사엔지니어자격은 종합대학을 졸업하면 수여된다. 이 과정은 학사과정 4학기와 석사과정 6학기로 구성되며, 학사과정이 끝나면 중간시험을 합격해야 졸업시험을 치를 수 있다. 검정방법은 구두시험, 필기시험, 학습능력검증, 석사논문으로 구성된다.

다섯 번째, 우리나라 인정기술사와 유사한 기술사 자격으로서, 응시자격요건은 석사학위 소지자로 최소 10년의 직업경력을 요구한다. 검정방법은 서류심사를 통해 경력을 심사하고,

---

4) 전문학교(Fachschule)는 고등교육단계 중 하나로 전일제직업학교 및 이원화체제 하의 기본적인 직업교육훈련 수료 이후에 시행되는 향상교육훈련의 일환이다.
5) 전문학교 학생이라도 예비성적이나 필기시험 성적에서 D 미만이 있는 경우, 또는 한 과목에서 예비성적은 D 미만이고 필기시험성적이 그보다 못한 경우이거나 그 반대인 경우에는 반드시 구두시험을 치러야 한다.

경력심사 이후 필기시험 내지 구두(면접)시험을 실시한다. 이 자격은 건축기술사법에 의거하여 각 주의 상급 관리청에서 자격을 수여한다.

다음 <표 3.9>는 독일에서 실시하고 있는 필기시험 평가지 분석시트(Analysebogen füur schriftliche Prüufungsaufgaben)예6)이다. 이 평가시트는 2011년 11월 현재 다음과 같은 기준에 따라 테스트작업을 분석하고 간략하게 임무 및 평가방법에 대해 설명한 BiBB에서 제공하는 듀얼시스템의 경쟁력기반 평가지 표준양식이다. 평가시트의 내용을 살펴보면 필기시험에 대한 것으로, 어떤 수준에서 어떤 직무에 대해 평가하는가에 대해 구체적으로 제시되고 있어 현재 우리 공단에서 정량화하여 실시되는 기술자격출제보다는 시험종목별 전문가에 의해 출제가 수행되는 전문자격의 출제형식에 가까운 것을 알 수 있다.

이 평가시트의 특이사항은 평가내용에 대해 실용성(Praxisnäe : Ist die Prüungsaufgabe praxisnah?), 정당성(Authentizitä : Ist die Prüungsaufgabe authentisch?), 공정성(Prozessorientierung : Ist die Prüungsaufgabe prozessorientiert?), 개별성(Individualisierung : Wird in der Prüungsaufgabe an die individuellen Erfahrungen des Prülings angeknüft?)을 물어 평가문제에 대한 현실 반영 및 특수성에 대해 평가하고 있다는 것이다. 이는 현재 우리 출제문제에 대해 변별도와 난이도를 고려하는 이원적 분석에서 보다 진보된 방법을 적용해 현재 우리가 공격받고 있는 현장성에 대한 문제를 해결할 수 있는 방법이 될 수 있을 것으로 판단한다.

결국 이들이 요구하는 '실용성'은 현재 문제가 현장성을 반영하고 있는 것으로 판단되고 '정당성'은 변별력에 대한 평가로 받아들일 수 있다. 또한 '공정성'은 전체적인 난이도의 평가문제로, '개별성'은 그 종목의 전문성으로 해석할 수 있을 것이다. 결국 기본적인 평가항목의 일반요소와 더불어 종목특성을 반영한 문제를 구성하는데 많은 노력을 기울이고 있고 현장 및 작업에 대한 정확한 이해와 더불어 그 지식을 물어볼 수 있도록 평가시트를 구성하는데 노력하고 있다.

이 평가시트는 구두시험에도 적용하여 수험자가 정확한 업무의 이해를 하고 있는지에 대해 9단계의 평가수준을 구분하여 운영하고 있다.

---

6) BiBB,. Barbara Lorig, Markus Bretschneider, 2011

<표 3.9> 필기시험 평가지 분석시트

| 작업명(Bezugsberuf) : |
|---|
| 시험번호(Prüungsaufgabe(laufende Nummer)) |
| 작업형태(Aufgabenform) : Welche Aufgabenform weist die Prüungsaufgabe auf? (vgl. Reetz/Hewlett (Hrsg.) 2008, S. 91ff.) |

| ☐ 바인딩작업<br>(Gebundene Aufgabe) | ☐ 선택적 응답작업<br>(Auswahlantwort Aufgabe) | ☐ 대체작업(Alternativ Aufgabe)<br>☐ 선다형작업<br>(Mehrfachwahl Aufgabe) |
|---|---|---|
| ☐ 주문응답작업(Ordnungsantwort Aufgabe) | ☐ 작업할당(Zuordnungs Aufgabe)<br>☐ 작업재정렬(Umordnungs Aufgabe) | |
| ☐ 비바인딩작업<br>(Nichtgebundene Aufgabe) | ☐ 명확하고 짧은 응답<br>(Erarbeitungsaufgabe mit Kurzantwort) | ☐ 긴 설명의 작업(Kurzantwortaufgabe mit eindeutiger Löung)<br>☐ 전체개발작업(KurzeFreiantwort Aufgabe) |
| ☐ 자유응답(Ausfürliche Erarbeitungsaufgabe) | ☐ 가벼운 응답<br>(Aufgabe mit leicht eingeschräkter Antwortfreiheit)<br>☐ 깊이있는 응답<br>(Aufgabe mit weitgehender Antwortfreiheit) | |

| 상황설명(Situationsbeschreibung) : Inwiefern wird die Prüungsaufgabe in eine Situation eingebettet? (vgl. Reetz 2005; Reetz/Hewlett (Hrsg.) 2008, S.137 ff.) |
|---|
| ☐ 실제작업상황 : "chte" Situationsaufgabe<br>☐ 상황설명이 정확한 작업을 의미함 : Situationsbeschreibung bezieht sich auf diese Aufgabe<br>☐ 상황설명이 작업의 수만 의미함 : Situationsbeschreibung bezieht sich auf mehrere Aufgaben<br>☐ 상황설명이 모든 작업을 의미함 : Situationsbeschreibung bezieht sich auf alle Aufgaben<br>☐ 상황에 대한 정확하게 모름 : "nechte" Situationsaufgabe<br>☐ 일반적 작업상황에 대해 설명 : Situationsbeschreibung bezieht sich auf diese Aufgabe<br>☐ 일반적작업의 수만 설명 : Situationsbeschreibung bezieht sich auf mehrere Aufgaben<br>☐ 작업 하나에 대한 설명 : Situationsbeschreibung bezieht sich auf alle Aufgaben<br>☐ 설명포기 : Keine situative Einbettung |
| Begrüdung : |

| 설명에 따른 실용성, 신뢰성, 공정한 오리엔테이션과 개인적 견해를 고려한 점수<br>(Bitte beurteilen Sie die Kriterien Praxisnäe, Authentizitä, Prozessorientierung und Individualisierung in der Prüungsaufgabe anhand der nebenstehenden Skala) | 완전동의<br>trifft voll zu<br>++ | 적용동의<br>trifft<br>üer-wiegend zu<br>+ | 수준<br>이하trifft<br>weniger zu<br>- | 동의안함<br>trifft gar nicht zu<br>-- | k.A.<br>mölich |
|---|---|---|---|---|---|
| 실용성(Praxisnäe) : Ist die Prüungsaufgabe praxisnah?<br>(vgl. Reetz/Hewlett (Hrsg.) 2008; S. 43 ff.; Ebbinghaus 2005, S. 2ff.) | | | | | |
| Begrüdung : | | | | | |
| 정당성(Authentizitä) : Ist die Prüungsaufgabe authentisch?<br>(vgl. Reetz/Hewlett (Hrsg.) 2008; S. 43ff.) | | | | | |
| Begrüdung : | | | | | |
| 공정성(Prozessorientierung) : Ist die Prüungsaufgabe prozessorientiert?<br>(vgl. Reetz/Hewlett (Hrsg.) 2008;S. 43ff.; Ebbinghaus 2005, S.2ff) | | | | | |

| |
|---|
| Begrüdung : |
| 개별성(Individualisierung) : Wird in der Prüungsaufgabe an die individuellen Erfahrungen des Prülings angeknüft? (vgl. Reetz/Hewlett (Hrsg.) 2008;S. 43ff.) |

| 전체의견(Vollstädige Handlung) : 필기시험 (vgl. Pampus 1987) | |
|---|---|
| 복수응답가능(Mehrfachnennungen mölich)<br>☐ 정보(Informieren)<br>☐ 계획(Planen)<br>☐ 결정(Entscheiden)<br>☐ 실행(Ausfüren)<br>☐ 확인(Kontrollieren)<br>☐ 평가(Bewerten)<br>☐ 기타(Nicht erkennbar) | 의견(Begrüdung): |

| |
|---|
| 정당성(Kompetenzorientierung) : 자신감 : 필기시험문제에 대한 해결능력 및 수준 그리고 기타 하위능력 (vgl. Arbeitskreis DQR 2011) |
| 복수응답가능(Mehrfachnennungen mölich)<br>자신감의 크기(Kompetenzdimensionen): Unterkategorien:<br>☐ 전문성(Fachkompetenz)<br>☐ 지식(Wissen)<br>☐ 방법론 기술(Methodenkompetenz)<br>☐ 기술(Fertigkeiten)<br>☐ 방법론 기술(Methodenkompetenz)<br>☐ 개인능력(Personale Kompetenz)<br>☐ 사회능력(Sozialkompetenz)<br>☐ 팀워크(감독자 및 동료/친구) Teamfäigkeit (Vorgesetzte und Kollegen/Kolleginnen)<br>☐ 리더십(Fürungsfäigkeit)<br>☐ 참여성(Mitgestaltung)<br>☐ 의사소통능력(Kommunikationsfäigkeit)<br>☐ 방법론 기술(Methodenkompetenz)<br>☐ 창의성(Selbststädigkeit)<br>☐ 독립 및 책임성(Eigenstädigkeit/Verantwortung)<br>☐ 반영성(Reflexivitä)<br>☐ 학습기술(Lernkompetenz)<br>☐ 방법론 기술(Methodenkompetenz) |

# 제III장 영국 자격제도 및 자격종목현황

# 제IV장 서비스분야 신설가능종목 연구

## 제1절 독일의 BiBB 인증 자격현황

독일자격을 살펴보기 위해 연방고용안정국 "Lexikon der Ausbildungsberufe: 2010/2011"[7])에서 제시하는 독일 전체 자격종목에 대해 살펴보았다. 독일 전체자격은 총 3,938개로 나타나고, 그 중 구분되지 않는 자격을 제외하고 [부록]과 같이 1,518개 자격이 도출되었다. 나머지 자격은 독일 사이트에서 도우미 자격과 구분되지 않는 자격으로 구분하여 운영하고 있다.

이상의 1,518개의 구분이 명확한 자격은 연구자 임의로 ① 직업경로, ② 학문경로, ③ 교육직업, ④ 교육직업-고급, ⑤ 마이스터, ⑥ 도제제도-Dual, ⑦ 도제제도-Abi, ⑧ 도제제도-BFS, ⑨ 도제제도-Sonstige, ⑩ 도제제도-Reha ⑪ 학사, ⑫ 석사로 구분하여 살펴보았다.

현재 국가기술자격과 유사한 직업훈련과 교육에 해당하는 도제제도 관련자격은 총 377개 종목으로 나타난다. 또한 마이스터의 경우 총 56개 종목으로 나타나고 있다. 각각의 유형과 종목 수는 다음 <표 4.1>과 같다.

<표 4.1> 독일 직업교육 및 훈련관련 자격종목 수

| 자격유형 | 계 | 도제제도-Dual, | 도제제도-Abi, | 도제제도-BFS | 도제제도-Sonstige | 도제제도-Reha |
|---|---|---|---|---|---|---|
| 종 목 수 | 377 | 210 | 15 | 70 | 40 | 42 |

각 유형의 특징을 살펴보면 '도제제도-Dual'의 경우는 이원화제도로 많은 설명이 되어 있었기 때문에 설명을 생략하고, 나머지 관련 자격명칭은 다음과 같이 정의된다.

---

7) http://berufenet.arbeitsagentur.de/berufe/

(1) 도제제도-Abi : "Dein Weg in Studium und Beruf. : 학문과 경력의 갈"로 다른 직업훈련과 교육의 접근 자격

(2) 도제제도-BFS : 직업훈련법(BBiG)와 HWO법에 의해 운영되는 자격

(3) 도제제도-Sonstige : 추가기술이 요구되는 교육기관에서 교육단체, 협회, 노조, 길드 기업체, 상공회의소와 협의하여 수행하는 자격

(4) 도제제도-Reha : 직업훈련법(BBiG)과 직업교육준비인증규정(BAVBVO)에 따른 특별한 계약자격으로 장애를 가진 사람에 대한 훈련서비스 자격

BiBB에서 인증한 독일의 전체자격은 총 3,938개이고, 이중 실제 '도제제도-Dual'은 210개 자격이며 국가사이트를 통해 제시하고 있는 Dual시스템자격은 다음 <표 4.2>와 같이 93개로 나타나고 있다.

<표 4.2> 독일자격종목의 재분류

| 구분 | 원문 : Ausbildungsberufe - Dual | | 번역 : 도제제도 - 이원화시스템 | |
|---|---|---|---|---|
| | 자격명 | 세부자격 | 자격명 | 세부자격 |
| 1 | Änderungsschneider/in | Maßschneider/in | 재단사 | 맞춤의복 |
| 2 | | Modeschneider/in | | 패션맞춤 |
| 3 | Ausbaufacharbeiter/in | Estrichleger/in | 숙련노동자 | 규준개발 |
| 4 | | Stuckateur/in | | 미장 |
| 5 | | Zimmerer/Zimmerin | | 목수 |
| 6 | | Fliesen-, Platten- und Mosaikleger/in | | 타일, 슬래브 및 모자이크기술자 |
| 7 | | Trockenbaumonteur/in | | 벽시공 및 설치 |
| 8 | | Wärme-, Kälte- und Schallschutzisolierer/in | | 방열, 방음 등 절연기술자 |
| 9 | Bauten und Objektbeschichter/in | Maler/in und Lackierer/in - Bauten- und Korrosionsschutz | 건물과 외관방수 페인터 | 구조 및 부식방지 |
| 10 | | Maler/in und Lackierer/in - Gestaltung und Instandhaltung | | 디자인 및 유지보수 |
| 11 | | Maler/in und Lackierer/in - Kirchenmalerei und Denkmalpflege | | 교회의 그림과 기념비 |
| 12 | Berg- und Maschinenmann - Transport und Instandhaltung | keine Anrechnung | 인간과 기계 - 교통 및 유지·보수 | 계산제외 |
| 13 | Berg- und Maschinenmann - Vortrieb und Gewinnung | keine Anrechnung | 인간과 기계 - 터널링, 광업 | 계산제외 |
| 14 | Chemielaborjungwerker/in | keine Anrechnung | 화학 실험실 - 청년근로자 | 계산제외 |
| 15 | Drahtwarenmacher/in | keine Anrechnung | 와이어제품 제작 - 제조업체 | 계산제외 |
| 16 | Drahtzieher/in | keine Anrechnung | 압연작업자 | 계산제외 |

| 구분 | 원문 : Ausbildungsberufe - Dual | | 번역 : 도제제도 - 이원화시스템 | |
|---|---|---|---|---|
| | 자격명 | 세부자격 | 자격명 | 세부자격 |
| 17 | Fachkraft - Automatenservice | Automatenfachmann/-frau | 자동화서비스 | 기계부분 |
| 18 | Fachkraft - Gastgewerbe | Restaurantfachmann/-frau | 접객서비스 | 레스토랑매니저 |
| 19 | | Hotelfachmann/-frau | | 호텔관리자 |
| 20 | | Hotelkaufmann/-frau | | 호텔운영자 |
| 21 | | Fachmann/-frau - Systemgastronomie | | 패스트푸드전문가 |
| 22 | Fachkraft - Holz- und Bautenschutzarbeiten | Holz- und Bautenschützer/in - Bautenschutz | 목재 및 나무기술자 | 건물 실내인테리어 |
| 23 | | Holz- und Bautenschützer/in - Holzschutz | | 빌딩 실내인테리어 |
| 24 | Fachkraft - Kurier-, Express- und Postdienstleistungen | Kaufmann/-frau - Kurier-, Express-u. Postdienstleistungen | 물류서비스기술자 | 택배, 익스프레스, 우편 |
| 25 | Fachkraft - Lederverarbeitung | Sattler/in | 택배, 익스프레스 및 우편물 처리 | 사무원 |
| 26 | | Schuhfertiger/in | | 전문가 |
| 27 | Fachlagerist/in | Fachkraft - Lagerlogistik | 창고관리자 | 창고물류 |
| 28 | Fahrradmonteur/in | Zweiradmechaniker/in - Fahrradtechnik | 자전거정비, 오토바이 기계기술자 | 자전거수리기술 |
| 29 | Federmacher/in | keine Anrechnung | Feder(봄)제작자 | 제조회사제외 |
| 30 | Fotolaborant/in | Fotomedienlaborant/in | 미디어실험실 | 미디어실험실기술자 |
| 31 | Fräser/in | keine Anrechnung | CNC기술자 | 계산제외 |
| 32 | Gerätezusammensetzer/in | keine Anrechnung | 장비어셈블러 | 계산제외 |
| 33 | Hochbaufacharbeiter/in | Beton- und Stahlbetonbauer/in | 건설기술자 | 콘크리트철근공사 |
| 34 | | Maurer/in | | 석공 |
| 35 | | Bauwerksmechaniker/in für Abbruch und Betontrenntechnik | | 철거 및 콘크리트절단 기계장비 |
| 36 | | Feuerungs- und Schornsteinbauer/in | | 노와 굴뚝제작자 |
| 37 | Industrieelektriker/in - Betriebstechnik | Elektroniker/in - Betriebstechnik | 산업용 전기기술 | 산업기술전자제품 - 산업공학 |
| 38 | | Elektroniker/in - Automatisierungstechnik (Industrie) | | 전자제품 - 산업(산업) |
| 39 | | Systeminformatiker/in | | 전기시스템설계 |
| 40 | | Elektroniker/in - Gebäude- und Infrastruktursysteme | | 전자제품 - 건물 및 인프라시스템 |
| 41 | | Elektroniker/in - Luftfahrttechnische Systeme | | 전자제품 - 항공시스템 |
| 42 | | Elektroniker/in - Maschinen und Antriebstechnik | | 전자제품 - 기계 및 드라이브 |
| 43 | Industrieelektriker/in - Geräte und Systeme | Elektroniker/in - Automatisierungstechnik (Industrie) | 산업전기 - 장비 및 / 시스템 | 자동화공학(산업) |
| 44 | | Elektroniker/in - Maschinen und Antriebstechnik | | 전자제품 - 기계 및 드라이브 |
| 45 | | Elektroniker/in - Luftfahrttechnische Systeme | | 전자제품 - 항공시스템 |
| 46 | | Elektroniker/in - Gebäude- und Infrastruktursysteme | | 전자제품 - 건물 및 인프라시스템 |
| 47 | | Elektroniker/in - Geräte und Systeme | | 전자제품 - 장비 및 시스템 |
| 48 | | Systeminformatiker/in | | 전기시스템설계 |

제IV장 서비스분야 신설가능종목 연구 47

| 구분 | 원문 : Ausbildungsberufe - Dual | | 번역 : 도제제도 - 이원화시스템 | |
|---|---|---|---|---|
| | 자 격 명 | 세 부 자 격 | 자 격 명 | 세 부 자 격 |
| 49 | Isolierfacharbeiter/in | Industrie-Isolierer/in | 환경제어장치 | 산업용 단열, 소음제등 |
| 50 | Kabeljungwerker/in | keine Anrechnung | 케이블 제작 | 노동자제외 |
| 51 | Kraftfahrzeug servicemechaniker/in | Karosserie- und Fahrzeugbaumechaniker/in | 자동차 서비스 기술자 | 차체수리 |
| 52 | | Mechaniker/in - Land- und Baumaschinentechnik | | 기계 - 농기계 |
| 53 | | Mechaniker/in - Reifen- u. Vulkanis. | | 기계 - 타이어와 화산 |
| 54 | | Zweiradmechaniker/in - Motorradtechnik | | 오토바이기계 - 오토바이기술 |
| 55 | | Kraftfahrzeugmechatroniker/in | | 자동차 메카트로닉스 |
| 56 | | Mechaniker/in - Karosserieinstandhaltungstechnik | | 기계기술자 |
| 57 | Maschinen und Anlagenführer | Packmitteltechnologe/technologin | 기계 - 바디유지관리기술 | 기계 및 장비기술자 - 포장 |
| 58 | | Feinwerkmechaniker/in | | 정밀기계취급자 |
| 59 | | Produktveredler/in - Textil | | 제품 피니셔 - 섬유 |
| 60 | | Produktionsmechaniker/in - Textil | | 생산기계 - 섬유 |
| 61 | | Werkzeugmechaniker/in | | 운반기계 |
| 62 | | Fachkraft - Fruchtsafttechnik | | 교환 및 수리기술자 |
| 63 | | Fertigungsmechaniker/in | | 제조기계기술자 |
| 64 | | Zerspanungsmechaniker/in | | 기계기술자 |
| 65 | | Verfahrensmech.-Kunststoff-/Kautschukt. | | 선반기술자 |
| 66 | | Medientechnologe/-technologin Druckverarbeitung | | 미디어 기술자 |
| 67 | | Industriemechaniker/in | | 산업 기계 |
| 68 | | Fachkraft - Lebensmitteltechnik | | 교환 및 수리기술자 - 식품기술 |
| 69 | | Brauer/in und Mälzer/in | | 음료와 주류기술자 |
| 70 | Maschinenzusammensetzer/in | keine Anrechnung | 기계 조립자 - 자동화조립 | 계산제외 |
| 71 | Metallschleifer/in | keine Anrechnung | 금속처리기술자-폴리셔 | 계산제외 |
| 72 | Modenäher/in | Modeschneider/in | 패션의류 | 재단사 |
| 73 | Polster und Dekorationsnäher | Polsterer/Polsterin | 실내장식 및 장식 | 실내장식업자 |
| 74 | | Raumausstatter/in | | 내부실내장식업자 |
| 75 | Produktionsfachkraft Chemie | keine Anrechnung | 화학생산 | 제조업제외 |
| 76 | Produktprüfer/in - Textil | Produktionsmechaniker/in - Textil | 제품품질관리자 | 섬유 생산 기술자 |
| 77 | Revolverdreher/in | keine Anrechnung | 터릿선반 - 자동화 | 계산제외 |
| 78 | Schleifer/in | keine Anrechnung | 연삭기 - 자동화 | 계산제외 |
| 79 | Servicefachkraft-Dialogmarketing | Kaufmann/-frau - Dialogmarketing | 서비스전문가 | 대화마케팅 |
| 80 | Servicefahrer/in | keine Anrechnung | 서비스전문가 | 계산제외 |
| 81 | Servicekraft - Schutz und Sicherheit | Fachkraft - Schutz und Sicherheit | 서비스기술자 - 보호 및 안전 | 보호 및 안전 담당 |
| 82 | Speiseeishersteller/in | Konditor/in | 패스트리크림 생산 | 전문가 |
| 83 | | Fachkraft - Gastgewerbe | | 접객 담장자 |
| 84 | | Fachverkäufer/in - Lebensmittelhandwerk (Konditorei) | | 영업담당자 - 음식 공예(과자) |

| 구분 | 원문 : Ausbildungsberufe - Dual | | 번역 : 도제제도 - 이원화시스템 | |
|---|---|---|---|---|
| | 자격명 | 세부자격 | 자격명 | 세부자격 |
| 85 | Teilezurichter/in | keine Anrechnung | Teilezurichter | |
| 86 | Tiefbaufacharbeiter/in | Kanalbauer/in | 토목기술자 | 운하빌더 |
| 87 | | Straßenbauer/in | | 로드빌더 |
| 88 | | Gleisbauer/in | | 철도트랙 |
| 89 | | Rohrleitungsbauer/in | | 파이프고정기술자 |
| 90 | | Brunnenbauer/in | | Brunnenbauer |
| 91 | | Spezialtiefbauer/in | | 특별 시민 계약자 |
| 92 | Verkäufer/in | Kaufmann/-frau - Einzelhandel | 판매기술자 | 사업가 |
| 93 | Vorpolierer /in - Schmuck- und Kleingeräteherstellung | keine Anrechnung | 세공기술자 - 보석 및 소형장치 | 계산제외 |

## 제2절 기술·지식융합 서비스분야 자격선정

### 4.2.1 독일 자격종목의 벤치마킹 및 신설가능종목선정

　독일은 직업과 관련된 자격과 교육자격을 동시에 운영하고 있음을 알 수 있다. 그 중 이전 절에서 분석한 직업과 관련된 자격 중 영국자격 분석방법과 동일한 기준과 방법을 통해 분석하고자 한다.

　본 연구의 목적에 부합하도록 선정된 기준을 다음과 같다.

　첫째, 자격의 선정에 있어서는 '11년도 영국 서비스분야 자격종목 연구와의 최대한 중복을 피한다. '11년도 연구에서 제시된 자격의 경우 서비스분야 전체를 포함하기 때문에 국가기술자격화하는데 선정된 자격의 기능 및 기술에 관련된 영향력이 적었다.

　둘째, 기술·지식 융합서비스분야 종목을 우선선정하고 단순서비스분야의 자격의 경우는 후에 전문가 의견분석에서 설명하여 선호도 평가를 조절할 수 있도록 한다. 그러기 위해 서비스분야를 기술 및 지식융합서비스, 환경서비스, 순수서비스분야로 구분하고 각각의 분야에 대해 0.5와 0.3, 그리고 0.2의 가중치를 두어 관련분야의 종목에 대한 영향력을 행사하였다.

　셋째, 자격화가 가능한 종목으로 선정한다. 독일 역시 영국과 마찬가지로 직무능력단위에 따라 자격이 세분화되어 있어 국내 적용 시 자격으로 단위화가 가능한 종목을 선정한다. 예를 들어 건설관련기술자의 경우 국내는 건설기사·산업기사 등으로 등급을 분류하여 그 역량을 구분하지만, 독일은 콘크리트 철근공사·석공·철거 및 콘크리트 절단 기계장비기술사·노와 굴뚝제작자 등으로 구분되어 하나의 자격으로 운영되고 있다.

　넷째, 자격의 명칭은 유사한 명칭으로 선정하여 최대한 벤치마킹한 지식·기술·태도의 내용을 인용하여 선정한다. 외국자격명칭을 동일하게 사용할 수 있지만 환경과 사회문화의 차이로 직업과 산업을 이해하는데 차이를 고려하여 종목명칭을 명명한다.

이상의 기준에 따라 독일자격을 분석하여 선정된 30개 종목의 자격은 다음 <표 4.3>과 같다.

<표 4.3> 기술 및 지식융합 서비스분야 선정종목

| 구 분 | 자 격 명 | 구 분 | 자 격 명 |
| --- | --- | --- | --- |
| 1 | 농업서비스전문가 | 16 | 조 판 사 |
| 2 | 시청각매체 사무원 | 17 | 서비스물류운전자 |
| 3 | 시청각매체 프로듀서 | 18 | 이벤트설계 및 기술전문가 |
| 4 | 자동차사업관리자 (수입판매, 렌트) | 19 | 유리공예사 |
| 5 | 바이크수리사 | 20 | 유리기술 공정관리사 |
| 6 | 바이크판매사 | 21 | 청각개선 청능사 |
| 7 | 현악기 활 제조업자 | 22 | 수력관리기술자 |
| 8 | 혼합음료 및 몰트제조자 | 23 | 산업클리너 |
| 9 | 빌딩 및 특수목적표면처리사 | 24 | 재활용 및 폐기물관리기술자 |
| 10 | 건축자재시험사 | 25 | 상·하수관 관리기술자 |
| 11 | 콘크리트커팅 및 제거 기술자 | 26 | 신호 및 발광광고 제어기술자 |
| 12 | 도 축 사 | 27 | 수제가구제작사 |
| 13 | 분연구처리사 | 28 | 수제인테리어소품제작사 |
| 14 | 금속장신구기술자 | 29 | 차량도장기술자 |
| 15 | 건조자재 빌더 | 30 | 가황장치 및 차륜정비사 |

다시 한 번 언급하지만 이 선정종목은 연구자 개인의 생각으로 선정된 것으로, 실제 자격으로서의 가치에 대한 연구는 많은 연구진을 통해 신중히 고려되어야 한다. 선정된 각 종목에 대한 독일자격사이트의 설명에 대해 정리하면 <표 4.4~33>과 같다.

<표 4.4> 농업서비스전문가 내용요약

| 1. 농업서비스전문가(Agricultural services specialist) | |
|---|---|
| 법적인가 | 17 March 2005 (BGBl. I p. 1444) |
| 훈련기간 | 3년 직업학교(Berufsschule), 기업 또는 훈련기관 현장<br>○ 훈련과정(Training profiles) : 초기정보에 대해 선택적 수용이 가능하며 교육전문가에 의해 이루어질 수 있고 단기과정으로 운영 |
| 활동영역 | 농업서비스 전문가는 설비형 및 개인도급농장 그리고 농업기술서비스를 제공 |
| 직업기술 | - 농업서비스전문가는 계약된 작업을 기초로 팀 또는 개인적으로 작업을 수행하며, 작업설계와 그들 작업의 서류작업에 있어 환경보전, 건강과 안전을 반영하여 규정에 따라 대처하고 작업 단계를 나열하고 농장에서의 정보기술과 정보교환을 사용하여 점검 또는 작업결과에 대하여 농장의 조직에서 운영과 보조에 대해 평가함<br>- 고객의 요구에 따라 농업적 기술과 기계서비스의 제공 및 제품에 대한 측정과 작물 씨앗과 재배보전 그리고 수확 및 저장 등 땅을 보전하기 위한 노력 실시함 |

<표 4.5> 시청각매체 사무원 내용요약

| 2. 시청각매체 사무원(Audiovisual media clerk) ||
|---|---|
| 법적인가 | 15 March 1998 (BGBl. I, p 1030) |
| 훈련기간 | 3년 직업훈련학교(Berufsschule) |
| 활동영역 | 시청각매체 사무원은 방송매체 부분적으로 텔레비전, 라디오 영화와 비디오 제작, 음악, 다양한 매체 영화 등 회사에서 고용된다. 그들은 생산조직, 판매, 마케팅 또는 업무절차상 관리 운영과 같은 분야에서 사무적인 일을 수행 |
| 직업기술 | - 음향영상 방송 사무원은 전체산업과 기업의 공정절차와 생산형태에서 제품과 서비스와 연계된 사무업무를 수행함<br>- 거래상 회계를 고려하고 음향영상 방송 마케팅과 생산 계획내의 물류와 조직운영 및 설계 예술 그리고 법과 기술적인 상태, 경제적 회계를 수행하여 그들 회사의 제품과 서비스에 관련하여 평가와 분석을 실시함<br>- 미디어 제품을 위한 원자재와 개인에 대해 계획하고 발전시키며, 재정가능성의 조사와 계산을 수행함<br>- 제품과 서비스에 대해 조언, 공급자와 소비자사이에 거래구성, 면허와 관련된 올바른 수행요구, 조직수행을 위한 장비의 조달 등 수행함 |

<표 4.6> 시청각매체 프로듀서 내용요약

| 3. 시청각매체 프로듀서 (M/F) ||
|---|---|
| 법적인가 | 15 March 1998 (BGBl. I, p 1030) |
| 훈련기간 | 3년 직업훈련학교(Berufsschule) |
| 활동영역 | 시청각매체 프로듀서는 뉴스와 매거진 항목, 다큐멘터리, 라디오, 연극, 광고, 교육 영화, 뮤직 비디오 및 멀티미디어 제품과 같은 시청각매체를 제작하고 전자적으로 설계하기 위한 자격 |
| 직업기술 | - 방송기반 훈련으로 매체 제작자는 텔레비전과 라디오방송국, 스튜디오 또는 외부방송 또는 방송국 내에서 녹음팀, 음향과 영상 원(raw)자료를 처리함<br>- 새로운 작업환경에 적응하여 작은 제작팀 내에서 부분적으로 모든 제작단계에 포함되어 활동하며, 생방송 중 카메라와 운영팀의 협조 하에서 비디오영상과 음성을 혼합하여 만들고, 카메라맨과 함께 음성과 영상을 녹음하여 편집함<br>- 작업공정과 음향녹음을 수행하여 기술표준으로 변환하고 방송이 가능하도록 포맷을 수행하며 음향과 영상원본을 확보하고 녹음상태를 측정하며, 생방송이 가능한 장비의 선정 및 운영, 제품에 대한 사전작업과 계획 설계단계에서 프로그램 스텝들에게 조언함 |

<표 4.7> 자동차사업관리자 내용요약

| 4. 자동차사업관리자(Automobile business administrator(m/f)) ||
|---|---|
| 법적인가 | 26 May 1998 (BGBl. I, p. 1145) |
| 훈련기간 | 3년, 직업훈련학교와 기업에서 현장 훈련(Berufsschule) |
| 활동영역 | - 자동차수입과 제조 및 자동차판매에서 근무하며, 신형차, 중고차 그리고 주문생산서비스에서 발주·조달·마케팅·판매업무 수행<br>- 화술을 통한 의사소통을 기반으로 사업수행을 보증할 수 있도록 고객을 지향해야 하며 기업을 포함해 영업관리, 의사소통설비, 차량렌트 등을 포함해 특수서비스 제공까지 전체 공정에서 활동 |
| 직업기술 | - 고객의 이익을 위해 기술적 측면에서 일할 수 있는 제품지식을 가지고 있어야 하고 고객과 경쟁자의 시장상황, 그리고 판매기회에 대하여 사정 및 시장의 의사결정을 위해 시장관찰로부터 정보를 획득하고, 자동차산업을 위해 개발된 시스템에 대해 정보와 의사소통을 사용하여 시세를 확인하고 경향과 구매재료 등을 비교하고 송장과 납품명세서를 체크하고 내부자재를 파악함<br>- 차량재고와 부분품 및 액세서리 그리고 재고관리개념에 대해 파악하고 판매비와 공장도 가격을 계산할 수 있어야 하며 판매차량을 보조하고 모든 차량과 관련된 서비스 회계, 리스, 이전관리보증과 보험동의 등의 업무 처리<br>- 모든 부품과 액세서리에 대해서는 계획 및 연결구매, 조언 및 판매미팅, 판매절차와 워크숍 발주 그리고 송장설계, 고객이 물건을 받기까지 의 서비스에 대한 세부적인 절차설명, 보장과 단골발주절차, 불만처리취급, 회계절차와 지불교환절차, 송장, 보너스와 커미션비용, 환경보전 촉진 및 예방업무를 수행함 |

<표 4.8> 바이크수리사 내용요약

| | 5. 바이크수리사(Bicycle mechanic) |
|---|---|
| 법적인가 | 18 May 2004 (BGBL. I p. 993) |
| 훈련기간 | 2년. 파트타임 직업훈련학교 훈련과 기업체 현장훈련(Berufsschule). |
| 활동영역 | 바이크의 판매상사나 사업장에서 근무 |
| 직업기술 | - 독립적으로 업무를 수행하고 업무전체에 대해 책임을 지며 구성부분품, 반제품 그리고 시스템 또는 서비스분야에서 바이크를 조립하고 수정이 필요한 경우 바이크를 수정하고 고객요구에 부응하여 부품들을 교환하며 적당한 액세서리와 추가장치를 설치함<br>- 바이크의 점검·측정·조립·설비제거·연결·분리 및 수동 그리고 기계 작업과 같은 특수한 기술을 사용하며 업무절차에 대해 작업결과를 평가하고, 점검 및 측정작업에 대해 계획·관리하며 바이크서비스 촉진을 위해 조립분야와 구조부품의 제거·조립 및 적당한 액세서리와 추가장치에 대한 설치작업을 서비스하고 유지·보수와 관련된 업무를 수행함 |

<표 4.9> 바이크판매사 내용요약

| 6. 바이크판매사 Designation of occupation | |
|---|---|
| 법적인가 | 9 July 2008 (BGBl. I, p. 1560). |
| 훈련기간 | 3.5 년, 법령상 기업과 직업학교에서 파트타임으로 훈련받아야 하며, 숙련된 젊은 작업자의 지속적 훈련은 기업 내 훈련센터에서 구성된 코스를 사회파트너에 의해 동의받아야 한다. 마지막 1년과 6개월 훈련은 바이크 기술자와 오토바이기술자의 두 가지 전문분야를 선택해 훈련하여야 한다. |
| 활동영역 | 바이크 기계역학은 바이크기계 판매점과 바이크 판매영역의 판매장에서 고용될 수 있으며, 그들이 추구하는 전문분야에서 직업전문 훈련과 기초과정을 조합해 기술과 전문성에 대해 수료받을 수 있음 |
| 직업기술 | - 바이크 기계역학작업은 그들에게 할당된 일의 완성도를 통해 책임져 독립적으로 수행하며 제조된 바이크뿐만 아니라 여러 개의 바퀴가 달린 특수바이크를 유지·보수함. 또한 공장·부품공장·보조조립라인 및 시스템에서 유지·보전하고 프레임과 바이크 필요부품과 같은 액세서리나 특수장비에 대해 수정하고 모터에 대한 서비스와 측정을 수행함<br>- 작업의 계획 및 실행에서 그들은 경제적인 계산, 환경적·직업적 그리고 안전과 연계된 규칙과 규정을 계획하며 직업적 전문성이 있는 기술을 사용하여 작업을 수행하고 시험을 포함, 측정 및 조립·제거·조합·분리·리모델링 그리고 수동과 기계운전에 관련된 기술작업을 수행함. 또한 처리결과에 대한 평가와 장비의 측정과 시험기술적 정보교환과 정보수집 등을 이용하여 운영절차에 대해 계획하고 감시함<br>- 기업과 고객에게 약속된 정보에 대하여 결과에 반영하고 운영절차와 기업이익 그리고 고객안전과 더불어 고객과의 의사소통을 실시<br>- 바이크판매사 중 바이크 기계역학전문가는 고객과 바이크판매, 그리고 서비스에 대해 조언하고 서비스와 재수리바이크, 부분적 고객요구에 의한 맞춤바이크, 개인부품으로 제조완료된 바이크, 판매장에서 전시와 장비의 조달 및 회계를 포함한 자재와 서비스의 판매 등 모든 상태를 조율함<br>- 모터의 측정과 유지보수 그리고 그들의 보조시스템, 예를 들어 카브레터시스템과 전기·전자운영장치, 편의 및 안전시스템 등에 관련된 서비스를 수행하며 공정절차와 수정, 장비 또는 구형 모터장치바이크, 다중휠바이크와 특수바이크에 대한 진단계획을 사용해 관련된 시스템과 모토바이크의 조건에 대해 분석함<br>- 공·유압시스템, 전자장치, 기계공학과 연계된 결합장치의 바이크기능, 고객요구부분에 대한 바이크적용도와 판매서비스 그리고 자재 및 제품들에 대해 시험 |

<표 4.10> 현악기 활 제조업자 내용요약

| | 7. 현악기 활 제조업자(Bow maker (m/f)) |
|---|---|
| 법적인가 | 없음 |
| 훈련기간 | 3년. 직업학교와 훈련기업에 촉탁훈련 |
| 활동영역 | 활 제조업자는 현으로 된 악기의 모든 형태에 대해 독립적으로 전통적 예절을 가진 기능인으로 다른 중요한 일은 활 전문 수리 |
| 직업기술 | - 수작업과 기계작업 그리고 다른 자연재료·플라스틱·금속 등 썰기·구멍뚫기·마감·칠·깎기·갈기 등 다른 형태의 활을 제조 및 평가함<br>- 적절한 나무와 뼈, 뿔, 패각 그리고 말총 등 요구되는 특성과 저장된 적정한 재료를 계산하며 활의 독립된 모든 부분들 활 스틱, 마감과 회전 그리고 이러한 것들을 최종적으로 활로 만드는 기능을 보유함<br>- 적정공정, 착색, 기름칠, 도료사용 등 활의 다양한 목재의 표면마감 및 사용 전 활의 준비상태와 최종점검, 전문적 예절에 준하여 수리를 실시함 |

<표 4.11> 혼합음료 및 몰트제작자 내용요약

| 8. 혼합음료 및 몰트제작자(Brewer and maltster(m/f)) ||
|---|---|
| 법적인가 | 22nd 2007 (BGBl. part I, no. 6, page 186) |
| 훈련기간 | 3년. 파트타임 직업훈련학교와 기업현장훈련(Berufsschule) |
| 활동영역 | 혼합음료 및 몰트제작자의 일은 음료나 몰트공장 그리고 비알콜음료의 제조관리 작업 |
| 직업기술 | - 몰트와 맥주양조를 제조, 혼합된 맥주음료와 비알콜음료를 혼합하여 생산·제조할 수 있는 기술적인 절차를 촉진하고 관리함<br>- 충진음료의 평가와 제조를 위한 장치와 설비의 유지보수 및 운영을 실시하고, 저장된 원재료와 보조재료의 처리 및 미생물시험처리와 다양한 이스트의 처리, 관리자의 기술적 분석과 화학 및 민감한 측정을 지도하고 성장을 지도함<br>- 검사와 화학 그리고 미생물학 시험을 지도하며 음료적하와 저장·포장을 위생학적으로 측정하여 운영·생산함<br>- 음료제조기계의 거래 및 고객의 의견수렴과 제조음료, 현제품에 대해 측정하여 품질보증장비를 사용하여 입회관리자와 위험분석을 실시 및 지도하고, 환경보전과 작업의 안전과 건강 보전 요구를 계획하며 작업에 대해 관리하고 점검하며 작업결과에 대해 문서로 보증함 |

<표 4.12> 빌딩 및 특수목적표면처리사 내용요약

| | 9. 빌딩 및 특수목적표면처리사(Building and object coater) |
|---|---|
| 법적인가 | 3 July 2003 (BGBl. I p. 1064, 1546) |
| 훈련기간 | 2년. 파트타임 직업훈련학교 및 기업에서의 현장학습 (Berufsschule). |
| 활동영역 | 건물 및 특수목적표면처리사는 빌딩과 특수목적 건물의 내·외부 표면을 코팅, 수리하고 현대화하여 표면을 재처리하고 하부표면을 처리하며 표면을 설계 및 회반죽 작업과 밀폐, 벽과 마루를 마감하고 단열재를 설치하거나 벽재료를 건조함 |
| 직업기술 | - 빌딩 및 특수목적표면처리사는 팀이나 개인의 작업을 기본으로 하고 고객지향을 위한 매너와 개인적인 작업을 수행하면서 작업에 대해 상호협조하고 계획하며 작업장을 설치하고 가능한 단계와 원자재를 결정<br>- 작업장에서 환경보전뿐만 아니라 작업 간 안전보건예방을 측정하며 고객에게 항시 정보를 전달하고 그들 작업의 실수에 대해 점검하며 작업에 대해 문서화함<br>- 하부표면에 대한 점검 및 평가 그리고 표면처리를 위한 전처리, 특수처리 여부에 대한 결정을 위해 표면방어력을 측정하고 표면에 대해 처리, 도포, 표면처리업무를 재설계함<br>- 표면의 유지 및 보수, 내부마감과 작업가설처리수행, 회반죽 및 벽체의 단열작업 및 마름작업을 수행, 결과에 대해 서류작업 및 측정작업을 실시함<br>- 작업수행을 위한 장비와 기계도구의 선택 및 운영·유지·보수, 가설자재, 비계조립 및 해체, 수직리프트 작업수행대, 유지호이스트와 컨베이어의 설치, 자재 및 부품처리 등의 업무 수행 |

<표 4.13> 건축자재시험사 내용요약

| | 10. 건축자재시험사(Building materials tester) |
|---|---|
| 법적인가 | 24 March 2005 (BGBl. I p. 971) |
| 훈련기간 | 3년. 파트타임 직업훈련학교 및 기업의 현장 훈련(Berufsschule) |
| 활동영역 | 빌딩기술, 아스팔트기술, 지질정보와 관련된 시험을 하는 연구조직과 설치 및 감시뿐만 아니라 빌딩산업에 관련된 기업에서 근무함. 종종 연구소에서도 일하지만 주로 그 분야와 빌딩업무에 고용되며 작업의 범위는 지질학과 몰탈 그리고 콘크리트 및 아스팔트기술 등임 |
| 직업기술 | - 빌딩자재의 품질에 대해 점검하고 시험하며 원자재 및 빌딩생산품, 그리고 재사용자재와 토양의 적정성에 대해 지도·측정하고 사전에 점검하고 생산과 샘플을 수행하여 품질보증측정계획과 서류작업을 수행함<br>- 시간별 요구되는 품질을 기록하고, 제공된 서비스를 위해 송장을 생산하고 작업 간 안전과 건강보건을 보증할 뿐 아니라 작업장의 환경보전을 점검하고 작업결과에 대해 평가함<br>- 빌딩제품에 관련된 규정에 따라 사용작업 원자재, 구조물원자재, 반제품, 혼합물과 재사용원자재에 대한 시험결과와 시험결과를 고객에게 설명하며, 원(raw) 건축자재, 토양, 폐기된 오염지역 그리고 재사용된 자재를 연구장비를 통해 평가함<br>- 문서데이터를 준비해 보안과 청정작업장으로 처리하고 연구장비와 설비에 대해 독립적이면서도 효율적으로, 그리고 고객중심의 작업이 이루어질 수 있도록 작업을 주문하고 발주함 |

<표 4.14> 콘크리트커팅 및 제거기술자 내용요약

| | 11. 콘크리트커팅 및 제거기술자<br>(Building mechanic for demolition and concrete cutting) |
|---|---|
| 법적인가 | April 2004 (BGBl. I p. 522) |
| 훈련기간 | 최초 2년간 직업훈련은 건축 및 빌딩산업 단계훈련을 통해 콘크리트와 강화콘크리트 작업에 집중, 콘크리트커팅과 제거를 위한 빌딩기술자 직업훈련을 수행 |
| 활동영역 | 산업, 상공업, 공공 및 개인빌딩과 같은 다양한 빌딩에 관련하여 복구와 현대화뿐만 아니라 신축빌딩과 기존빌딩 모두에서 작업을 수행하며, 기술적으로 블록, 석공, 콘크리트, 강화콘크리트, 경량철골 및 목재건물의 일부분 및 전체를 제거하거나 계획된 설비제거뿐만 아니라 구멍파기 및 커팅작업을 수행함 |
| 직업기술 | - 콘크리트와 관련한 작업을 계획하여 작업진행뿐만 아니라 작업 중 안전과 보건건강예방 및 빌딩분야 환경보호에 관련사항을 보증함<br>- 건축기계 및 장비 그리고 조립과 비계설비 제거, 구조물의 보전 및 제공 등을 수행함<br>- 생산작업, 정립, 강화 그리고 기초콘크리트의 경도 및 직사각형구조물, 구조빔뿐만 아니라 벽면, 천장에 사용된 삼각뿔구조, 행구조, 계단, 회전계단 등 콘크리트의 구성에 대해 측정 및 자재처리를 위해 정리와 제거된 건축폐기물의 저장 및 분류 등을 수행함 |

<표 4.15> 도축사 내용요약

| 12. 도축사(Butcher) | |
| --- | --- |
| 법적인가 | 23 March 2005 (BGBl. I p. 898) |
| 훈련기간 | 3년. 기업과 파트타임 직업학교 훈련을 이수함 |
| 활동영역 | 육류와 관련된 기업이나 육류도매산업, 도살장 등 육류생산산업의 소매점이나 특수도축 작업장에서 근무함 |
| 직업기술 | - 소시지의 생산, 부분적으로 전처리소시지, 신선소시지 그리고 도살된 동물의 최초 절차의 육류부분과 원절임소시지, 원절임제품이 저장과 포장 공정의 운영시스템에서 기계와 장비를 사용해 혼합 믹스제품 및 완제품을 제조함<br>- 음식제조와 위생을 포함해 법적인 관찰팀의 한 부분으로 독립적인 작업을 수행하여 품질에 대해 보증할 뿐만 아니라 포장제품 및 운반서비스를 제공하고 육류제품판매, 소시지제품 및 접시 그리고 육류부위를 처리하는 도축장에 대해 특수품질을 선택하여 현존하는 제품에 대해 고객보전 및 환경상태, 경제적 재무상태를 수행하여 법적인 작업과 건강에 대해 보전함 |

<표 4.16> 분연구처리사 내용요약

| | 13. 분연구처리사(chimney sweep) |
|---|---|
| 법적인가 | Duration of traineeship |
| 훈련기간 | 기업훈련 및 직업학교 |
| 활동영역 | - 분연구처리는 화재예방, 안전, 환경보전, 상담의 네 가지 주요 영역에서 이용되며, 나아가 통풍공장과 가스배기공장, 연결부위 및 가스 응용부분 그리고 가정과 산업분야 용광로 및 화덕의 점검·청소가 추가됨<br>- 분연구처리사는 에너지의 사용비율과 기후변화보호와 환경의 요구기준을 준수하여 가스방출을 점검하고 측정함 |
| 직업기술 | - 초기 직업훈련을 통해 수행되는 자격으로 작업장의 품질보증과 안전보건 보증을 준수하는 독립적 직무를 수행<br>1. 처리도구 및 측정과 시험계획 : 기능시험은 용광로의 설치와 기술적 장비의 화재안정성과 안전운전 그리고 연료저장을 위한 장비와 저장고 그리고 연료주입용광로, 직선운전기능장애와 분명한 위험을 위한 개발 제안, 에너지절약과 환경보호를 위해 제시할 수 있는 기술적 용광로의 점검·설치 업무를 수행함<br>2. 분석 : 시험성적서와 평가서 작성 및 분석, 초기 결점과 운영상 기능 이상에 대한 사정 및 문서화, 그리고 즉각적 행동 및 책임, 통풍공장과 용광로공장의 점검 및 청소처리에 관련된 인간의 삶과 환경에 분명한 위해성을 발견하고 안전의 요구와 보호상태를 준수하여 설치, 공장에서 그리고 설치 간 기술문서와 활동 그리고 정상적 상태, 고객에 대하여 제조와 관련된 중립적인 관찰로 기후변화 보호와 환경보호에 대한 기술적 요건의 설명 등의 업무를 수행함<br>3. 부분적인 요구 : 분연구처리사의 활동영역은 주 연방정부에 한하여 국가적 직무를 수행하기에 에너지를 사용하는 영역에서 규칙과 기후와 환경보전 규칙, 화재예방규정, 건축물시행규칙법을 준수하며 업무를 수행하기에 매우 중요함 |

<표 4.17> 금속장신구기술자 내용요약

| 14. 금속장신구기술자(Decorative metalworker) ||
|---|---|
| 법적인가 | 15 May 1998 (BGBl. I, S. 1007) |
| 훈련기간 | 3년 훈련기간 : 3년 동안 3개 분과중 하나를 선택해 집중훈련<br>- 기업과 직업훈련학교(Berufsschule)에서 소형 금속아이템과 금속곡면 기능 및 금(金) 담금질작업을 수행함 |
| 활동영역 | - 금속장신구기술자는 비싸지 않은 보석을 가지고 장식 및 종교의식목적 제품을 만들거나 비싸거나 비싸지 않은 메탈로 된 가정용 제품을 제조함 (코팅제품이나 세부묘사제품, 브로치, 박스, 그릇, 꽃병, 컵, 종교장식품, 식탁용식기, 장식용 그릴 및 레일, 건축요소, 내부시설물, 조명제품)<br>- 금박·은박과 같은 귀중한 금속을 주조하고 합금하는 틀에 의한 몰드나 패턴구축 및 형상화와 또는 기계장식품 제조를 포함하고 제품의 복구 및 수리 업무를 수행 |
| 직업기술 | - 일반적 기술 : 금속장신구기술자는 완성품에 대한 평가와 측정, 그리고 순차적인 작업에 대해 계획, 스케치와 상세도를 만들고 서류작업을 수행하며 작업절차에 대해 적정한 작업을 수행하고 선택함<br>- 전문가 영역기술 : 연계된 기술분야는 반제품과 구조물 그리고 주조와 몰딩에 대한 조립, 금속곡면연결 및 소형금속아이템에 대한 기술과 수작업, 기계작업으로 제조된 부품에 대해 비철금속·금속의 곡면·표면에 대해 회전척을 사용해 구멍뚫기 및 주조와 몰딩에 관련된 기계를 운영함 |

<표 4.18> 건조자재 빌더 내용요약

| 15. 건조자재 빌더(Dry construction builder) ||
|---|---|
| 법적인가 | 2 June 1999 (BGBl. I p. 1102) |
| 훈련기간 | 3년. 법적으로 훈련은 기업과 직업학교에서 수행함 |
| 활동영역 | 다양한 분야에서 건축물의 복원과 현대화작업 그리고 신 건축물 측면에서 작업함. 내·외부를 통해 건조건축기술과 방열·방한·방음·방재 및 발광을 보존하기 위해 요구되는 작업을 수행함 |
| 직업기술 | - 작업명세와 기술서류를 기초로 작업하며 연속작업과 작업 간 건강보건 그리고 작업장의 환경예방을 위해 측정을 실시함<br>- 공장과 기계를 사용할 때 작업비계 제거, 적정성을 위해 건축물 및 그 일부에 대한 측정, 예방과 제공 등의 목적과 같은 활동을 수행할 때 작업 영역에서 수기나 데이터를 사용해 작업을 계산하고, 완벽한 작업을 수행하기 위해 보증되는 작업을 점검하고 작업 간 서류 및 품질보증측정을 수행함 |

<표 4.19> 조판사 내용요약

| | 16. 조판사(Engraver) |
|---|---|
| 법적인가 | 15 May 1998 (BGBl. I, p. 1020) |
| 훈련기간 | 3년, 훈련은 조판과 연계된 음각 중 두 개의 전문분야 중 하나에 집중하며 법적 훈련은 기업과 직업학교에서 수행함 |
| 활동영역 | 자체설계나 고객명세에 다른 금속 및 비금속에 조판, 줄무늬 상감 그리고 길로싱을 수행하며, 몰드뿐만 아니라 구멍뚫기, 그리기, 돌출, 도장 및 커팅 장비를 사용한 작업을 수행함. 또한 컴퓨터조정기계, 수작업기계, 자가제작과 같은 도구들 중 하나를 수작업으로 수행함 |
| 직업기술 | - CNC 조판기계의 운전과 프로그램, 패턴의 설계 및 계략도, 기술설계와 작업일지에 의한 작업, 완제품 작업의 평가와 측정, 그리고 공정순서에 대한 계획을 수행하여 패턴의 교정과 그라인드밀링커터 등을 사용하여 작업함<br>- 조판을 위한 컬러상태를 디자인하고 플라스틱과 금속기반, 스틸에 정보를 입력하고 기업과 구조판 등 전방 패널과 같은 생산신호를 작업하며, 전통적 음각조판 형태에서 골동품, 가정용품, 보석에 조판함. 또한 표면에 음각 또는 양각의 그림형태 이미지를 수작업과 기계조판기술을 사용하여 조판함<br>- 기계조판기술이나 수작업 등 제조프레스, 공기배기장치, 제트, 그리고 진공몰드를 사용하여 완제품에 대한 보석부분, 버튼과 메달의 유압프레스와 천공을 위한 스탬프치구를 제조하거나 상감기술을 사용한 편지, 라인, 표면, 형태 그리고 장식류 조판 등의 양각과 음각조판을 수행함 |

<표 4.20> 서비스물류 운전자 내용요약

| | 17. 서비스물류 운전자(Service Driver) |
|---|---|
| 법적인가 | 22 March 2005 (BGBl. I p. 887) |
| 훈련기간 | 2년, 기업과 파트타임 직업훈련학교에서 훈련을 이수함 |
| 활동영역 | - 기업에서 설비의 분해조립 및 유지보수와 같은 고객에 대한 서비스를 제공하고 재고창고의 확장, 제품 또는 제품판매 교체 등의 활동과 관계된 제품의 배달과 수집을 관리함<br>- 부분적으로 섬유임대, 의류작업, 위생서비스와 음식제품제공 및 기술서비스, 포장기계의 작업서비스 그리고 급사, 급행배달과 우편서비스를 제공하는 기업에서 고용함 |
| 직업기술 | - 제품에 대한 임의의 손상에 대해 열거하고 제품의 수집과 제품의 배달 및 할당을 위한 제품 발주서를 편집하는 서비스, 그리고 제품발주와 고객의 주의사항 및 정보분야에 대한 제품과 연계된 서비스를 제공함<br>- 고객요구와 불만에 대한 측정을 실시하고 적정한 대응을 위해 의사소통 방법을 구상하며, 경제적 기준과 교통지리학에 따른 제품경로를 계획하여 환경적으로 민감한 사항과 효율성, 그리고 안전을 바탕으로 한 공용도로에서의 운전, 그리고 시간보장을 위해 그들의 차량과 장비를 기능적으로 수집하고 배달순서와 재료의 현상에 따라 자동차를 선택함<br>- 제품의 배달에 대한 정상적 작업조건에서 입·출입 절차의 관찰은 정보와 정보통신시스템을 사용함 |

<표 4.21> 이벤트설계 및 기술전문가 내용요약

| 18. 이벤트 설계 및 기술전문가(Event technology specialist) ||
|---|---|
| 법적인가 | 24 March 1998 (BGBl. I, p. 621) |
| 훈련기간 | 3년, 기업과 직업훈련학교에서 훈련함 |
| 활동영역 | 기술적, 조직적 그리고 계획적 서비스를 제공함<br>- 무대와 오픈에어이벤트, 필름과 TV, 의회, 컨설팅, 무역시장, 제품전시회, 쇼, 집회와 극장 등 |
| 직업기술 | - 개인프라이버시 지적재산권 및 데이터보호법과 연계된 정규규정과 공공장소 등의 정규성 등 기술규정과 표준을 지키며 공공장소의 기초기반과 안전예방책에 대해 평가하고 이벤트를 위해 필요한 기술적 운영에 대해 계획하고 조직함<br>- 공동작업 및 팀 작업을 수행하며, 이벤트 기술장비의 보안, 이동 및 저장을 수행하고 요구되는 장비의 선택 및 이벤트 장소와 이용 가능한 장비에 대해 분석하며, 전원장비에 대해 파악하고 비대발판과 설비장치 수량을 파악하고 무대와 세팅장비의 기술적 운영 및 설치 셋업, 그리고 조명장비 등을 결정하고 사운드장비의 설치 및 오디오·비디오 그리고 데이터시스템의 녹음과 전송장비의 운영에 대해 설치하고 특수효과와 정상적 요구수준의 한계에 대해 분석하고 이벤트를 수행함 |

<표 4.22> 유리공예사 내용요약

| | 19. 유리공예사(Glass blower) |
|---|---|
| 법적인가 | 19 June 1998 (BGBl. I, p. 1612 ) |
| 훈련기간 | 3년, 세 개의 전공 중 하나를 집중적으로 다루며 기업 및 직업훈련학교에서 훈련함 |
| 활동영역 | - 달궈진 유리막대와 마디로 유리형태를 만드는 직무로써 다양한 기능을 사용해 유리를 불고 몰딩하여 유리제품에 대해 고객의 요구 또는 그들 자체설계에 의해 제품을 제작함<br>- 유리장식품 그리고 유리 동물들, 크리스마스트리 장식품, 인공눈 등 특수영역에 종속하여 작업을 수행함<br>- 유리공예는 건강과 안전 그리고 환경예방요구를 고려해 경제적인 효율성에 따라 가격결정을 하고 작업절차를 준비하고 시세에 따라 가격을 결정하는 제작단계에 연관된 작업을 수행함 |
| 직업기술 | - 유리설계기능에서 특수영역으로 액체유리 동물형태, 속이 빈 유리형태, 유리제품과 쟁반 등의 장식 및 비장식 모두를 포함하여 크리스마스트리 장식품, 지팡이, 종, 나무꼭대기와 자유형태의 몰딩장식품등 복잡한 직무 기능을 수행함(크리스마스트리의 완제품은 실크스크린과 같은 프린팅, 도드라짐, 도장, 수작업 그림, 뿌리기, 코팅과 침투 등의 기술을 사용함) |

<표 4.23> 유리기술 공정관리사 내용요약

| \multicolumn{2}{c}{20. 유리기술 공정관리사(Glass blower)} ||
|---|---|
| 법적인가 | 19 June 2000 (BGBl. I. p. 864) |
| 훈련기간 | 3년, 기업과 파트타임 직업훈련학교에서 훈련 |
| 활동영역 | 평면유리, 구유리, 유리관 및 섬유유리, 액체유리 제품관리와 유리용접, 포밍분야 및 다양한 유리제품의 완제품과 공정분야에서 고용되며, 한 팀의 일원이나 독립적 작업을 수행하면서 유지보수 및 필요한 관찰을 수행하고 제품설비와 생산 공정을 반영하여 조절과 관리감독업무를 수행함 |
| 직업기술 | - 제품출력과 보조원자재, 작업 간 재고의 준비에서 저장까지의 원자재의 흐름을 보증하면서 품질관리방법을 사용하여 포밍과 유리용접을 위한 설비 및 제품공정을 조절, 관리 그리고 모니터링하고 공정간 다양한 작업방법을 수행함(마모, 커팅, 분리, 연결, 포밍, 코팅 또는 유리특성을 반영하여 유리제품을 수정하고 완료함)<br>- 제품공정간 실패와 불량을 발견, 협의적으로 발생가능한 원인과 생산설비 장비교환과 공정을 복구, 생산기계나 장비의 정지원인에 대해 가능단계를 제거하며 생산현황과 생산공정차트를 사용하여 제품과 생산관리의 데이터를 문서화하고 모니터링함<br>- 품질관리방법을 수행하여 다양한 부서 사이의 지속적인 협조와 정보교환을 통해 모든 공정에 대해 협조를 보장하고, 작업에 있어 요구되는 환경 및 안전보건예방에 대해 수행함 |

<표 4.24> 청각개선 청능사 내용요약

| 21. 청각개선 청능사(Hearing aid audiologist) ||
|---|---|
| 법적인가 | 없음 |
| 훈련기간 | 3년, 훈련은 기업과 직업훈련학교에서 수행함 |
| 활동영역 | 고객의 청각에 대하여 시스템적으로 청각부진을 개선할 수 있도록 제공함. 개인의 요구와 생활환경 그리고 정보통신 가능성에 대해 일치하는 개선된 청각을 제공할 수 있도록 조언하고 돌보는 기능을 수행하며, 개인의 특수한 정신사회학 위치와 청각개선의 양을 조절함 |
| 직업기술 | - 고객에 대한 청각변수를 평가하고 결정하여 청력학 절차를 사용한 조언과 더불어 돌봄서비스를 제공하며, 귀모형에 대해 제조 및 공정을 수행, 듣기시스템에 의해 고정 및 수정작업을 하고 듣기시스템의 청력 변수에 대해 측정하고 청력시스템과 액세서리를 선택하여 청각영향에 대해 측정하여 비교수행하면서 고정시킴<br>- 청각시스템과 액세서리 사용법에 대한 교육, 보전과 서비스에 대해 제공 및 서비스 이후 잡음에 대한 평가와 청력보전을 위한 예방측정방법에 대해 제공하며 제품과 서비스를 판매하고 세금과 재무대리인을 통한 송장을 작성함 |

<표 4.25> 수력관리기술자 내용요약

| 22. 수력관리기술자(Hydraulic technician) ||
|---|---|
| 법적인가 | 26 May 2004 (BGBl. I p. 1078) |
| 훈련기간 | 3년, 기업체와 파트타임 직업훈련학교에서 훈련함 |
| 활동영역 | 수력관리기술자는 작업장이나 보트에서 작업하며 운하, 강, 호수 등에서 목적에 따라 구조 및 장비를 취급 |
| 직업기술 | - 독립된 호수, 강 그리고 운하에 구조물을 보전·측정·건설, 경로와 해안 보호에 대한 측정 및 구조물을 설치하며 연안과 섬의 보호를 위해 구조물을 유지하고 측정 및 건설, 강, 호수의 개발과 운영에 관련된 측정을 수행함<br>- 구조물에 대한 감시작업을 수행하고 강과 호수 그리고 운하에 나쁜 영향을 끼치는 것에 대해 측정하고 유지보수를 위해 점검을 수행 및 수로학 측정을 통해 항로와 안전한 선박 채널 확보 및 마킹을 수행함<br>- 홍수통제 및 얼음방어측정을 수행하고 보트를 운전하고 부유장비서비스를 촉진하여 댐·급수지와 수질보호구역의 보전 및 운영업무를 수행하며 서류작업과 범위의 측정, 비계의 설치상태, 운반장비의 유지 및 사용, 공정운영계획 및 준비, 다른 업무의 협조와 계약기업과의 협상, 처리된 일과 서류작업에 대한 무결점 보증작업 및 점검·품질보증 측정 및 시간 사용과 원자재 수량기록 그리고 서비스수행의 계산, 안전과 건강촉진 계량작업 점검뿐만 아니라 환경보전을 실시함 |

<표 4.26> 산업클리너 내용요약

| | 23. 산업 크리너(Industrial cleaner) |
|---|---|
| 법적인가 | 21 April 1999 (BGBl. I p. 797) |
| 훈련기간 | 3년, 기업훈련 그리고 파트타임 직업훈련학교 훈련 |
| 활동영역 | 다양한 건물과 설비의 본질에 대한 보존 및 위생분야에서 일하고 표면처리나 청소 양 부문에서 고용되며 사무와 행정빌딩, 산업공장, 제품설비, 외부 문화설비, 수송설비, 공중위생설비, 보건설비 그리고 음식조리설비 관리 등을 포함함 |
| 직업기술 | - 작업발주 및 기술서류의 기초작업을 수행하여 작업의 계획 및 협조, 작업 영역의 설정 그리고 환경보전과 작업의 안전과 건강을 위해 요구되는 측정을 수행함. 공정 간 점검 및 작업수행 간 데이터의 분석과 품질보증을 수행하며 공장과 기계를 사용하여 작업하는 활동을 수행함<br>- 작업을 위한 비계의 설치, 그리고 목적에 맞게 제공하고 보전하는지를 수행하고 장비 및 리프트장치를 사용하여 건축물외관에 접근하여 작업을 수행함<br>- 목적대상물의 구성과 원재료, 구성품들과 조립과의 연관성, 유지 및 보존 상태에 대해 사정하고 외부표면의 변화와 표면재질문서에 대해 파악하여 처리해야 할 표면의 양에 대해 분석하고, 대행사는 독자적 또는 연합으로 첨가해야할 양을 미리 준비하고 처리함<br>- 내부 청소작업, 기둥 구조물 청소, 유리 청소, 내부 섬유장식품 등의 청소 업무를 수행하고 운송장비 및 개방공간의 보존 및 청소, 빛과 날씨에 민감한 설비의 청소, 산업청소작업, 건물외관, 항공 및 육상, 수상차량 청소, 병원과 같은 위생보건시설 청소, 정량준수 소독작업, 서로 다른 표면의 유지보수작업, 건강보존을 위한 위생, 해충관리 및 오염제거와 관련되어 요구되는 사정작업, 그리고 물류창고부분 작업을 수행함<br>- 위생과 오염도의 측정을 수행하여 오염된 액체와 위험물질의 제거를 위한 처리작업 및 정리 작업을 수행하며 해충관리를 위한 예방보전정책·억제 작업이 포함됨 |

<표 4.27> 재활용 및 폐기물관리기술자 내용요약

| 24. 재활용 및 폐기물관리기술자 ||
|---|---|
| 법적인가 | 17 June 2002 (BGBl. I, p. 2335) |
| 훈련기간 | 3년. 직업학교(Berufsschule), 기업 또는 훈련기간 현장훈련은 로지스틱스, 컬렉션과 마케팅 또는 폐기물이용과 관리, 또는 폐기물처리와 관리전문 분야에서 현장업무를 실시함 |
| 활동영역 | 재활용 및 폐기물관리기술자는 폐기물처리와 이용, 그리고 시설관리회사에 근무 - 유리와 종이 재활용시설, 매립지, 비료처리시설, 화학적·물리적 관리공장 등 |
| 직업기술 | - 관련 기술서류와 기준뿐만 아니라 관련법령을 기본으로 하여 직무를 수행하고 관련 정보를 획득하여 계획에 따라 작업을 수행<br>- 수행과정을 데이터화하고 품질과 안전, 그리고 작업수행 시 환경보호 및 건강을 위한 보전수단을 선정하여 폐기물 수집·검사, 폐기물처리 시스템을 할당함. 직업안전규정을 고려한 운송수단을 관리해야 하고 기술적 절차에 맞추어 작동·모니터링·검사·유지보수를 실시하고 폐기물 처리장치를 수리·관리하며 처리장의 결점을 인지함 |

<표 4.28> 상·하수관 관리기술자 내용요약

| | 25. 상·하수관 관리기술자 |
|---|---|
| 법적인가 | 없음 |
| 훈련기간 | 3년. 직업학교(Berufsschule), 기업 또는 훈련기간 현장에서 수행함 |
| 활동영역 | 시(지방자치제)가 운영하는 배수시설 네트워크분야, 상·하수도 분야뿐만 아니라 상·하수도 슬러지관리분야에서 종사함 |
| 직업기술 | - 법적요구사항과 기술적 서류 및 규정을 기초로 작업을 계획하고 공정 절차를 문서화하여 작업 시 품질, 안전, 건강 및 환경보호를 고려한 측정을 실시하여 결함을 제거 및 조치를 시행함<br>- 장비의 작동과 검사, 서비스를 수행하고 기계와 장비, 배관시스템 및 구조를 유지·관리하며 전기와 관련된 유자격자로 위험과 결함을 가늠하고, 전기와 관련된 기술적 업무를 수행·평가하며 공정을 최적화하고 원가와 환경 그리고 위생에 대한 법적요구사항 등을 파악함 |

<표 4.29> 신호 및 발광광고 제어기술자 내용요약

| 26. 신호 및 발광광고 제어기술자(m/f) ||
|---|---|
| 법적인가 | 19 May 1999 (BGBl. I, p. 1066) |
| 훈련기간 | 3년. 직업학교(Berufsschule), 기업 또는 훈련기간 현장에서 수행함 |
| 활동영역 | - 신호나 광고를 디자인하고 생산하며 고객의 요구사항과 그들이 소유한 디자인에 맞추어 내·외부에 광고를 설치함<br>- 심미적 사항과 광고효과를 고려하여 디자인 콘셉트를 설계하고, 물리적·기술적인 부분을 고려하여 설치업무를 수행하며 고객의 요구의 현실화에 대해 상담함 |
| 직업기술 | - 공정작업을 계획하고 구성하며, 회사 비즈니스과정을 처리하여 고객에게 조언을 하고 제안서를 제출하며 판매협상을 수행함. 신호에 대해 설계하고 콘셉트를 디자인하며 신호와 광고설치를 손 혹은 컴퓨터로 설계하고 디자인함. 조명이 있거나 없는 신호와 광고를 만들고 설치하며 루팅시스템과 레터링, 그래픽을 직접 혹은 컴퓨터를 이용하여 적용함<br>- 서로 다른 소재와 기술을 적용하여 광고구성물을 설치하고 신호와 발광광고 설치를 위해 조립하고 조명이 있거나 없는 신호시스템을 고정·유지·보수·제거 및 정보, 광고미디어, 관리감독, 및 작업결과를 서류로 작성함 |

<표 4.30> 수제가구제작사 내용요약

| | 27. 수제가구제작사 (m/f) |
|---|---|
| 법적인가 | 없음 |
| 훈련기간 | 3년. 직업학교(Berufsschule), 기업 또는 훈련기간 현장에서 수행함 |
| 활동영역 | - 가구의 덮개와 매트리스를 산업안전과 환경보호 요구사항에 따라 제작하며 기능적/상업적/재료적 측면(목재, 시트, 천연가죽, 합성가죽, 플라스틱, 금속 등)을 고려하여 다양한 책무를 수행함<br>- 프레임준비, 커팅, 커버링, 장식, 조립 등 활동영역은 제작 전, 그리고 전체공정에서 유기적으로 구성되며 역사적 스타일 및 심미적 평가를 고려함 |
| 직업기술 | - 기술적 서류에 근거하여 용수철이 달린 인테리어, 발포성 플라스틱, 기포성 고무 등을 사용하고 개별적인 바느질, 덮여진 스프링과 같은 전통적인 기술을 수행하고 품질보증 요구사항을 준수하며 최종 생산물의 품질평가를 실시함<br>- 훈련기간 중 학습한 스킬들을 활용<br>  1. 작업자가 의도한 목적과 경제적 효율성에 따른 직물소재, 투입, 천연가죽, 합성가죽, 나무, 나무관련소재, 플라스틱, 금속소재의 선정 및 공정을 진행함<br>  2. 제작단계에 관한 서류작성 및 최종생산품 및 작성과정에서의 데이터 수집<br>  3. 색올림, 컬러링, 코팅 물질을 적용한 표면마무리<br>  4. 작업데이터 자동평가 및 수집을 하는 시스템, 공장이나 기계 내에서 기계적으로 조절되는 장비를 핸들링함<br>  5. 생산의 기본준비 및 하중을 견디고 탄성이 있는 섹션(용수철 등)과 덮개 등을 확인함<br>  6. 직물의 최적이용을 가능하게 만드는 절단패턴을 개발함<br>  7. 다양한 덮개기술을 이용한 덮개요소와 매트리스를 생산함<br>  8. 덮개표면을 나누고 모양을 갖추기 위해 다양한 기술을 이용한 덮개를 생산함<br>  9. 덮개제품의 장식 및 중다듬질 요소들를 조립함<br>  10. 품질평가와 품질보장방법을 수행함 |

<표 4.31> 수제인테리어소품제작사 내용요약

| \multicolumn{2}{c}{28. 수제인테리어소품제작사} ||
|---|---|
| 법적인가 | 9 May 2005 (BGBl. I p. 1285) |
| 훈련기간 | 2년. 직업학교(Berufsschule), 기업 또는 훈련기간 현장에서 수행함 |
| 활동영역 | 수제인테리어소품제작사는 인테리어장식에 특화된 기업과 포장가구산업 분야, 이미 만들어져 나오는 판을 위해 시침을 박는 회사 및 관련분야에서 서비스를 제공하는 회사에서 근무함(인테리어장식전문점, 백화점 내 인테리어가구점 등) |
| 직업기술 | 커튼과 인테리어가구상품, 직물과 가죽으로 만드는 포장덮개, 베개커버와 포장상품, 작업재료와 예비소재의 선정 및 프로세스, 도구와 기계를 사용하고 장식의 완료와 설치작업, 작동 및 재봉기계서비스와 다리미질시스템, 패턴, 커팅 등 소재의 효율성을 높이기 위해 상품작업의 연속성을 준비하고 ICT정보 활용, 작업서류 및 측정완료서류, 작업결과와 품질보증방법에 대한 평가와 서류작업 등을 수행함 |

<표 4.32> 차량도장기술자 내용요약

| | 29. 차량도장기술자 |
|---|---|
| 법적인가 | 3 July 2003 (BGBl. I p. 1083, 1548 ) |
| 훈련기간 | 3년. 직업학교(Berufsschule), 기업 또는 훈련기간 현장에서 수행함 |
| 활동영역 | 운송수단 표면을 디자인하고 신제품과 중고·상부구조물·하적부 등 각각 혹은 복합적으로 생산된 물건 등의 표면에 코팅을 실시하고 구성물과 시스템을 수리하고 조립하고 분해함 |
| 직업기술 | - 주문에 근거하여 고객맞춤서비스를 제공하기 위해 계획을 실시하며, 작업 시 건강과 안전보호를 위한 조치를 취하고 작업장 내에서 환경보호의 조치를 취하며 고객과 소통하여 작업결함을 체크하고 문서화하여 품질보증을 수행함<br>- 제공되는 서비스의 시간소비량 및 소재량을 계획·기록하며 코팅부위를 체크·평가하고 코팅을 준비함. 레터링, 디자인 및 라커링을 수행하며 표면을 유지·보수하고 수리함<br>- 기능을 위한 전기적·전자적·공압적·수압적 구성물을 체크하고 운송수단의 분해와 조립 및 광택작업을 수행하고 운송수단의 일부를 수리함 |

<표 4.33> 가황장치 및 차륜정비사 내용요약

| | 30. 가황장치 및 차륜정비사 |
|---|---|
| 법적인가 | 12 May 2004 (BGBl. I p. 908) |
| 훈련기간 | 3년. 기업 또는 직업학교(Berufsschule)에서 수행하며 타이어와 새시역학 또는 고무역학 둘 중 하나에 집중함 |
| 활동영역 | 작업을 계획·유지·보수·검사·서비스하고 운송수단을 부분조립하며, 내부튜브와 타이어 그리고 휠을 부분적으로 조립함. 특수차륜을 설치하고 운송수단에 타이어를 설치하며 새시를 업그레이드하고 운송수단의 외형을 수정하며 컨베이어벨트를 유지·보수 및 수리하고 고무라인 및 고무코팅을 생산 및 유지·보수함 |
| 직업기술 | - 가황 정비 전문가는 다음과 같은 업무를 수행함<br>  1. 모든 운송수단의 타이어에 대해 서비스 제공 및 갱신함<br>  2. 컨베이어 벨트의 유지·보수 및 서비스를 제공함<br>  3. 고무라인·고무코팅 생산 및 서비스를 제공함<br>- 차륜정비사는 팀 또는 독립적으로 직무를 수행하며 환경보호, 작업안전, 건강보호 및 품질관리기준을 준수함<br>  1. 내부튜브 및 타이어 수리함<br>  2. 운송수단 및 시스템 작동함<br>  3. 데미지를 입은 범위 및 정도의 최소화 및 원인을 식별함<br>  4. 내부회사 도구, 장비, 기계의 설치 및 사용함<br>  5. 운송수단시스템 측정 및 검사함<br>  6. 고객에게 조언 및 정보를 제공함<br>  7. 공정, 상품품질 및 사내의 작업프로세스 개선을 위한 기준 및 가이드라인을 적용함<br>  8. 작업공정계획 및 관리하고 작업결과를 확인 및 평가하여 서류화함<br>  9. 매뉴얼과 기계생산기술을 이용하여 구성물을 생산함<br>  10. 컴퓨터정보시스템 및 커뮤니케이션시스템을 활용하여 타이어 및 새시를 정비함<br>  11. 새시, 브레이크, 휠타이어시스템, 배기가스 및 에어컨디셔닝시스템을 유지·보수함<br>  12. 운송수단의 이동을 최적화함<br>  13. 운송수단 부품을 판매함 |

이상과 같이 관련된 독일자격을 BiBB에서 제시하고 있는 법적인가, 훈련기간, 활동영역, 직업기술로 구분하여 제시하였다. 다음 절에서는 이들 자격종목에 대해 국내 적용가능종목에 대해 제시된 영구방법론에 따라 분석하여 최종 선정자격종목을 제시하고자 한다.

### 4.2.2 독일 자격종목의 당면과제

2011년도 GQF와 EQF를 통일화하면서 독일은 직업과 관련된 자격과 교육자격에 대한 동등성을 확보하여 운영하고 있다. 그러나 독일 현지방문과 연구자 토론에 있어 우리와 유사하게 BiBB가 안고 있는 당면과제가 도출되었다. 이 과제는 비단 독일의 문제뿐만 아니라 전 세계가 안고 있는 현실로, 인터넷 및 IT기술의 발달에 따른 직업과 산업의 융·복합화에 따른 자격 문제의 해결방안이다. 현지방문 간 독일에서 제시된 융·복합 자격종목은 Mechatroniker(메카트로닉스), Fachangestellter/Fachangestellte für Bäderbetriebe, Sport und Fitnesskaufmann/Sport und Fitness kauffrau, Informations und Telekommunikations system-Kaufmann의 4종목이다. 이들 종목에서 알 수 있듯 한 가지 종목이 아닌 최소 두 가지 종목이 융합되어 새롭게 나타나는 직종들로, 독일 BiBB에서도 이들 종목의 신설 및 기준 등에 대해 표준이 명확히 구비되어 있지 않다. 따라서 본 연구에서는 이 당면과제에 대해 해결할 수 있는 방법론에 대해 간략히 언급하고자 한다.

국가기술자격의 융·복합을 위한 원리를 다음과 같다.

첫째, 설정기준

1. 산업 및 직업동향

2. 노동시장 수요의 증가형태

3. 기업체 및 수요자의 요구

4. 외국 및 현재 관련직무의 직업 등장

둘째, 선정기준

1. 수업 및 훈련과정 커리큘럼 개발가능성(분기·반기·년 단위 구성)

2. 필기 및 실기 평가의 가능성(정량적 평가 가능성)

3. 직업능력요구와 합치성(직무형태의 변경 : (예) 선반 → CNC → Mechatronics)

4. 표준직업분류로 구분 가능성

셋째, 적용방법

1. 자격의 신설가능성(구자격의 폐지 및 통합)

2. 검정방법의 선정(구자격자의 면제, 신규자격의 범위 등)

3. 사업내 자격 및 민간자격의 국가자격화 가능성

4. 자격의 유지가능한계 및 기간 예측

제시하고 있는 융·복합 원리는 현재 정성적이며 추상적이라 볼 수 있다. 현재 독일 BiBB에서 이 과제에 대한 문제를 해결하고자 노력하고 있고, 이러한 현상을 동시에 경험하고 있는 공단으로서는 이러한 당면과제에 대해 예측하고 이를 해결하기 위한 노력이 전제되어야 국제적인 통용성 확보와 더불어 미래지향적 국가기술자격의 위상을 정립할 수 있을 것으로 판단한다.

결론에서 다시 한 번 언급하겠지만 글로벌 환경의 변화와 급변하는 인터넷과 IT 발전은 전 세계를 하나의 시장으로 묶어가고 있으며, 기술 및 지식융합 서비스분야의 산업과 직업의 발전을 촉진하고 있다. 물론 산업화의 기간산업에 대한 변함없는 발전을 기반으로 산업과 직업의 빠른 변화에 발맞추고 새로운 자격의 신설에 대한 연구는 자격이 가지는 신호, 선도 기능에 대해 충실히 대응하는 것으로 판단한다.

## 4.2.3 기술 및 지식융합 서비스분야 신설가능종목 선정

앞 절에서 제시된 30개의 자격종목에 대해 한국산업인력공단 연구진과 관련출장자를 대상으로 <표 4.34>와 같이 선호도조사를 실시하고자 한다. 선호도조사는 크게 두 개의 분야로 서비스분야에서 분류된 기술 및 지식융합분야, 환경분야, 순수서비스분야 중 선정종목이 어디에 속하는지와 국내 적용 시 해당종목이 자격화의 가능정도가 어떤 종목이 높은지에 대해 리커트 척도를 활용해 9점 척도로 변환시켜 최종 신설가능종목을 선정하도록 한다.

<표 4.34> 종목선정을 위한 선호도 설문지

| 서비스분야 | 서비스 분야 | | | 자격화 가능성(선호도 점수) | | | | | | | | |
|---|---|---|---|---|---|---|---|---|---|---|---|---|
| | 기술 및 지식 | 환경 | 순수 서비스 | 1 | 2 | 3 | 4 | 5 | 6 | 7 | 8 | 9 |
| | | | | | | | | | | | | |
| | | | | | | | | | | | | |
| | | | | | | | | | | | | |
| | | | | | | | | | | | | |
| | | | | | | | | | | | | |
| | | | | | | | | | | | | |
| | | | | | | | | | | | | |
| | | | | | | | | | | | | |
| | | | | | | | | | | | | |
| | | | | | | | | | | | | |
| | | | | | | | | | | | | |

또한 영국의 연구결과와 동일하게 종목별 분야에 대한 가중치의 계산은 아래와 같은 수식에 의해 계산하도록 한다.

$$\text{가중치 합} = \text{해당서비스분야} \times \text{연구진 선호도 합}$$
$$= W_i \times \sum_{j=1}^{6} RP$$

연구진의 인터뷰결과에 따른 최종값은 <표 4.35>와 같이 계산되었다. <표 4.35>에서 우측의 결과값이 최종 30개의 자격에 대한 선호도값으로, 차량도장기술자 종목에서부터 값에 대해 내림차순한 결과이다.

<표 4.35> 최종 선호도 결과

| 서비스분야 | 서비스분야 기술및지식 | 서비스분야 환경 | 서비스분야 순수서비스 | 직업가능성(선호도 점수) 1 | 2 | 3 | 4 | 5 | 6 | 7 | 8 | 9 | 선호도점수 | 결과 |
|---|---|---|---|---|---|---|---|---|---|---|---|---|---|---|
| 차량도장기술자 | 5 | 2 | | | | | | | 1 | 2 | 3 | 1 | 53 | 164.3 |
| 바이크판매사 | 7 | | | | | | | 2 | 1 | 2 | 2 | | 46 | 161 |
| 가황장치 및 차륜정비사 | 5 | 2 | | | | | | | 2 | 2 | 3 | | 50 | 155 |
| 신호 및 발광광고 제어기술자 | 5 | 2 | | | | | | | 2 | 3 | 2 | | 49 | 151.9 |
| 자동차사업 관리자(수입판매, 렌트) | 5 | | 2 | | | | | | 2 | 2 | 1 | 2 | 52 | 150.8 |
| 바이크수리사 | 7 | | | | | | | 2 | 3 | 1 | 1 | | 43 | 150.5 |
| 금속장신구기술자 | 4 | 2 | 1 | | | | | | 4 | 1 | 2 | | 47 | 131.6 |
| 콘크리트커팅 및 제거기술자 | 4 | 1 | 2 | | | | | | 3 | 2 | 2 | | 48 | 129.6 |
| 산업클리너 | 4 | 2 | 1 | | | | | 1 | 3 | 3 | | | 44 | 123.2 |
| 건조자재 빌더 | 4 | 3 | | | | | 1 | 2 | 2 | 2 | | | 40 | 116 |
| 상하수관 관리기술자 | 3 | 2 | 2 | | | | | | 2 | 2 | 2 | 1 | 44 | 110 |
| 서비스물류운전자 | 4 | | 3 | | | | | | 2 | 3 | 2 | | 42 | 109.2 |
| 유리기술 공정관리사 | 3 | 2 | 2 | | | | | | 2 | 2 | 3 | | 43 | 107.5 |
| 시청각매체 프로듀서 | 6 | | 1 | | | 1 | 2 | 2 | 2 | | | | 33 | 105.6 |
| 수력관리기술자 | 4 | 3 | | | | | | 2 | 2 | 3 | | | 36 | 104.4 |
| 빌딩 및 특수목적 표면처리사 | 2 | 2 | 3 | | | | | | 2 | 3 | 2 | | 42 | 92.4 |
| 재활용 및 폐기물관리기술자 | 3 | 4 | | | | | 3 | 3 | 1 | | | | 33 | 89.1 |
| 건축자재시험사 | 3 | 1 | 3 | | | 1 | 1 | 2 | 2 | 1 | | | 36 | 86.4 |
| 시청각매체 사무원 | 5 | | 2 | | 1 | 2 | 1 | 2 | 1 | | | | 28 | 81.2 |
| 조 판 사 | 5 | | 2 | | 1 | 2 | 1 | 2 | 1 | | | | 28 | 81.2 |
| 수제인테리어소품제작사 | 4 | 1 | 2 | | | 2 | 4 | 1 | | | | | 27 | 72.9 |
| 혼합음료 및 몰트제조자 | 1 | 1 | 5 | | | | | 2 | 2 | 2 | | | 37 | 66.6 |
| 유리공예가 | 2 | 2 | 3 | | | | 2 | 2 | 3 | | | | 29 | 63.8 |
| 농업서비스전문가 | 4 | 3 | | | | 3 | 2 | 2 | | | | | 20 | 58 |
| 청각개선 청능사 | 2 | | 5 | | | | 3 | 1 | 2 | | | | 29 | 58 |
| 수제가구제작사 | 3 | 1 | 3 | | | 2 | 2 | 3 | | | | | 22 | 52.8 |
| 도 축 사 | | 1 | 6 | | | | 1 | 4 | 2 | | | | 29 | 43.5 |
| 이벤트설계 및 기술전문가 | 1 | | 6 | | | 3 | 3 | 1 | | | | | 19 | 32.3 |
| 분연구처리사 | | 2 | 5 | 2 | 2 | 3 | | | | | | | 15 | 24 |
| 현악기 활 제조업자 | 2 | | 5 | 4 | 3 | | | | | | | | 10 | 20 |

결과의 우선순위 중 자동차도장과 가황장치 및 차륜정비사, 그리고 금속장신구기술자의 경우 각각 국내의 자동차정비, 귀금속가공과 관련된 자격과 거의 유사한 것으로 판단되고 또한 직종이 세분화되어 구분되는 바이크판매사와 정비사의 경우 그 업무의 연관성을 고려해 단일종목으로 그 전문성을 확보해야 할 것으로 판단한다.

따라서 독일의 자격종목 중 국내 적용이 가능한 기술 및 지식융합 서비스분야 종목을 바이크판매 및 정비전문가, 신호 및 발광광고 제어기술자, 자동차사업관리자(수입판매, 렌트), 콘크리트커팅 및 제거기술자, 산업클리너, 건조자재 빌더, 상하수관 관리기술자, 서비스물류 운전자, 유리기술 공정관리사의 9종목에 대해 선정하였다.

본 연구에서 선정된 상위 9종목을 미래 산업과 직업의 변화에 유연하게 대처할 수 있는 기본자료로 제공하고자 한다. 자료의 제공은 다음과 같이 국가기술자격법시행령 제11조 「국가기술자격 종목신설 등의 기준」에 따라 종목신설의 필요성부터 국가만이 검정을 해야 하는 종목인지의 여부까지 요약적으로 제시하도록 한다. 본 연구에서는 제시된 새로운 기술 및 지식융합분야의 신설가능종목을 제시하는 사업으로 세부적인 내용에 대해서는 자격종목이 결정되고 신설이 요구된다면 추후 연구에 추가하도록 한다.

<표 4.36> 바이크판매 및 정비전문가

| 자격종목명 | 바이크 판매 및 정비 전문가 |
|---|---|
| 종목신설 필요성 | • 현재 바이크(오토바이와 무동력·동력자전거) 판매와 수리전문가에 대한 자격은 바이크매장 운영자의 사업자등록에 의해 이루어져 사회적 문제에 대한 대책 및 사업운영의 윤리성을 보장하기 힘듦<br>• 관련종목은 국가직업표준의 5 판매종사자 - 52 매장 판매직 - 521 매장판매 종사자 - 5211 상점판매원 및 7 기능원 및 관련기능 종사자 - 75 운송 및 기계관련 기능직 - 752 운송장비 정비원정비 종사자 - 7529 기타 운송장비 정비원 - 75291 오토바이 정비원으로 분류되어 있어 서비스분야와 기계분야 정비와 융합자격으로 요구됨 |
| 직무내용 및 범위 또는 난이도 | • 바이크판매에 대한 법적한계를 준수하고, 매매에 관련된 상업적 윤리 및 매매정보와 개인정보 보안업무 수행<br>• 운송기계설비의 보전기술 및 전기·전자 및 컴퓨터제어에 대한 전문지식의 이해<br>• 바이크판매에 관련된 서비스분야 직무와 기계구조 및 동력전달 장치정비 등의 이해를 요구하는 융합된 전문기술인(난이도 상) |
| 해당자격 취득자 수요 및 전망 | • 국내 바이크매장은 사업자등록에 의한 매장의 개장, 관련설비 정비 및 보수유지가 이루어지고 있고 유통과정에서의 불법적인 부품품 또는 매매에 있어 미성년자의 활용 동의 등의 법적절차에 대한 규제가 없어 전문자격자의 통제를 통한 운영 필요 |
| 해당분야 종사인원 및 인력양성 실태 | • 현재는 매장의 채용직원 또는 정비관리 자격취득자에 의한 정비 프로세스의 운영과 매매에 관련된 진입규제가 없기 때문에 직장 내 교육 또는 훈련을 통한 관련자를 운영<br>• 매매 이후의 서비스에 대해 자체 또는 위탁으로 보전업무를 수행<br>• 바이크판매 및 운영·정비·보수에 관련된 인력양성형태가 별도로 정해져 있지 않음 |
| 검정응시 인원의 적정성 및 시행가능성 | • 기술 및 지식융합으로 기계·전기·전자·안전관련 통합학문으로 자동차정비와 달리 해당 전공분야에서 응시인원의 공급이 미래 직업군에서 필요할 것으로 예측 |
| 해당 자격종목의 산업현장 적합도 | • 현재 외국의 경우 위험기계군으로 분류하고, 유자격자에 의해 위험성 평가에 기초한 검사 및 보전을 실시하고 있음<br>• 원동기면허의 경우 우리나라는 운전에 국한하고 있지만 외국의 경우 원동기분해조립 및 시스템의 이해와 같은 기능기술 분야에 대해 평가 |
| 유사자격의 존속여부와 운영실태 | • 자동차 정비 및 기타관련 운송정비 자격 |
| 국가만이 검정을 해야 하는 종목인지의 여부 | • 공공설비 측면에서 국민의 생명과 안전에 기인하는 위험장비 및 설비로 안정성평가가 필수 |

<표 4.37> 신호 및 발광광고 제어기술자

| 자격종목명 | 신호 및 발광광고 제어기술자 |
|---|---|
| 종목신설 필요성 | • LED 사용의 확대와 상업광고의 대중성에 따라 상업적 건물 및 공공광고에 대한 전문가의 규제 및 활동 미흡<br>• 관련종목은 국가직업표준의 7 기능원 및 관련기능 종사자 - 76 전기 및 전자관련 기능직 - 762 전기공 - 7622 내선전공 - 76223 조명기구 설치 및 수리원으로 분류됨 |
| 직무내용 및 범위 또는 난이도 | • 네온사인 등의 조명간판을 설치·수리하며, 극장·방송 스튜디오에서 사용되는 전기장치나 조명장치를 설치하고 수리하는 자로 네온사인 전기원, 네온사인 수리원, 조명원, 극장전기원, 조명조정원, 무대 및 방송스튜디오 전기원등의 업무 수행<br>• 전기관련 설비에 대한 보전기술 및 전기·전자 및 컴퓨터제어에 대한 전문지식의 이해<br>• 전기장치 및 조명수준에 따른 조명 개수와 인간공학 및 도시공학, 그리고 환경학에 따른 최적조명설치에 대한 업무수행(난이도 상) |
| 해당자격 취득자 수요 및 전망 | • 도시의 발달과 상업광고의 확대에 따른 신호 및 발광광고에 수요는 증가할 것으로 판단<br>• 관련 자격종목이 전기 등에 국한되어 전기관련업무로 통폐합되어 있어 세부직무로의 변환과 관련, 직종에 대한 특수성을 고려할 때 전문적인 조명통제사의 운영 필요 |
| 해당분야 종사인원 및 인력양성 실태 | • 현재는 전기·전자관련 유자격자나 관련업무수행자 및 광고대행 서비스업체에서 업무를 수행하고 있어 전문적 조명과 인간공학 및 환경공학과 관련된 전문가 육성이 없음<br>• 조명설비의 발광규제 및 야간 인간조명의 최적화 업무를 수행하고 스마트전기와 관련된 업무를 수행할 수 있는 종사자 필요<br>• 전문 조명 교육 및 훈련기관 없음 |
| 검정응시 인원의 적정성 및 시행가능성 | • 기술 및 지식융합으로 전기·전자·안전과 관련된 인간공학과 환경공학에 대한 통합학문으로 전기관련 자격자와 달리 해당 전공 분야에서 응시인원의 공급이 예상 |
| 해당 자격종목의 산업현장 적합도 | • 외국의 경우 인간공학과 환경에 대한 영향평가를 기준으로 조명 조건에 대해 엄격히 관리<br>• 스마트그리드와 더불어 에너지 절감과 효과의 최대성에 대해 평가가 가능한 기능기술 분야 |
| 유사자격의 존속여부와 운영실태 | • 전기설비 및 전자기능관련 자격 |
| 국가만이 검정을 해야 하는 종목인지의 여부 | • 야간유연성 확보와 더불어 환경 및 인간공학적 측면에서 국민의 생명과 안전에 기인하는 환경영향 및 안정성평가가 필수 |

<표 4.38> 자동차사업관리자(수입판매, 렌트)

| 자격종목명 | 자동차사업관리자(수입판매, 렌트) |
|---|---|
| 종목신설 필요성 | • 무분별한 개인사업자의 수입차매장 난립과 렌트카회사의 난립으로 상거래의 도덕성과 더불어 자동차사업 전체에 악영향을 끼침<br>• 관련종목은 국가직업표준의 5 판매종사자 - 52 매장 판매직 - 521 매장판매 종사자 - 5211 상점판매원, 또는 522 상품대여 종사자 52201 자동차 대여원으로 분류됨 |
| 직무내용 및 범위 또는 난이도 | • 도·소매 업체가 개설한 매장에서 고객에게 상품의 내용을 설명하고 다양한 모델 및 색상을 보여줌으로써 고객이 상품을 선택·구매하도록 유도하고, 구매한 상품의 가격계산 및 포장하는 등 상품을 판매하는데 관련된 업무를 수행(난이도 중)<br>• 관련제품의 기능 및 기술특성에 대한 설명이 가능하고 비교대상에 대한 제품특징에 대해 인지하고 있어야 하며, 국제환율과 대비, 경제성비교와 더불어 보증업무에 대한 지식 보유<br>• 자동차대여를 전문으로 하는 업체에서 소비자에게 자동차를 대여하며 대여비용 및 자동차의 정보, 계약조건을 설명하는 자동차 대여원 (난이도 중) |
| 해당자격 취득자 수요 및 전망 | • FTA 발효에 따른 글로벌경쟁력 가속화로 관련업무에 종사하는 인원의 증가 예상<br>• 렌트의 경우 사전·사후 보전과 임대에 관련된 손해배상소송 내용에 대한 전문가수요 예상 |
| 해당분야 종사인원 및 인력양성 실태 | • 자동차관련업종의 사업내 자격이나 영업에 따른 업무종사자가 대부분으로, 전문인력 양성에 관련된 규정 없음 |
| 검정응시 인원의 적정성 및 시행가능성 | • 제품의 기능적 측면과 서비스분야의 영업판매 서비스관련 업무에 대해 통합적 지식이 요구되며, 영업과 관련된 손해배상소송 및 책임과 관련된 법적 규제 및 한계에 대한 지식전문가 요구 |
| 해당 자격종목의 산업현장 적합도 | • 관련시장의 수요확대에 따라 피해 및 책임과 관련되어 전문적 자격취득자의 양성 필요<br>• 산업구조와 직업구조의 다양화에 대해 평가 가능한 정량적 직무 능력표준 필요 |
| 유사자격의 존속여부와 운영실태 | • 자동차 및 영업관련자격과 임대업 및 민법관련 민간자격 |
| 국가만이 검정을 해야 하는 종목인지의 여부 | • 매매 및 임대 전·후관련 피해에 대해 평가하거나 국민의 안전을 위해 국가가 관리해야 할 자격으로 평가됨 |

<표 4.39> 콘크리트커팅 및 제거기술자

| 자격종목명 | 콘크리트커팅 및 제거기술자 |
|---|---|
| 종목신설 필요성 | • 콘크리트관련 자격종목이 있으나, 세부적인 작업환경을 고려한 장비의 취급 및 후처리관련 전문직이 없어 건축과 토목에 관련된 인원이 임의로 작업 실시<br>• 관련종목은 국가직업표준의 8 장치, 기계조작 및 조립종사자 - 88 상하수도 및 재활용 처리관련 기계조작직 - 882 재활용 처리 및 소각로 조작원 - 88201 재활용 처리 기계조작원으로 분류됨 |
| 직무내용 및 범위 또는 난이도 | • 재활용 및 소각로와 관련된 기계를 조작 및 쓰레기와 기타폐기물을 재활용하기 위한 재활용 관련장치를 조작, 재활용 관련장치 조작원 등 (난이도 중)<br>• 기계조작 및 폐기물처리, 폐기물영향에 대한 지식을 인지하고 처리규정 및 관련 행정업무에 대한 지식보유원(난이도 중) |
| 해당자격 취득자 수요 및 전망 | • 콘크리트관련 학과 및 수험인원추이를 볼 때 관련업종의 업무 세분화가 필요할 것으로 예측<br>• 콘크리트 외의 기초기계기능과 폐기물취급 관련하여 환경전문가의 수요예상 |
| 해당분야 종사인원 및 인력양성 실태 | • 콘크리트관련 학과의 교육 및 훈련기관<br>• 건설 및 토목 관련업종의 꾸준한 인력수요 예상 |
| 검정응시 인원의 적정성 및 시행가능성 | • 현행 관련학과 인원과 더불어 복수전공 융합과목으로 검정응시 인원수요 및 공급유도가능<br>• 현행종목에 대한 출제과목에 환경 및 폐기물과목이 추가되는 융합자격종목으로 세분화 |
| 해당 자격종목의 산업현장 적합도 | • 관련시장의 꾸준한 수요와 환경관련규제 및 요구의 증가로 인해 관련전문가의 수요증가 예측<br>• 산업구조와 직업구조의 다양화에 대해 직무세분화에 대한 표준 필요 |
| 유사자격의 존속여부와 운영실태 | • 콘크리트 관련자격 및 건축 토목 관련자격 |
| 국가만이 검정을 해야 하는 종목인지의 여부 | • 기계장비의 취급 및 환경관련 폐기물처리에 연계되어 국민의 생명과 안전을 위해 국가가 관리해야 할 자격으로 평가됨 |

<표 4.40> 산업클리너

| 자격종목명 | 산업클리너 |
|---|---|
| 종목신설 필요성 | • 다양한 건물과 설비의 본질을 보존하기 위해 위생분야에서 일하고 표면처리나 청소 부문에서 업무를 수행<br>• 사무실 및 행정빌딩, 산업공장, 제품설비, 외부 문화설비, 수송설비, 공중위생 설비, 보건설비 그리고 음식조리 설비 등을 포함<br>• 표준직업분류 상 1 관리자 - 15 판매 및 고객서비스 관리직 - 153 환경 및 청소관리자 - 15301 환경관련관리자 - 15302 청소관련 관리자에 해당하는 직업 |
| 직무내용 및 범위 또는 난이도 | • 청소 및 환경관련서비스를 제공하는 사업체의 운영을 조직·계획하고 지시하며 관리함 청소, 폐기물처리업, 환경서비스업, 폐수-하수처리장, 분뇨수거처리, 방역서비스관련 업무수행(난이도 중) |
| 해당자격 취득자 수요 및 전망 | • 관련직군의 경우 작업영역의 설정 그리고 환경보전과 작업의 안전과 건강을 위해 요구되는 측정을 수행하고, 사후품질에 대한 보증과 문서작업이 수행되는 전문작업군<br>• 현재 사업자등록에 의한 전문가양성 및 교육·훈련이 부재 |
| 해당분야 종사인원 및 인력양성 실태 | • 관련용역업체 및 사설기관 등록에 의해 직무수행<br>• 도시공학 및 환경관련업종의 꾸준한 인력수요 예상 |
| 검정응시 인원의 적정성 및 시행가능성 | • 일반 검정응시인원 수요 및 공급유도가능<br>• 관련자격에 대한 환경 및 기계장비의 활용, 폐기물처리 등 복합적인 프로세스에 대한 이해가 필요한 융합자격종목 |
| 해당 자격종목의 산업현장 적합도 | • 건축물 및 관련업종의 환경관련규제 및 요구의 증가로 인해 관련 전문가의 수요증가 예측<br>• 산업형태 및 건축물구조의 다양화, 도시공학적 환경규제 등의 요건을 통해 관련 직업의 직무세분화 필요 |
| 유사자격의 존속여부와 운영실태 | • 위생자격 및 관련자격, 안전 및 보건관련자격<br>• 빌딩청소원 및 청소대행업체에 의해 작업이 이루어지고 있어 전문적인 관리 및 경영관련 학과 부재 |
| 국가만이 검정을 해야 하는 종목인지의 여부 | • 위험환경 하에서의 작업수행과 작업 후 폐기물처리와 관련된 환경 및 보전에 관련되어 국민의 생명과 안전을 위해 국가가 관리해야 할 자격으로 평가됨 |

<표 4.41> 건조자재 빌더

| 자격종목명 | 건조자재 빌더 |
|---|---|
| 종목신설 필요성 | • 목재 및 건축양식의 다양화를 통해 건축물의 구성 및 목조건축업이 증가되고 있는 추세이고 더불어 펜션문화와 레저문화인구의 증가로 건조자재에 의한 건축 증가추세<br>• 표준직업분류 상 23 공학전문가 및 기술직 - 231 건축 및 토목공학 기술자 및 시험원 - 2311 건축가 및 건축공학 기술자 - 23114 건축시공기술자, 77 건설 및 채굴관련 기능직 - 772 건설관련 기능종사자에 해당하는 직업 |
| 직무내용 및 범위 또는 난이도 | • 건축물복원과 현대화작업 그리고 신 건축물 측면에서 작업하며, 내·외부를 통해 건조건기술과 방열, 방한, 방음 방재 및 발광을 보존하기 위해 요구되는 작업<br>• 건축물에 대해 형태 및 콘셉트를 자문하며, 각종 건축 및 토목관련시공에 관련된 기술적 업무를 수행하고 건물 내·외부 및 기타 건설물의 기초공사 또는 벽 및 주요부분을 건설하고 유지하며 수리 (난이도 상) |
| 해당자격 취득자 수요 및 전망 | • 건축시공과 관련하여 건축사업자에 대한 등록으로 무허가 또는 일반건축시공자가 업무를 수행하여 새로운 형태의 건축관련지식의 부재와 부실이 우려되어 전문적인 건조자재 빌더 작업영역의 규제 필요<br>• 귀농 및 귀촌인구의 증가와 기존건축물의 개량 및 보수에 필요한 전문기술 및 지식전문가 필요 |
| 해당분야 종사인원 및 인력양성 실태 | • 건축과 관련한 중소업체 및 사설업체에 팀별작업의 운영을 통해 직무관련하여 무자격 종사인원이 많음<br>• 경제 및 사회환경변화에 따라 신규건축보다는 보수 및 유지관련 건축과 저비용건축 선호 예상 |
| 검정응시 인원의 적정성 및 시행가능성 | • 건조자재건축에 대한 일반 검정응시인원 수요 및 공급 유도가능<br>• 직무수행에 대한 안전 및 장비의 활용 등 복합 프로세스에 대한 이해가 필요한 융합기능 자격종목 |
| 해당 자격종목의 산업현장 적합도 | • 설계 및 견적 등 건축물 및 관련업무수행에 대한 보증과 더불어 사후관리 및 보증과 관련된 건조자재 건축전문가의 수요증가 예측<br>• 무자격·무허가 영세업체의 활성화와 더불어 고객표준을 통한 표준가격 및 자재규격표준 유도 |
| 유사자격의 존속여부와 운영실태 | • 건축 및 토목 관련자격, 목조주택 시공관련 민간자격<br>• 영세업체 및 관련 자재수입기업의 교육 및 훈련기간이수를 통한 자격인증 |
| 국가만이 검정을 해야 하는 종목인지의 여부 | • 건축작업의 중요성과 유해환경 및 보전에 관련되어 국민의 생명과 안전을 위해 국가가 관리해야 할 자격으로 평가됨 |

<표 4.42> 상·하수관 관리기술자

| 자격종목명 | 상하수관 관리기술자 |
|---|---|
| 종목신설 필요성 | • 국내 서비스관련 물류운전자는 국가가 인정하는 우체국과 물류기업 이외 택배와 대리운전 등 사업신고의 물류영세업체 등이 수행<br>• 직무의 수행에 있어 영세업체 이하 물류의 경우 그 신뢰성과 관련 종사자에 대한 관련직무의 교육 및 훈련이 부재한 것으로 평가<br>• 표준직업분류 상 7 기능원 및 관련기능 종사자 - 79 기타기능관련직 - 792 배관공 - 7921 건설배관공 - 79211 상하수배관공, 7991 배관 세정원 및 방역원 - 79911 배관세정원 등으로 분류될 수 있는 직업 |
| 직무내용 및 범위 또는 난이도 | • 상수도·하수도 및 케이블용 도관을 만들고 토관·콘크리트관·주철관 및 기타 재료의 관을 매설하며 경우에 따라서는 주철관을 묻고 연결구로 접속<br>• 지방자치제가 운영하는 배수시설 네트워크분야, 상하수도분야뿐만 아니라 상하수도 슬러지관리분야에서 종사하며 관련 운영장비의 작동과 검사, 서비스를 수행하고 기계와 장비·배관시스템 및 구조를 유지관리(난이도 중) |
| 해당자격 취득자 수요 및 전망 | • 상하수관로의 청결 및 입지상태 유지관리상태 등의 전문적인 데이터의 부족과 관리부재로 도시의 확장 및 개·보수에 따른 미래수요확대 예측<br>• 환경보존 및 임·축산폐기물 유입 및 재처리측면의 전문인력확대 필요 |
| 해당분야 종사인원 및 인력양성 실태 | • 수질 및 위생과 관련된 일반전공직 종사인원이 있으나 상·하수관로의 관리 및 저장처리 등 전문적인 지식보유자에 대한 교육 및 훈련 경로 부재 |
| 검정응시 인원의 적정성 및 시행가능성 | • 시설보전과 수질측정 및 운영 그리고 지역인구 밀집에 따른 정비 및 보수기간설정 등의 고급학문으로 관련자격 유도<br>• 직무수행에 대한 안전 및 장비의 활용 및 측정과 분석의 복합 프로세스에 대한 이해가 필요한 융합기능 자격종목 |
| 해당 자격종목의 산업현장 적합도 | • 현재 공공부문의 위생관련 업무수행 시 건설 및 토목 하청업체의 선정을 통해 처리 및 보수가 이루어짐<br>• 무자격·무허가 영세업체의 전문화의 유도와 더불어 관련표준을 통한 국가규격 및 표준작성유도 가능 |
| 유사자격의 존속여부와 운영실태 | • 위생관련, 건축 및 토목 관련자격<br>• 영세업체 및 관련건설기업의 교육 및 훈련기간이수를 통한 자격 인증 |
| 국가만이 검정을 해야 하는 종목인지의 여부 | • 상·하수도 유지·보수 및 환경기준 유지 등의 중요성이 곧 국민의 건강에 직결되는 직무로 국가가 관리해야 할 자격으로 평가 |

<표 4.43> 서비스물류운전자

| 자격종목명 | 서비스물류운전자 |
|---|---|
| 종목신설 필요성 | • 국내 서비스관련 물류운전자는 국가가 인정하는 우체국과 물류기업 이외 택배와 대리운전 등 사업신고의 물류영세업체 등이 수행<br>• 직무수행에 있어 영세업체이하 물류의 경우 그 신뢰성과 관련직무의 교육 및 훈련이 부재한 것으로 평가<br>• 표준직업분류 상 8 기능원 및 관련기능 종사자 - 87 운전 및 운송관련직 - 873 자동차운전원 - 8739 기타 자동차운전원으로 분류될 수 있는 직업 |
| 직무내용 및 범위 또는 난이도 | • 제품에 대한 임의의 손상 및 배상책임을 지고 제품의 수집과 배달 및 할당을 위한 제품발주서를 편집하는 서비스이자 고객요구와 불만에 대한 측정을 실시하고 적정한 대응을 위해 의사소통방법을 구상<br>• 경제적 기준과 교통지리학에 따른 제품경로를 계획하여 환경적으로 민감한 사항과 효율성, 그리고 안전을 바탕으로 한 공용도로에서 운전 그리고 시간보장을 위해 차량과 장비를 기능적으로 수집(난이도 하) |
| 해당자격 취득자 수요 및 전망 | • 현재 비인가 및 불법물류업체에 근로하는 인원과 물류비용을 계산할 때 정규화·법제화할 경우 자격취득자 수요 확대<br>• 개인재산의 보호와 서비스전문인력 양성·확대 필요 |
| 해당분야 종사인원 및 인력양성 실태 | • 영세 및 신고를 통해 자동차운전면허보유자에 대한 규제 이외 자격에 대한 무분별한 인원 난입<br>• 서비스 및 관련업무에 대한 교육 및 훈련 전무 |
| 검정응시 인원의 적정성 및 시행가능성 | • 물류의 책임과 제조물책임 등 관련업무에 대해 운전면허취득자의 진입유도<br>• 직무수행에 대한 안전 및 고객응대, 제품양도에 있어 책임의 한계와 관련법규에 대한 이해가 필요한 서비스자격종목 |
| 해당 자격종목의 산업현장 적합도 | • 무자격·무허가 영세업체의 전문화의 유도와 더불어 관련표준을 통한 국가규격 및 표준작성유도 가능<br>• 서비스의 안정화와 물류의 신뢰성 확보 |
| 유사자격의 존속여부와 운영실태 | • 자동차·원동기운전면허자격 및 물류관리사 등의 국가기술자격이 운영되고 있으나 서비스관련 고객대응관련 세부자격이 마련되어 있지 않음 |
| 국가만이 검정을 해야 하는 종목인지의 여부 | • 서비스의 개인정보보호 및 제품품질책임 등 국민의 안전과 직결되는 직무로 국가가 관리해야 할 자격으로 평가 |

<표 4.44> 유리기술 공정관리사

| 자격종목명 | 유리기술 공정관리사 |
|---|---|
| 종목신설 필요성 | • 개인의 취미생활 및 관련직종 종사자의 경우 매우 위험한 장비와 환경 하에서 작업을 수행하고 있으나 직무수행에 있어 교육수료 등의 일정요건으로 작업을 수행하여 직종위험 및 유해성에 대한 규제 필요<br>• 관련직종은 그 종사범위가 한정되어 있어 그 수요가 한정되나, 관련 직무의 난이도와 환경영향을 고려할 때 특수자격화할 필요성 있음<br>• 표준직업분류 상 8 장치, 기계조작 및 조립종사자 - 84 금속 및 비금속 관련 기계조작직 - 843 비금속제품 생산기 조작원 - 8431 유리제조 및 가공기 조작원으로 분류될 수 있는 직업 |
| 직무내용 및 범위 또는 난이도 | • 평면유리·구 유리·유리관 및 섬유유리·액체유리 제품관리와 유리용접·포밍분야 공정의 이해<br>• 이외 다양한 유리제품의 완제품과 공정의 유지보수 및 필요한 관찰을 수행하고 제품설비와 생산공정을 반영하여 조절과 관리 감독<br>• 제품공정간 실패와 불량을 발견하고 발생가능한 원인과 생산설비 장비교환과 공정을 복구, 생산기계나 장비의 정지원인에 대해 가능 단계를 제거하며 생산현황과 생산공정차트를 사용하여 제품과 생산관리의 데이터를 문서화(난이도 상) |
| 해당자격 취득자 수요 및 전망 | • 소규모 직업군의 형성으로 자격화가 안되어 있는 실정<br>• 도자기관련기술 및 세라믹·기타 무기재료와 관련된 졸업자에 대한 자격 유도가능 |
| 해당분야 종사인원 및 인력양성 실태 | • 직업군의 영세 및 3D업종으로 인식되어 직업군의 고령화 심화<br>• 외국인 고용 등으로 대체하고 있는 직종 |
| 검정응시 인원의 적정성 및 시행가능성 | • 특수공정으로 생산흐름과 더불어 품질확보 및 자동화와 관련된 기계 장비의 특성 및 개선 보수유지 등의 업무 수행<br>• 직무수행에 대한 안전, 품질관리, 진열 및 내방고객에 대한 서비스 업무수행의 융·복합종목 |
| 해당 자격종목의 산업현장 적합도 | • 관련직무 종사자에 대한 기능기술의 전문화와 공정인지를 통한 관리개선 유도<br>• 서비스 제조업 및 매장물류를 통한 관련직종의 홍보와 직무수행의 신뢰성 확보 |
| 유사자격의 존속여부와 운영실태 | • 기계 및 산업공학 등 관련직무수행자와 도자기관련기술 및 비금속 무기재료관련 지식 필요 |
| 국가만이 검정을 해야 하는 종목인지의 여부 | • 3D 업종에 국한되어 작업자의 안전과 생명 등 보건복지와 관련되는 업무형태가 직결되어 국가가 관리해야할 자격으로 평가 |

# 제Ⅴ장 결론 및 향후 연구방향

독일은 유럽의 다른 국가와 달리 2010년 글로벌 경제위기 시 미국과 비교할 때 상대적으로 실업률을 안정적으로 유지하였다. 이는 독일기업들이 근로자를 해고하는 대신 내부조정전략(탄력적 근로시간제, 특히 공공재원지원을 통한 근로시간단축제도로 활용)을 사용하는 노동정책을 전개하였기 때문이다.

독일노동시장은 2003~2005년간의 임금의 수준을 낮추고, 기득권자의 노동시장 양보를 종용하는 하르츠 개혁을 실시하였다. 개혁의 방향은 노동자의 실업군으로 유입을 줄이고, 실업에서 정규노동시장으로의 복귀를 간편하게 하는 것으로 실업에서 고용으로의 전환을 촉진하고 구조적 실업률을 완화하는 것이었다. 이와 더불어 재정프로그램의 강화로 은행계좌 지급보증은 독일을 더 많은 불확실성으로부터 보호할 수 있었던 결정적 조치를 취하게 되었다. 글로벌 경제위기에 대한 조치로 독일의 경제위기는 내부에서 발생한 것이 아니라 금융 및 무역 네트워크를 통해 유입된 것이므로 서비스부문의 타격은 덜했다는 것이다. 즉, 해당기간동안 의료서비스와 교육 등 서비스 부문은 채용을 계속 증가하였으며 특히 신규일자리는 주로 파트타임과 여성분야에서 촉진하여 정규근로자의 해고나 근로시간단축제도가 근로자의 가정을 위협할 변수를 완화하여 가정수입을 안정화시키는데 일조하였다.

또한 교육과 자격의 분야에서는 평생학습촉진에 중점을 두고 있으나 기능계 자격취득자들이 고등교육으로의 진입에는 한계를 최소화하고 자격을 통하여 원활하게 평생학습촉진이 이루어질 수 있도록 독일 국가자격틀(NQF : National Qualification Framework=GQF)을 2005년에 들어 직업과 교육을 통합하기 위해 유럽표준인 EQF와 같은 방향으로 목표하여 운영하였다. 즉 많은 학교에서 새로이 승인받는 직업교육이나 훈련의 경우 법률이나 주법 고등교육과정에 따라 전문자격증과 연계될 수 있는 모든 가능성이 인정된다.

따라서 독일에서의 '자격(Qualifikation)'이란 일반적으로 '개인이 특정업무기능을 수행할 수 있는 능력 및 지식'을 말한다(Gabler Wirtschafts-Lexikon, 1988). 이러한 능력 및 지식이 있다고 평가 또는 인정받는 '증서'로는 '교육자격(아비투어, 고등교육졸업장 등)', '직업자격(기능사, 마이스터자격)' 그리고 '전문자격(변호사, 의사 등)' 등으로 구분된다.

이러한 노력은 2011년 EQF와 연계되어 독일 교육시스템과의 직업자격에 대한 투명성(transparency), 침투성(permeability), 그리고 동등성(equivalence)을 확보하기 위해 노력하였다. 과정중에 여러 문제점이 도출되었으나 GQF는 EQF를 사용함에 위험한 문제가 없다고 판단하여 2012년 1월 31일에 대통령 등 최고위원들과 이하 BiBB의 동의까지 얻어 EQF에 기반한 GQF를 제정하고 이에 따른 직업교육과 훈련체계를 구축하게 되었다.

따라서 독일은 직업지향자격과 GQF의 8수준자격을 정리하여 표준화하였다. BiBB에서 인정한 독일의 자격은 연방고용안정국 "Lexikon der Ausbildungsberufe: 2010/2011"[8]에서 제시하는 것처럼 총 3,938개의 교육 및 직업자격을 운영하고 있다.

본 연구에서는 독일 자격의 표준화에 기인하여 현재 우리가 개발한 NCS의 확대를 통해 우리나라 전체 교육-직업-자격에 대한 표준을 제시하고 이에 따른 교육과 노동 양측 분야에서 공통되는 합의점이 도출되어야 할 것으로 판단된다. 이러한 결론에 따라 다음과 같은 자격제도의 개선방안에 대해 제안하는 바이다.

첫째, 현재 개발된, 그리고 향후 개발될 NCS를 영국 및 독일의 수준에 맞도록 최대한 조속히 개발 완료할 수 있도록 한국산업인력공단을 교육과 노동, 그리고 기업과 노조 등이 연계된 새로운 연구기관으로 승격하여 운영하여야 한다.

둘째, 현행 운영되고 있는 국가기술자격에 대한 전면적 명칭개편과 더불어 융·복합의 기준을 마련하여 자격을 새롭게 정비하여야 한다. 그 우선의 조건이 융·복합 기준의 설정이겠지만 다양해지는 산업과 직업의 변화에 적극적인 응대의 필요성이 제안되는 바이다.

셋째, 글로벌 경제변화에 따라 국내 국가기술자격이 국제적 통용성을 확보하기 위한 노력이 요구된다. 현재 다양한 방법, 즉 해외취업 및 외국인고용 등의 사업을 통해 그 가능성을 타진하고 있지만, 글로벌자격으로 확대를 위한 새로운 방법론이 제시되어야 할 것으로 판단된다.

넷째, 다양한 검정방법의 개발이다. 현재 공단에서 안고 있는 가장 큰 과제 중 하나가 과정이수형 자격이라 할 수 있다. 이 자격의 경우 교육기간 내의 포트폴리오와 더불어 중간·기말평가에 의한 기준제시, 그리고 환경의 타당성에 따른 자격여부를 평가하는 새로운 방법을 개발하는 방법의 하나이다. 이외 '98년 이후 고정화되어 있는 현재의 검정방법에 대해 미래지향과 글로벌경쟁력을 확보할 수 있는 새로운 검정방법에 대한 지속적 연구가 필요하다.

---

[8] http://berufenet.arbeitsagentur.de/berufe/

다섯째, 자격운영의 현실성이다. '98년 이전 국가기술자격은 그 직무역량에 따라 자격의 직무능력에 대해 평생능력개발 측면에서 보수제도 및 자격유효제도를 운영하고 있었다. 그러나 오늘날 그 기능이 다양화·다변화되고 있는 환경에서 현재의 자격은 한번 취득에 따라 평생자격으로 인정하는 형태를 가지고 있어 사회발전에 역행하고 있는 실정이다. 이는 우리가 가지는 자격에 대한 의미의 전달이 외국의 그것과 크게 다르게 정의되고 있기 때문으로 판단된다. 자격은 가지는 것이 아닌 평생능력개발에 대한 제3자의 정해진 기간의 인정으로 평가되어야 한다. 물론 직무와 자격이 동일하고 그를 생업으로 지속적으로 운영한 경우는 환경변화에 따라 자연스럽게 직무능력을 스스로 향상시켰을 것으로 판단한다. 그러나 자격이 가지는 하나의 신호기제로 자격을 취득한 다수의 경우는 스스로 자격증에 대해 반성하고 반환할 수 있는 사회풍토가 조성되어야 할 것이다.

이상의 연구결과에 따라 향후과제는 다음과 같다.

첫째, 제시된 자격종목에 대해 국내 고용동향과 산업 및 직업분석을 보다 세부적으로 수행하여 실제 미래유망자격으로 제시할 수 있는지 지속적인 연구가 필요하다. 본 연구에서는 관련 자격이 영국에 존재하고 연구진의 판단으로 가능자격종목으로 선정하였지만, 추후 연구에서 관련부처 및 관련전문가의 동참을 통해 보다 통용성있는 자료를 제공한다.

둘째, 이상에서 제시된 결과에 따라 국가기술자격제도가 유연하게 변화하고 사회경제의 변화에 앞선 최적화제도의 구성에 노력하여야 한다.

셋째, 급변하는 인터넷·IT와 더불어 에너지 및 환경변화에 따른 기술 및 지식 융·복합관련 자격에 대한 연구를 지속적으로 수행하여야 한다.

마지막으로 이제 국내 사회경제의 변화는 과거와는 다르게 국제적인 변화와 동시성으로 변화하고 있어 국가기술자격이 생존하고 발전하기 위한 글로벌 통용성에 대한 연구가 지속적으로 필요하다.

## [부록] 독일자격의 종류

| 자 격 명 | 직업 및 교육형태 | 자 격 명 | 직업 및 교육형태 |
|---|---|---|---|
| Abfall-,Entsorgungstechnik(Bachelor) | Studienfächer - grundständig | 폐기물관리 | (학사)과목-기초 |
| Abfall-,Entsorgungstechnik(Master) | Studienfächer - weiterführend | 폐기물관리 | (석사)연구과목-고급 |
| Abfallbeauftragte/r | Berufe mit unterschiedlichen Zugängen | 폐기물책임자/연구자 | 직업경로 |
| Abfallberater/in | Berufe mit unterschiedlichen Zugängen | 폐기물컨설턴트 | 직업경로 |
| Abfüller/in | Berufe mit unterschiedlichen Zugängen | 폐기물관리(병류) | 직업경로 |
| Abwassermeister/in | Weiterbildungsberufe - Meister | 폐수관리 | 마이스터 |
| Account-Manager/in | Berufe mit unterschiedlichen Zugängen | 회계관리자 | 직업경로 |
| Aerobic-Trainer/in | Ausbildungsberufe - Sonstige | 에어로빅강사 | 도제제도-Sonstige |
| Afrikanistik(Bachelor) | Studienfächer - grundständig | 아프리카연구 | (학사)과목-기초 |
| Afrikanistik(Master) | Studienfächer - weiterführend | 아프리카연구 | (석사)연구과목-고급 |
| Afrikanist/in | Berufe mit Studium | 아프리카연구 | 학문경로 |
| Agrarbiologe/-biologin | Berufe mit Studium | 농업생물학/생물 | 학문경로 |
| Agrarbiologie(Bachelor) | Studienfächer - grundständig | 농업생물학 | (학사)과목-기초 |
| Agrarbiologie(Master) | Studienfächer - weiterführend | 농업생물학 | (석사)연구과목-고급 |
| Agrarmanagement(Bachelor) | Studienfächer - grundständig | 농업관리 | (학사)과목-기초 |
| Agrarmanagement(Master) | Studienfächer - weiterführend | 농업관리 | (석사)연구과목-고급 |
| Agrarservicemeister/in | Weiterbildungsberufe - Meister | 농업서비스 | 마이스터 |
| Agrarwissenschaft(Bachelor) | Studienfächer - grundständig | 농업과학 | (학사)과목-기초 |
| Agrarwissenschaft(Master) | Studienfächer - weiterführend | 농업과학 | (석사)연구과목-고급 |
| Ägyptologe/Ägyptologin | Berufe mit Studium | 이집트학 | 학문경로 |
| Ägyptologie(Bachelor) | Studienfächer - grundständig | 이집트학 | (학사)과목-기초 |
| Ägyptologie(Master) | Studienfächer - weiterführend | 이집트학 | (석사)연구과목-고급 |
| Aktuar/in | Berufe mit Studium - Weiterbildung | 보험설계사 | 학문경로 |
| Akustiker/in | Berufe mit Studium | 음향학 | 학문경로 |
| Algesiologe/Algesiologin | Berufe mit Studium - Weiterbildung | 통증학 | 학문경로 |
| Alleinsteuermann/-frau | Berufe mit unterschiedlichen Zugängen | 독립해상컨트롤여성/남성 직업 | 직업경로 |
| Allgemeineu.vergleichendeLiteraturwissenschaft(Bachelor) | Studienfächer - grundständig | 일반및비교문학 | (학사)과목-기초 |
| Allgemeineu.vergleichendeLiteraturwissenschaft(Master) | Studienfächer - weiterführend | 일반및비교문학 | (석사)연구과목-고급 |
| AllgemeineundvergleichendeKulturwissenschaft(Bachelor) | Studienfächer - grundständig | 일반및비교문화연구 | (학사)과목-기초 |
| AllgemeineundvergleichendeKulturwissenschaft(Master) | Studienfächer - weiterführend | 일반및비교문화연구 | (석사)연구과목-고급 |
| AllgemeineundvergleichendeSprachwissenschaft(Bachelor) | Studienfächer - grundständig | 일반및비교언어학 | (석사)연구과목-기초 |
| AllgemeineundvergleichendeSprachwissenschaft(Master) | Studienfächer - weiterführend | 일반및비교언어학 | (석사)연구과목-고급 |
| AlteMusik(Bachelor) | Studienfächer - grundständig | 조기음악교육 | (학사)과목-기초 |
| AlteMusik(Master) | Studienfächer - weiterführend | 조기음악교육 | (석사)연구과목-고급 |
| Altenpflegehelfer/in | Ausbildungsberufe - BPS | 간호보조 | 도제제도-BPS |
| Altenpfleger/in | Ausbildungsberufe - BPS | 노인간호사 | 도제제도-BPS |
| Altentherapeut/in | Weiterbildungsberufe - Weitere | 구치료사 | 기타 교육 |
| Altertumswissenschaften(Bachelor) | Studienfächer - grundständig | 고전학연구 | (학사)과목-기초 |

| 자 격 명 | 직업 및 교육형태 | 자 격 명 | 직업 및 교육형태 |
|---|---|---|---|
| Altertumswissenschaften(Master) | Studienfächer - weiterführend | 고전학연구 | (석사)연구과목-고급 |
| Altertumswissenschaftler/in | Berufe mit Studium | 고전학자/전문가 | 학문경로 |
| Ambulante/rPfleger/in | Berufe mit unterschiedlichen Zugängen | 외래간호사 | 직업경로 |
| Amerikanist/in | Berufe mit Studium | 미국연구 | 학문경로 |
| Amtliche/rFachassistent/in(Fleischkontrolleur/in) | Ausbildungsberufe - BFS | 정부전문비서 | 도제제도-BFS |
| Analytiker/in-Chemie | Berufe mit Studium | 연구와화학 애널리스트 | 학문경로 |
| Anästhesietechnische/rAssistent/in | Ausbildungsberufe - BFS | 마취기술 | 도제제도-BFS |
| Änderungsschneider/in | Ausbildungsberufe - Dual | 개정슈나이더 | 도제제도-dual |
| AngewandteNaturwissenschaft(Bachelor) | Studienfächer - grundständig | 응용과학 | (학사)과목-기초 |
| AngewandteNaturwissenschaft(Master) | Studienfächer - weiterführend | 응용과학 | (석사)연구과목-고급 |
| Anglistik,Amerikanistik(Bachelor) | Studienfächer - grundständig | 영국학,미국학 | (학사)과목-기초 |
| Anglistik,Amerikanistik(Master) | Studienfächer - weiterführend | 영국학,미국학 | (석사)연구과목-고급 |
| Anglist/in | Berufe mit Studium | 영어연구 | 학문경로 |
| Animateur/in-Freizeit | Ausbildungsberufe - Sonstige | 레저호스트 | 도제제도- Sonstige |
| Animationskünstler/in | Berufe mit unterschiedlichen Zugängen | 애니메이터 | 직업경로 |
| Ankleider/in/Garderobier/e | Berufe mit unterschiedlichen Zugängen | 옷장제작 | 직업경로 |
| Anlageberater/in | Berufe mit unterschiedlichen Zugängen | 투자고문 | 직업경로 |
| Anlagenmechaniker/in | Ausbildungsberufe - Dual | 장비정비사 | 도제제도-dual |
| Anlagenmechaniker/in-Sanitär-,Heizungs-undKlimatechnik | Ausbildungsberufe - Dual | 플랜트기계배관,난방및에어컨 | 도제제도-dual |
| Antennenmonteur/in | Berufe mit unterschiedlichen Zugängen | 안테나설치 | 직업경로 |
| Anthropologe/Anthropologin | Berufe mit Studium | 인류학자 | 학문경로 |
| Anwendungsberater/in | Berufe mit unterschiedlichen Zugängen | 지원컨설턴트 | 직업경로 |
| Anzeigenverkäufer/in | Berufe mit unterschiedlichen Zugängen | 광고판매 | 직업경로 |
| Apothekerassistent/in | Berufe mit unterschiedlichen Zugängen | 약사보조 | 직업경로 |
| Apotheker/in | Berufe mit Studium | 약사학 | 학문경로 |
| Application-Engineer/-Manager/in | Berufe mit Studium | 응용공학및관리자 | 학문경로 |
| Arabistik(Bachelor) | Studienfächer - grundständig | 아랍어연구 | (학사)과목-기초 |
| Arabistik(Master) | Studienfächer - weiterführend | 아랍어연구 | (석사)연구과목-고급 |
| Arabist/in | Berufe mit Studium | 아랍학 | 학문경로 |
| Arbeitserzieher/in | Weiterbildungsberufe - Weitere | 재활교육자 | 교육직업-고급 |
| Arbeitsmarktmanagement(Bachelor) | Studienfächer - grundständig | 노동시장학 | (학사)과목-기초 |
| Arbeitsmarktmanager/in | Berufe mit Studium | 노동시장관리및연구전문가 | 학문경로 |
| Arbeitsmedizinische/rAssistent/in | Weiterbildungsberufe - Weitere | 산업의학및교육전문가 | 교육직업-고급 |
| Arbeitsplanungsingenieur/in | Berufe mit Studium | 인사및조직계획엔지니어 | 학문경로 |
| Arbeitsplatz-Auditor/in | Berufe mit unterschiedlichen Zugängen | 노동감사 | 직업경로 |
| Arbeitspsychologe/-psychologin | Berufe mit Studium | 산업심리학자 | 학문경로 |
| Arbeitsvermittler/in | Berufe mit unterschiedlichen Zugängen | 노동고용기관 | 직업경로 |
| Arbeitsvorbereiter/in | Berufe mit unterschiedlichen Zugängen | 작업스케줄러 | 직업경로 |
| Arbeitswissenschaftler/in | Berufe mit Studium | 생명공학연구자 | 학문경로 |
| Archäologe/Archäologin | Berufe mit Studium | 고고학자 | 학문경로 |

| 자 격 명 | 직업 및 교육형태 | 자 격 명 | 직업 및 교육형태 |
| --- | --- | --- | --- |
| Archäologie(Bachelor) | Studienfächer - grundständig | 고고학 | (학사)과목-기초 |
| Archäologie(Master) | Studienfächer - weiterführend | 고고학 | (석사)연구과목-고급 |
| Architekt/in | Berufe mit Studium | 건축사 | 학문경로 |
| Architektur(Bachelor) | Studienfächer - grundständig | 건축사 | (학사)과목-기초 |
| Architektur(Master) | Studienfächer - weiterführend | 건축사 | (석사)연구과목-고급 |
| Archivar/in | Berufe mit Studium | 공문서보관사 | 학문경로 |
| Archivwissenschaft(Bachelor) | Studienfächer - grundständig | 보관과학 | (학사)과목-기초 |
| Archivwissenschaft(Master) | Studienfächer - weiterführend | 보관과학 | (석사)연구과목-고급 |
| Arrangeur/in | Berufe mit Studium | 정리정돈사 | 학문경로 |
| Art-Buyer(Werbung) | Berufe mit unterschiedlichen Zugängen | 예술품구매자(광고) | 직업경로 |
| Art-Direktor/in | Berufe mit unterschiedlichen Zugängen | 예술품관리사 | 직업경로 |
| Artist/in | Ausbildungsberufe - BFS | 아티스트 | 도제제도-BFS |
| Arzneimittelchemiker/in | Berufe mit Studium | 의약화학자 | 학문경로 |
| Arzt/Ärztin | Berufe mit Studium | 보건/사회학 | 학문경로 |
| Arztsekretär/in | Berufe mit unterschiedlichen Zugängen | 의료비서 | 직업경로 |
| Asphaltbauer/in | Ausbildungsberufe - Dual | 아스팔트바우어 | 도제제도-dual |
| Assistent/in-Automatisierungs-undComputertechnik | Ausbildungsberufe - BFS | 자동화및컴퓨터공학보조원 | 도제제도-BFS |
| Assistent/in-BetriebsleitungimGartenbau | Ausbildungsberufe - Abi | 원예학 보조원 | 도제제도-Abi |
| Assistent/in-Controlling | Weiterbildungsberufe - Betriebswirte/Kaufleute | 제어교육학보조원 | 교육직업 |
| Assistent/in-Filmgeschäftsführung | Berufe mit unterschiedlichen Zugängen | 회계작업보조원 | 직업경로 |
| Assistent/in-Freizeitwirtschaft | Ausbildungsberufe - BFS | 레저관리보조원 | 도제제도-BFS |
| Assistent/in-Geovisualisierung | Ausbildungsberufe - BFS | 지리학보조원 | 도제제도-BFS |
| Assistent/in-Gesundheits-undSozialwesen | Ausbildungsberufe - BFS | 보건및사회서비스보조원 | 도제제도-BFS |
| Assistent/in-Gesundheitstourismus/-prophylaxe | Ausbildungsberufe - BFS | 건강관광/예방보조원 | 도제제도-BFS |
| Assistent/in-Hotelmanagement | Ausbildungsberufe - BFS | 호텔관리보조원 | 도제제도-BFS |
| Assistent/in-Informatik | Ausbildungsberufe - BFS | 컴퓨터정보학보조원 | 도제제도-BFS |
| Assistent/in-Informatik(allgemeineInformatik) | Ausbildungsberufe - BFS | 컴퓨터정보학(컴퓨터정보학일반)보조원 | 도제제도-BFS |
| Assistent/in-Informatik(Betriebsinformatik) | Ausbildungsberufe - BFS | 컴퓨터정보학(컴퓨터정보학작업)보조원 | 도제제도-BFS |
| Assistent/in-Informatik(Medieninformatik) | Ausbildungsberufe - BFS | 컴퓨터정보학(컴퓨터정보학미디어)보조원 | 도제제도-BFS |
| Assistent/in-Informatik(Softwaretechnik) | Ausbildungsberufe - BFS | 컴퓨터정보학(소프트웨어공학)보조원 | 도제제도-BFS |
| Assistent/in-Informatik(technischeInformatik) | Ausbildungsberufe - BFS | 컴퓨터정보학(컴퓨터과학공학)보조원 | 도제제도-BFS |
| Assistent/in-Informatik(Wirtschaftsinformatik) | Ausbildungsberufe - BFS | 컴퓨터정보학(컴퓨터과학산업)보조원 | 도제제도-BFS |
| Assistent/in-Innenarchitektur | Ausbildungsberufe - BFS | 인테리어디자인보조원 | 도제제도-BFS |
| Assistent/in-klinischeStudien | Berufe mit unterschiedlichen Zugängen | 임상시험전문가보조원 | 직업경로 |
| Assistent/in-Logistik | Ausbildungsberufe - BFS | 물류관리보조원 | 도제제도-BFS |
| Assistent/in-Maschinenbautechnik | Ausbildungsberufe - BFS | 기계공학보조원 | 도제제도-BFS |
| Assistent/in-medizinischeGerätetechnik | Ausbildungsberufe - BFS | 의료기기기술보조원 | 도제제도-BFS |
| Assistent/in-Personalwesen | Berufe mit unterschiedlichen Zugängen | HR전문가보조원 | 직업경로 |
| Assistent/in-Pressestelle | Berufe mit unterschiedlichen Zugängen | 인쇄보도사무실보조원 | 직업경로 |

부록 101

| 자 격 명 | 직업 및 교육형태 | 자 격 명 | 직업 및 교육형태 |
|---|---|---|---|
| Assistent/in-Produktdesign | Ausbildungsberufe - BFS | 제품디자인보조원 | 도제제도-BFS |
| Assistent/in-Produktionsleitung | Berufe mit unterschiedlichen Zugängen | 생산보조원 | 직업경로 |
| Assistent/in-Steuerberatung | Berufe mit unterschiedlichen Zugängen | 세금전문가보조원 | 직업경로 |
| Assistent/in-Systemgastronomie | Ausbildungsberufe - BFS | 음식서비스보조원 | 도제제도-BFS |
| Assistent/in-TechnischeKommunikationundDokumentation | Ausbildungsberufe - BFS | 기술통신및문서보조원 | 도제제도-BFS |
| Assistent/in-zahnärztlichesPraxismanagement | Weiterbildungsberufe - Weitere | 치과실습관리교육전문직보조원 | 교육직업-고급 |
| Assistent/in/Fachkraft-Rechnungswesen | Weiterbildungsberufe - Betriebswirte/Kaufleute | 회계교육전문가보조원 | 교육직업 |
| Assistenzarzt/-ärztin | Berufe mit Studium | 의사/연구와의료전문직보조원 | 학문경로 |
| Assistenzzahnarzt/-ärztin | Berufe mit Studium | 치과연구및/의료전문직보조원 | 학문경로 |
| Astrologe/Astrologin | Berufe mit unterschiedlichen Zugängen | 점성가 | 직업경로 |
| Astrophysik(Master) | Studienfächer - weiterführend | 천체물리학 | (석사)연구과목-고급 |
| Astrophysiker/in,Astronom/in | Berufe mit Studium | 천체물리학 | 학문경로 |
| Atem-,Sprech-undStimmlehrer/in | Ausbildungsberufe - BFS | 호흡기,음성및음성트레이너 | 도제제도-BFS |
| Atemtherapeut/in | Berufe mit unterschiedlichen Zugängen | 호흡기치료사 | 직업경로 |
| Audio-Designer/in-Musik | Ausbildungsberufe - Sonstige | 음악설계및교육전문직 | 도제제도-Sonstige |
| Aufbereitungsmechaniker/in | Ausbildungsberufe - Dual | 가공엔지니어 | 도제제도-dual |
| Aufbereitungsmechaniker/in-Braunkohle | Ausbildungsberufe - Dual | 가공엔지니어-갈탄 | 도제제도-dual |
| Aufbereitungsmechaniker/in-Feuerfeste/keramischeRohstoffe | Ausbildungsberufe - Dual | 가공엔지니어-세라믹/내화물원료 | 도제제도-dual |
| Aufbereitungsmechaniker/in-Naturstein | Ausbildungsberufe - Dual | 가공엔지니어-돌 | 도제제도-dual |
| Aufbereitungsmechaniker/in-SandundKies | Ausbildungsberufe - Dual | 가공엔지니어-모래와자갈 | 도제제도-dual |
| Aufbereitungsmechaniker/in-Steinkohle | Ausbildungsberufe - Dual | 가공엔지니어-석탄 | 도제제도-dual |
| Aufnahmeleiter/in-FilmundFernsehen | Weiterbildungsberufe - Weitere | 영화와텔레비전교육전문직 | 교육직업-고급 |
| Aufsichtsperson(Unfallversicherung) | Berufe mit unterschiedlichen Zugängen | 보험사고사정관 | 직업경로 |
| Auftragsleiter/in | Berufe mit unterschiedlichen Zugängen | 보험사고주문관리자 | 직업경로 |
| Aufzugmonteur/in | Berufe mit unterschiedlichen Zugängen | 엘리베이터정비사 | 직업경로 |
| Augenoptik,Optometrie(Bachelor) | Studienfächer - grundständig | 광학,시력측정학 | (학사)과목-기초 |
| Augenoptik,Optometrie(Master) | Studienfächer - weiterführend | 광학,시력측정학 | (석사)연구과목-고급 |
| Augenoptiker/in | Ausbildungsberufe - Dual | 검안사 | 도제제도-dual |
| Augenoptiker/in-BeratungundVerkauf | Berufe mit unterschiedlichen Zugängen | 검안조언및영업전문가 | 직업경로 |
| Augenoptiker/in-Werkstatt | Berufe mit unterschiedlichen Zugängen | 검안워크샵설계사 | 직업경로 |
| Augenoptiker/in(staatl.gepr.) | Weiterbildungsberufe - Weitere | 검안교육전문직 | 교육직업-고급 |
| Augenoptikermeister/in | Weiterbildungsberufe - Meister | 안경사 | 마이스터 |
| Auktionator/in,Versteiger(er/in) | Berufe mit unterschiedlichen Zugängen | 경매사 | 직업경로 |
| Au-pair | Berufe mit unterschiedlichen Zugängen | 오-페어 | 직업경로 |
| Aus-undWeiterbildungspädagoge/-pädagogin | Berufe mit unterschiedlichen Zugängen | 계속교육교사 | 직업경로 |
| Aus-undWeiterbildungspädagoge/-pädagogin(Weiterbildung) | Weiterbildungsberufe - Weitere | 평생교육교사,지속교육전문가 | 교육직업-고급 |

| 자 격 명 | 직업 및 교육형태 | 자 격 명 | 직업 및 교육형태 |
| --- | --- | --- | --- |
| Ausbaufacharbeiter/in | Ausbildungsberufe - Dual | 전문인력교육전문가 | 도제제도-dual |
| Ausbauzimmer(er/in) | Berufe mit unterschiedlichen Zugängen | 실내확장기술자 | 직업경로 |
| Ausbilder/in-AnerkannteAusbildungsberufe | Berufe mit unterschiedlichen Zugängen | 교육훈련 트레이너 | 직업경로 |
| Ausbilder/in-AnerkannteAusbildungsberufe(Weiterbildung) | Weiterbildungsberufe - Weitere | 공인교육,지속교육트레이너 | 교육직업-고급 |
| Ausbilder/in-ErsteHilfe/LebensrettendeSofortmaßnahmen | Weiterbildungsberufe - Weitere | 응급처치/위급상황대처 트레이너 | 교육직업-고급 |
| Ausbilder/in-Pharmareferenten/-innen | Berufe mit unterschiedlichen Zugängen | 의료판매및실내직업트레이너 | 직업경로 |
| Ausbildungsberater/in | Berufe mit unterschiedlichen Zugängen | 교육컨설턴트 | 직업경로 |
| Ausbildungsmeister/in | Berufe mit unterschiedlichen Zugängen | 교육마스터 | 직업경로 |
| Außendienstleiter/in(Versicherung) | Berufe mit unterschiedlichen Zugängen | 현장서비스관리자/ 보험전문가 | 직업경로 |
| Außendienstmitarbeiter/in | Berufe mit unterschiedlichen Zugängen | 판매담당자 | 직업경로 |
| Außenhandelsassistent/in | Ausbildungsberufe - Abi | 조선의무역보조및교육 | 도제제도-Abi |
| Auslandskorrespondent/in | Berufe mit unterschiedlichen Zugängen | 해외특파원 | 직업경로 |
| Auslandsvertreter/in | Berufe mit unterschiedlichen Zugängen | 외국회사대표 | 직업경로 |
| Auslieferungsfahrer/in(nichtVerkaufsfahrer/in) | Berufe mit unterschiedlichen Zugängen | 배달운전자,상업용운전자 | 직업경로 |
| Ausstattungs-Assistent/in | Berufe mit unterschiedlichen Zugängen | 무대설치보조시설관리자 | 직업경로 |
| Ausstattungsleiter/in-Bühne/Film/Fernsehen | Berufe mit unterschiedlichen Zugängen | 영화/텔레비전시설관리자 | 직업경로 |
| Ausstellungsdesign(Diplom) | Studienfächer - grundständig | 전시디자인 | (학사)과목-기초 |
| Ausstellungsdesign(Master) | Studienfächer - weiterführend | 전시디자인 | (석사)연구과목-고급 |
| Ausstellungsdesigner/in | Berufe mit unterschiedlichen Zugängen | 전시디자이너 | 직업경로 |
| Ausstellungstischler/in | Berufe mit unterschiedlichen Zugängen | 전시시설설치목수 | 직업경로 |
| Autogenschweißer/in | Berufe mit unterschiedlichen Zugängen | 조명시설 | 직업경로 |
| Automatenbefüller/in | Berufe mit unterschiedlichen Zugängen | 자동화시설관리자 | 직업경로 |
| Automatenfachmann/-frau | Ausbildungsberufe - Dual | 기계전문가 | 도제제도-dual |
| Automatenmechaniker/in(Spiel-undVerkaufsautomaten) | Berufe mit unterschiedlichen Zugängen | 기계엔지니어/ (게임과자동판매기) | 직업경로 |
| Automatisierungstechnik(Bachelor) | Studienfächer - grundständig | 자동화기술 | (학사)과목-기초 |
| Automatisierungstechnik(Master) | Studienfächer - weiterführend | 자동화공학 | (석사)연구과목-고급 |
| Automobilkaufmann/-frau | Ausbildungsberufe - Dual | 자동차세일즈맨 | 도제제도-dual |
| Automobil-Serviceberater/in | Weiterbildungsberufe - Weitere | 자동화서비스교육 | 교육직업-고급 |
| Automobilwirtschaft,AutomotiveManagement(Bachelor) | Studienfächer - grundständig | 자동차산업,자동차관리 | (학사)과목-기초 |
| Automobilwirtschaft,AutomotiveManagement(Master) | Studienfächer - weiterführend | 자동차산업,자동차관리 | (석사)연구과목-고급 |
| Bäckereimaschinenführer/in | Berufe mit unterschiedlichen Zugängen | 빵기계처리 | 직업경로 |
| Bäcker/in | Ausbildungsberufe - Dual | 베이커 | 도제제도-dual |
| Bäcker/inundKonditor/in | Berufe mit unterschiedlichen Zugängen | 제과점/제빵사 | 직업경로 |

부록 103

| 자 격 명 | 직업 및 교육형태 | 자 격 명 | 직업 및 교육형태 |
|---|---|---|---|
| Bäckermeister/in | Weiterbildungsberufe - Meister | 제과점교육 | 교육직업-고급 |
| Badewärter/in(Schwimmbad) | Berufe mit unterschiedlichen Zugängen | 인명구조원(수영장) | 직업경로 |
| Baggerführer/in | Berufe mit unterschiedlichen Zugängen | 굴삭기운영자 | 직업경로 |
| Ballettmeister/in | Berufe mit unterschiedlichen Zugängen | 발레마스터 | 직업경로 |
| Baltistik(Bachelor) | Studienfächer - grundständig | 발레연구자 | (학사)과목-기초 |
| Baltist/in | Berufe mit Studium | 발레리스트 | 학문경로 |
| Bank,Finanzdienstleistungen(Bachelor) | Studienfächer - grundständig | 금융서비스 | (학사)과목-기초 |
| Bank,Finanzdienstleistungen(Master) | Studienfächer - weiterführend | 금융서비스 | (석사)연구과목-고급 |
| Bankettleiterassistent/in | Berufe mit unterschiedlichen Zugängen | 연회부지배인 | 직업경로 |
| Bankettleiter/in | Berufe mit unterschiedlichen Zugängen | 연회관리자 | 직업경로 |
| Bankkaufmann/-frau | Ausbildungsberufe - Dual | 은행가/여성 | 도제제도-dual |
| Bankzweigstellenleiter/in | Berufe mit unterschiedlichen Zugängen | 은행지점관리자 | 직업경로 |
| Bar-Chef/in | Berufe mit unterschiedlichen Zugängen | 바-운영자 | 직업경로 |
| Barkellner/in | Berufe mit unterschiedlichen Zugängen | 바텐더 | 직업경로 |
| Barmeister/in | Weiterbildungsberufe - Meister | 바 마스터 | 마이스터 |
| Barmixer/in,Barkeeper/Barmaid | Weiterbildungsberufe - Weitere | 여성바텐더교육 | 교육직업-고급 |
| Bau-undProjektkaufmann/-frau | Berufe mit unterschiedlichen Zugängen | 건설및프로젝트사업가/여성직업 | 직업경로 |
| Bauabrechner/in | Berufe mit unterschiedlichen Zugängen | 건설프로젝트연계자(Bauabrechner) | 직업경로 |
| Bauaufzugsführer/in | Berufe mit unterschiedlichen Zugängen | 건설장비제어관리사(Bauaufzugsführer) | 직업경로 |
| Baubetriebswirtschaft,Baumanagement(Bachelor) | Studienfächer - grundständig | 건설사업관리,건설관리 | (학사)과목-기초 |
| Baubetriebswirtschaft,Baumanagement(Master) | Studienfächer - weiterführend | 건설사업관리,건설관리 | (석사)연구과목-고급 |
| Baubiologe/-biologin | Berufe mit Studium | 생물학 | 학문경로 |
| Bauchredner/in | Berufe mit unterschiedlichen Zugängen | 복화술 | 직업경로 |
| Bauelektriker/in | Berufe mit unterschiedlichen Zugängen | 실내케이블설치(Bauelektriker) | 직업경로 |
| Baufachwerker/in-Ausbau(§66BBiG/§42mHwO) | Ausbildungsberufe - Reha | 구조공학개발교육 | 도제제도-Reha |
| Baufachwerker/in-Hochbau(§66BBiG/§42mHwO) | Ausbildungsberufe - Reha | 빌딩구조공학교육 | 도제제도-Reha |
| Baugeräteführer/in | Ausbildungsberufe - Dual | 건설가이드 | 도제제도-dual |
| Bauglaser/in | Berufe mit unterschiedlichen Zugängen | 유리인테리어(Bauglaser) | 직업경로 |
| Bauhofverwalter/in | Berufe mit unterschiedlichen Zugängen | 정원관리자 | 직업경로 |
| Bauingenieurwesen(Bachelor) | Studienfächer - grundständig | 토목공학 | (학사)과목-기초 |
| Bauingenieurwesen(Master) | Studienfächer - weiterführend | 토목공학 | (석사)연구과목-고급 |
| Baukalkulator/in | Berufe mit unterschiedlichen Zugängen | 건설회계(Baukalkulator) | 직업경로 |
| Bauklempner/in | Berufe mit unterschiedlichen Zugängen | 배관공 | 직업경로 |
| Baukontrolleur/in(Sicherheitskontrolleur/in) | Berufe mit unterschiedlichen Zugängen | 건설보안관리자 | 직업경로 |

| 자 격 명 | 직업 및 교육형태 | 자 격 명 | 직업 및 교육형태 |
| --- | --- | --- | --- |
| Bauleitende/rMonteur/in | Berufe mit unterschiedlichen Zugängen | 배관공 | 직업경로 |
| Bauleiter/in | Berufe mit unterschiedlichen Zugängen | 222 다른 접근 방법을 직업으로 관리자/ | 직업경로 |
| Baumaschinenführer/in | Weiterbildungsberufe - Weitere | 시스템운영 | 교육직업-고급 |
| Baumaschinenmechaniker/in | Berufe mit unterschiedlichen Zugängen | 건설엔지니어 | 직업경로 |
| Baumaschinenmeister/in | Weiterbildungsberufe - Meister | 건설감독자 | 마이스터 |
| Baumpfleger/in | Berufe mit unterschiedlichen Zugängen | 수목관리사 | 직업경로 |
| Bauphysik(Bachelor) | Studienfächer - grundständig | 물리학 | (학사)과목-기초 |
| Bauphysik(Master) | Studienfächer - weiterführend | 물리학 | (석사)연구과목-고급 |
| Baureiniger/in(Gebäudereinigung) | Berufe mit unterschiedlichen Zugängen | 서비스청소 전문가 | 직업경로 |
| Bausachverständige/r | Berufe mit Studium | 측량사 | 학문경로 |
| Bausparkassenfachmann/-frau | Berufe mit unterschiedlichen Zugängen | 공금융(Bausparkasse)전문 여성/남성 | 직업경로 |
| Bausteinmetz/in | Berufe mit unterschiedlichen Zugängen | 블록,석조구조사 | 직업경로 |
| Baustoffingenieurwissenschaft(Bachelor) | Studienfächer - grundständig | 빌딩공학 | (학사)과목-기초 |
| Baustoffingenieurwissenschaft(Master) | Studienfächer - weiterführend | 빌딩공학 | (석사)연구과목-고급 |
| Baustoffprüfer/in | Ausbildungsberufe - Dual | 건설재료시험기사 | 도제제도-dual |
| Bauten-undObjektbeschichter/in | Ausbildungsberufe - Dual | 건축과외벽장식 | 도제제도-dual |
| Bautischler/in | Berufe mit unterschiedlichen Zugängen | 가구제작사 | 직업경로 |
| Bauwerksabdichter/in | Ausbildungsberufe - Dual | 바닥,벽방수사 | 도제제도-dual |
| Bauwerksmechaniker/infürAbbruchundBetontrenntechnik | Ausbildungsberufe - Dual | 철거및콘크리트절단기술-빌딩엔지니어 | 도제제도-dual |
| Bauzeichner/in | Ausbildungsberufe - Dual | 기초공사 | 도제제도-dual |
| Bauzimmer(er/in) | Berufe mit unterschiedlichen Zugängen | 목재인테리어 | 직업경로 |
| Beamt(er/in)-Agrarverwaltung(geh.techn.Dienst) | Berufe mit Studium - Beamte geh. Dienst | 공무원-농업관리기술연구 전문가 | 학문경로 |
| Beamt(er/in)-Allg.InnereVerwaltung(geh.Dienst) | Berufe mit Studium - Beamte geh. Dienst | 공무원-내부일반서비스 | 학문경로 |
| Beamt(er/in)-Allg.InnereVerwaltung(höh.Dienst) | Berufe mit Studium - Beamte höh. Dienst | 공무원-내부일반서비스 | 학문경로 |
| Beamt(er/in)-Allg.InnereVerwaltung(mittl.Dienst) | Ausbildungsberufe - Beamte mittl. Dienst | 공무원-내부일반서비스 | 학문경로 |
| Beamt(er/in)-Archivdienst(geh.Dienst) | Berufe mit Studium - Beamte geh. Dienst | 공무원-내부아카이브 서비스 | 학문경로 |
| Beamt(er/in)-Archivdienst(höh.Dienst) | Berufe mit Studium - Beamte höh. Dienst | 공무원-내부아카이브 서비스 | 학문경로 |
| Beamt(er/in)-Archivdienst(mittl.Dienst) | Ausbildungsberufe - Beamte mittl. Dienst | 공무원-내부아카이브 서비스 | 학문경로 |
| Beamt(er/in)-AuswärtigerDienst(geh.Dienst) | Berufe mit Studium - Beamte geh. Dienst | 공무원-연구와외국서비스 | 학문경로 |
| Beamt(er/in)-AuswärtigerDienst(höh.Dienst) | Berufe mit Studium - Beamte höh. Dienst | 공무원-연구와해외서비스 | 학문경로 |
| Beamt(er/in)-AuswärtigerDienst(mittl.Dienst) | Ausbildungsberufe - Beamte mittl. Dienst | 공무원-해외서비스 | 학문경로 |
| Beamt(er/in)-Bahnwesen(geh.techn.Dienst) | Berufe mit Studium - Beamte geh. Dienst | 공무원-철도연구및기술서비스 | 학문경로 |
| Beamt(er/in)-Bergverwaltung(höh.bergtechn.Dienst) | Berufe mit Studium - Beamte höh. Dienst | 공무원-산림관리자 | 학문경로 |

부록 105

| 자 격 명 | 직업 및 교육형태 | 자 격 명 | 직업 및 교육형태 |
|---|---|---|---|
| Beamt(er/in)-Bibliotheks-,Dokumentationsdienst(geh.D.) | Berufe mit Studium - Beamte geh. Dienst | 공무원-도서관,문서서비스 | 학문경로 |
| Beamt(er/in)-Bundesbank(geh.Dienst) | Berufe mit Studium - Beamte geh. Dienst | 공무원-공공은행서비스 | 학문경로 |
| Beamt(er/in)-Bundesbank(höh.Dienst) | Berufe mit Studium - Beamte höh. Dienst | 공무원-공공은행서비스 | 학문경로 |
| Beamt(er/in)-Bundesbank(mittl.Dienst) | Ausbildungsberufe - Beamte mittl. Dienst | 공무원-공공은행서비스 | 학문경로 |
| Beamt(er/in)-Bundeskriminaldienst(geh.Dienst) | Berufe mit Studium - Beamte geh. Dienst | 공무원-연방범죄조사서비스 | 학문경로 |
| Beamt(er/in)-Bundesnachrichtendienst(geh.Dienst) | Berufe mit Studium - Beamte geh. Dienst | 공무원- 연방정보서비스 | 학문경로 |
| Beamt(er/in)-Bundesnachrichtendienst(mittl.Dienst) | Ausbildungsberufe - Beamte mittl. Dienst | 공무원-연방정보서비스 | 학문경로 |
| Beamt(er/in)-einfacherDienst | Ausbildungsberufe - Beamte einf. Dienst | 공무원-기본서비스 | 학문경로 |
| Beamt(er/in)-Fernmelde-u.Elektron.Aufklärung(m.t.D.) | Ausbildungsberufe - Beamte mittl. Dienst | 공무원-통신및전자서비스 | 학문경로 |
| Beamt(er/in)-Feuerwehr(geh.techn.Dienst) | Berufe mit Studium - Beamte geh. Dienst | 공무원-화재서비스 | 학문경로 |
| Beamt(er/in)-Feuerwehr(höh.techn.Dienst) | Berufe mit Studium - Beamte höh. Dienst | 공무원- 화재전문가 | 학문경로 |
| Beamt(er/in)-Feuerwehr(mittl.techn.Dienst) | Ausbildungsberufe - Beamte mittl. Dienst | 공무원-소방서비스 | 도제제도-BFS |
| Beamt(er/in)-Forstdienst(geh.Dienst) | Berufe mit Studium - Beamte geh. Dienst | 공무원- 산림서비스 | 학문경로 |
| Beamt(er/in)-Gehobenerbautechnischer Dienst | Berufe mit Studium - Beamte geh. Dienst | 공무원-서비스직종연구 | 학문경로 |
| Beamt(er/in)-gehobenernichttechnischer Dienst | Berufe mit Studium - Beamte geh. Dienst | 공무원-비기술적서비스 전문가 | 학문경로 |
| Beamt(er/in)-gehobenertechnischerDienst | Berufe mit Studium - Beamte geh. Dienst | 공무원-기술서비스전문가 | 학문경로 |
| Beamt(er/in)-Gewerbeaufsicht(geh.techn.Dienst) | Berufe mit Studium - Beamte geh. Dienst | 공무원-무역검사자 | 학문경로 |
| Beamt(er/in)-Gewerbeaufsicht(höh.techn.Dienst) | Berufe mit Studium - Beamte höh. Dienst | 공무원-무역감독자 | 학문경로 |
| Beamt(er/in)-Gewerbeaufsicht(mittl.techn.Dienst) | Ausbildungsberufe - Beamte mittl. Dienst | 공무원-무역검사기술서비스 | 학문경로 |
| Beamt(er/in)-HöhererbautechnischerDienst | Berufe mit Studium - Beamte höh. Dienst | 공무원-서비스직종연구 | 학문경로 |
| Beamt(er/in)-HöhererBeratungs-undFachschuldienst | Berufe mit Studium - Beamte höh. Dienst | 공무원-전문컨설팅및전문학교서비스 | 학문경로 |
| Beamt(er/in)-höherernichttechnischerDienst | Berufe mit Studium - Beamte höh. Dienst | 공무원-기술서비스전문가 | 학문경로 |
| Beamt(er/in)-höherertechnischerDienst | Berufe mit Studium - Beamte höh. Dienst | 공무원-기술서비스전문가 | 학문경로 |
| Beamt(er/in)-Justizdienst(mittl.Dienst) | Ausbildungsberufe - Beamte mittl. Dienst | 공무원-사법서비스 | 학문경로 |
| Beamt(er/in)-Justizvollzugsdienst(geh.Dienst) | Berufe mit Studium - Beamte geh. Dienst | 공무원-감옥서비스 | 학문경로 |

| 자 격 명 | 직업 및 교육형태 | 자 격 명 | 직업 및 교육형태 |
|---|---|---|---|
| Beamt(er/in)-Justizvollzugsdienst(mittl.Dienst) | Ausbildungsberufe - Beamte mittl. Dienst | 공무원-감옥서비스 | 학문경로 |
| Beamt(er/in)-Kriminaldienst(höh.Dienst) | Berufe mit Studium - Beamte höh. Dienst | 공무원-법의학서비스 | 학문경로 |
| Beamt(er/in)-Landeskriminaldienst(geh. Dienst) | Berufe mit Studium - Beamte geh. Dienst | 공무원-국가범죄조사연구서비스 | 학문경로 |
| Beamt(er/in)-mittlerernichttechnischerDienst | Ausbildungsberufe - Beamte mittl. Dienst | 공무원-비기술서비스 | 학문경로 |
| Beamt(er/in)-mittlerertechnischerDienst | Ausbildungsberufe - Beamte mittl. Dienst | 공무원-기술서비스 | 학문경로 |
| Beamt(er/in)-Sozialversicherung(geh.Dienst) | Berufe mit Studium - Beamte geh. Dienst | 공무원-사회서비스 | 학문경로 |
| Beamt(er/in)-Sozialversicherung(höh.Dienst) | Berufe mit Studium - Beamte höh. Dienst | 공무원-사회보장서비스 | 학문경로 |
| Beamt(er/in)-Sozialverwaltung(geh.Dienst) | Berufe mit Studium - Beamte geh. Dienst | 공무원-사회관리서비스 | 학문경로 |
| Beamt(er/in)-Sozialverwaltung(mittl.Dienst) | Ausbildungsberufe - Beamte mittl. Dienst | 공무원-사회행정서비스 | 학문경로 |
| Beamt(er/in)-Steuerverwaltung(geh.Dienst) | Berufe mit Studium - Beamte geh. Dienst | 공무원-세무행정서비스 | 학문경로 |
| Beamt(er/in)-Steuerverwaltung(höh.Dienst) | Berufe mit Studium - Beamte höh. Dienst | 공무원- 세금관리서비스 | 학문경로 |
| Beamt(er/in)-Steuerverwaltung(mittl.Dienst) | Ausbildungsberufe - Beamte mittl. Dienst | 공무원-세금관리서비스 | 학문경로 |
| Beamt(er/in)-Umweltverwaltung(geh.techn.Dienst) | Berufe mit Studium - Beamte geh. Dienst | 공무원-환경관리전문가 | 학문경로 |
| Beamt(er/in)-Umweltverwaltung(höh.techn.Dienst) | Berufe mit Studium - Beamte höh. Dienst | 공무원-환경관리 서비스 | 학문경로 |
| Beamt(er/in)-Verfassungsschutz(geh.Dienst) | Berufe mit Studium - Beamte geh. Dienst | 공무원-헌법서비스 | 학문경로 |
| Beamt(er/in)-Verfassungsschutz(mittl.Dienst) | Ausbildungsberufe - Beamte mittl. Dienst | 공무원-법적보호서비스 | 학문경로 |
| Beamt(er/in)-Vermessungswesen(geh.techn.Dienst) | Berufe mit Studium - Beamte geh. Dienst | 공무원-조사기술서비스 | 학문경로 |
| Beamt(er/in)-Vermessungswesen(höh.techn.Dienst) | Berufe mit Studium - Beamte höh. Dienst | 공무원-기술서비스 | 학문경로 |
| Beamt(er/in)-Vermessungswesen(mittl.techn.Dienst) | Ausbildungsberufe - Beamte mittl. Dienst | 공무원-AVE조사기술서비스 | 학문경로 |
| Beamt(er/in)-Wasser-,Schifffahrtsverw.(geh.tech.Dienst) | Berufe mit Studium - Beamte geh. Dienst | 공무원-수질관리기술전문가 | 학문경로 |
| Beamt(er/in)-Wehrverwaltung(geh.Dienst) | Berufe mit Studium - Beamte geh. Dienst | 공무원-국방관리서비스 | 학문경로 |
| Beamt(er/in)-Wehrverwaltung(geh.techn.Dienst) | Berufe mit Studium - Beamte geh. Dienst | 공무원-국방관리기술서비스 | 학문경로 |
| Beamt(er/in)-Wehrverwaltung(höh.techn.Dienst) | Berufe mit Studium - Beamte höh. Dienst | 공무원-국방관리직종서비스 | 학문경로 |
| Beamt(er/in)-Wehrverwaltung(mittl.Dienst) | Ausbildungsberufe - Beamte mittl. Dienst | 공무원-국방관리서비스 | 학문경로 |
| Beamt(er/in)-Wehrverwaltung(mittl.techn.Dienst) | Ausbildungsberufe - Beamte mittl. Dienst | 공무원-국방관리직종기술서비스 | 학문경로 |

부록 107

| 자 격 명 | 직업 및 교육형태 | 자 격 명 | 직업 및 교육형태 |
|---|---|---|---|
| Beamt(er/in)-Wetterdienst(geh.Dienst) | Berufe mit Studium - Beamte geh. Dienst | 공무원-기상서비스 | 학문경로 |
| Beamt(er/in)-Wetterdienst(mittl.Dienst) | Ausbildungsberufe - Beamte mittl. Dienst | 공무원-기상캐스터 | 학문경로 |
| Beamt(er/in)-wissenschaftlicheBibliotheken(h.Dienst) | Berufe mit Studium - Beamte höh. Dienst | 공무원-연구도서관서비스 | 학문경로 |
| Beamt(er/in)-Zolldienst(geh.Dienst) | Berufe mit Studium - Beamte geh. Dienst | 공무원-세관서비스 | 학문경로 |
| Beamt(er/in)-Zolldienst(mittl.Dienst) | Ausbildungsberufe - Beamte mittl. Dienst | 공무원-세관일반서비스 | 학문경로 |
| Behälter-undApparatebauer/in | Ausbildungsberufe - Dual | 탱크및장비제조업체 | 도제제도-dual |
| Behälter-undApparatebauermeister/in | Weiterbildungsberufe - Meister | 컨테이너와장치설치자 | 마이스터 |
| Behälterisolierer/in | Berufe mit unterschiedlichen Zugängen | 유류컨테이너 취급자 | 직업경로 |
| Beikoch/-köchin | Ausbildungsberufe - Sonstige | 요리사보조/요리사 | 도제제도-sonstige |
| Bekleidungsnäher/in(§66BBiG/§42mHwO) | Ausbildungsberufe - Reha | 의류재봉사 | 도제제도-Reha |
| Bekleidungstechnische/rAssistent/in | Ausbildungsberufe - BFS | 기술의류 | 도제제도-BFS |
| Beleuchter/in | Berufe mit unterschiedlichen Zugängen | 조명관리사 | 직업경로 |
| Beratungslehrer/in | Berufe mit Studium | 방문지도교사 | 학문경로 |
| Berechnungsingenieur/in | Berufe mit Studium | 디자인엔지니어 | 학문경로 |
| Bereichsleiter/in | Berufe mit unterschiedlichen Zugängen | 지역관리자 | 직업경로 |
| Bereiter/in | Berufe mit unterschiedlichen Zugängen | 히터관리자 | 직업경로 |
| Berg-undMaschinenmann | Ausbildungsberufe - Dual | 산림기계취급자 | 도제제도-dual |
| Berg-undMaschinenmann-TransportundInstandhaltung | Ausbildungsberufe - Dual | 산림기계-운송수단및유지보수 | 도제제도-dual |
| Berg-undMaschinenmann-VortriebundGewinnung | Ausbildungsberufe - Dual | 산림기계-터널및추출 | 도제제도-dual |
| Berg-undSkiführer/in | Ausbildungsberufe - Sonstige | 산악가이드 | 도제제도-sonstige |
| Bergbautechnologe/-technologin | Ausbildungsberufe - Dual | 광업기술자/테크노로긴 | 도제제도-dual |
| Bergbautechnologe/-technologin-Tiefbautechnik | Ausbildungsberufe - Dual | 광업기술자/테크노로긴-토목 | 도제제도-dual |
| Bergbautechnologe/-technologin-Tiefbohrtechnik | Ausbildungsberufe - Dual | 광업기술자/테크노로긴-Tiefbohrtechnik | 도제제도-dual |
| Berufsberater/in | Berufe mit unterschiedlichen Zugängen | 직업전문컨설턴트 | 직업경로 |
| Berufsfeuerwehrmann/-frau | Berufe mit unterschiedlichen Zugängen | 소방관/여성직업 | 직업경로 |
| Berufsflugzeugführer/in(CPL(A)) | Ausbildungsberufe - BFS | 전문조종사(CPL(A)) | 도제제도-BFS |
| Berufshubschrauberführer/in(CPL(H)) | Ausbildungsberufe - BFS | 헬리콥터조종사(CPL(H)) | 도제제도-BFS |
| Berufskraftfahrer/in | Ausbildungsberufe - Dual | 전문운전사 | 도제제도-BFS |
| Berufspädagoge/-pädagogin | Berufe mit unterschiedlichen Zugängen | 다른 접근 방법을 332 직업 교사 / 교사 직업 | 도제제도-dual |
| Berufspädagoge/-pädagogin(Weiterbildung) | Weiterbildungsberufe - Weitere | 직업교사/지속교육 | 교육직업-고급 |
| Berufspädagogik(Master) | Studienfächer - weiterführend | 직업교육자 | (석사)연구과목-고급 |
| Berufssportler/in | Berufe mit unterschiedlichen Zugängen | 프로운동선수 | 직업경로 |
| Berufstrainer/in(Pferderennsport) | Berufe mit unterschiedlichen Zugängen | 경마직업강사 | 직업경로 |
| Beschäftigungsorient.BeratungundFallmanagement(Bachelor) | Studienfächer - grundständig | 고용동향.상담및사례관리 | (학사)과목-기초 |

| 자 격 명 | 직업 및 교육형태 | 자 격 명 | 직업 및 교육형태 |
|---|---|---|---|
| Beschäftigungsorientierte/rBerater/inund Fallmanager/in | Berufe mit Studium | 고용동향/컨설턴트/사례관리자 | 학문경로 |
| Bestatter/in(Lehrgang) | Weiterbildungsberufe - Weitere | 장의사 | 교육직업-고급 |
| Bestattermeister/in | Weiterbildungsberufe - Meister | 장의사 | 마이스터 |
| Bestattungsfachkraft | Ausbildungsberufe - Dual | 장례전문가 | 도제제도-dual |
| Beton-undStahlbetonbauer/in | Ausbildungsberufe - Dual | 콘크리트및철근콘크리트공사 | 도제제도-dual |
| Betonfertigteilbauer/in | Ausbildungsberufe - Dual | 거푸집 제작자 | 도제제도-dual |
| Betonfertigteilemontierer/in | Berufe mit unterschiedlichen Zugängen | 거푸집제작감독자 | 직업경로 |
| Betonmischerfahrer/in | Berufe mit unterschiedlichen Zugängen | 콘크리트믹서운전자 | 직업경로 |
| Betonmischmaschinenführer/in | Berufe mit unterschiedlichen Zugängen | 콘크리트믹서운영자 | 직업경로 |
| Betonpumpenbediener/in | Berufe mit unterschiedlichen Zugängen | 콘크리트펌프교환관리사 | 직업경로 |
| Betonsanierer/in | Berufe mit unterschiedlichen Zugängen | 콘크리트복구자 | 직업경로 |
| Betonstahlbieger/inund-flechter/in | Berufe mit unterschiedlichen Zugängen | 철근벤더/flechter/in | 직업경로 |
| Betonstein-undTerrazzohersteller/in | Ausbildungsberufe - Dual | 콘크리트와돌구성 | 도제제도-dual |
| Betonstein-undTerrazzoherstellermeister/ | Weiterbildungsberufe - Meister | 콘크리트블록구성 | 마이스터 |
| Betreuungslehrer/in-allgemeinbildendeSchulen | Berufe mit Studium | 돌봄서비스훈련사 | 학문경로 |
| Betriebsassistent/in-Handwerk | Ausbildungsberufe - Abi | 공예작업사 | 도제제도-Abi |
| Betriebsbraumeister/in | Weiterbildungsberufe - Meister | 맥주제조사 | 마이스터 |
| Betriebsgärtner/in | Berufe mit unterschiedlichen Zugängen | 실내정원사 | 직업경로 |
| Betriebsinformatiker/in | Weiterbildungsberufe - Weitere | 컴퓨터운영교육 | 교육직업-고급 |
| Betriebsingenieur/in | Berufe mit Studium | 운영엔지니어 | 학문경로 |
| Betriebsleiter/in-Eisenbahnen | Berufe mit unterschiedlichen Zugängen | 철도관리사 | 직업경로 |
| Betriebsleiter/in-Eisenbahnen(Weiterbildung) | Weiterbildungsberufe - Weitere | 철도지속교육전문직 | 교육직업-고급 |
| Betriebsleiter/in-Gesundheitswesen/Freizeit/Fitness | Berufe mit unterschiedlichen Zugängen | 의료/레저/피트니스관리사 | 직업경로 |
| Betriebsleiter/in-Hotel/Gaststätten | Berufe mit unterschiedlichen Zugängen | 호텔/요식업 | 직업경로 |
| Betriebsleiter/in-Hotel/Gaststätten(Fachschule) | Weiterbildungsberufe - Weitere | 호텔/레스토랑대학교육전문가 | 교육직업-고급 |
| Betriebsleiter/in-kaufmännisch | Berufe mit unterschiedlichen Zugängen | 상업관리사 | 직업경로 |
| Betriebsleiter/in-ländlicheHauswirtschaft | Weiterbildungsberufe - Weitere | 농촌가정경제교육전문가 | 교육직업-고급 |
| Betriebsleiter/in-landwirtschaftlich | Berufe mit unterschiedlichen Zugängen | 농업직업관리사 | 직업경로 |
| Betriebsleiter/in-technisch | Berufe mit unterschiedlichen Zugängen | 기술직업관리사 | 직업경로 |
| Betriebsmanager/in-Bau-undHolztechnik | Weiterbildungsberufe - Betriebswirte/Kaufleute | 빌딩및목재기술운영관리사 | 교육직업 |
| Betriebsmanager/in-Farbtechnik | Weiterbildungsberufe - Betriebswirte/Kaufleute | 컬러기술운영관리사 | 교육직업 |
| Betriebsmanager/in-Kraftfahrzeugtechnik | Weiterbildungsberufe - Betriebswirte/Kaufleute | 자동차기술운영관리사 | 교육직업 |
| Betriebsmanager/in-Sanitär-undHeizungstechnik | Weiterbildungsberufe - Betriebswirte/Kaufleute | 배관및난방기술운영관리사 | 교육직업 |

| 자 격 명 | 직업 및 교육형태 | 자 격 명 | 직업 및 교육형태 |
| --- | --- | --- | --- |
| Betriebsmittelkonstrukteur/in | Berufe mit unterschiedlichen Zugängen | 장비설계사 | 직업경로 |
| Betriebspädagoge/-pädagogin | Berufe mit unterschiedlichen Zugängen | 사업강사/교사 | 직업경로 |
| Betriebsplaner/in | Berufe mit unterschiedlichen Zugängen | 운영계획사 | 직업경로 |
| Betriebssanitäter/in | Berufe mit unterschiedlichen Zugängen | 구급대원 | 직업경로 |
| Betriebstechniker/in | Berufe mit unterschiedlichen Zugängen | 운영기술자 | 직업경로 |
| Betriebstischler/in | Berufe mit unterschiedlichen Zugängen | 목수기술자 | 직업경로 |
| Betriebswirt/in-Handwerk | Weiterbildungsberufe - Betriebswirte/Kaufleute | 공예교육전문가 | 교육직업 |
| Betriebswirt/in(Abi-Ausbildung) | Ausbildungsberufe - Abi | 경영(ABI-교육) | 도제제도-Abi |
| Betriebswirt/in(Abi-Ausbildung)-allg.Betriebswirtschaft | Ausbildungsberufe - Abi | 경영-일반사업 | 도제제도-Abi |
| Betriebswirt/in(Abi-Ausbildung)-Außenhandel | Ausbildungsberufe - Abi | 경영-무역 | 도제제도-Abi |
| Betriebswirt/in(Abi-Ausbildung)-Textil | Ausbildungsberufe - Abi | 경영-섬유 | 도제제도-Abi |
| Betriebswirt/in(Abi-Ausbildung)-Verkehr/Logistik | Ausbildungsberufe - Abi | 경영-교통/물류 | 도제제도-Abi |
| Betriebswirt/in(Fachschule) | Weiterbildungsberufe - Betriebswirte/Kaufleute | 경영학/대학교육전문가 | 교육직업 |
| Betriebswirt/in(Fachschule)-Absatz/Marketing | Weiterbildungsberufe - Betriebswirte/Kaufleute | 경영학/영업,마케팅 | 교육직업 |
| Betriebswirt/in(Fachschule)-Agrarbetrieb | Weiterbildungsberufe - Betriebswirte/Kaufleute | 경영학/농업운영 | 교육직업 |
| Betriebswirt/in(Fachschule)-allg.Betriebswirtschaft | Weiterbildungsberufe - Betriebswirte/Kaufleute | 경영학/일반기업 | 교육직업 |
| Betriebswirt/in(Fachschule)-Außenwirtschaft | Weiterbildungsberufe - Betriebswirte/Kaufleute | 경영학/대외무역 | 교육직업 |
| Betriebswirt/in(Fachschule)-Bank | Weiterbildungsberufe - Betriebswirte/Kaufleute | 경영학/은행 | 교육직업 |
| Betriebswirt/in(Fachschule)-Call-Center-Management | Weiterbildungsberufe - Betriebswirte/Kaufleute | 경영학/콜센터 | 교육직업 |
| Betriebswirt/in(Fachschule)-Catering/Systemverpflegung | Weiterbildungsberufe - Betriebswirte/Kaufleute | 경영학/캐터링,식품 | 교육직업 |
| Betriebswirt/in(Fachschule)-Controlling | Weiterbildungsberufe - Betriebswirte/Kaufleute | 경영학/제어 | 교육직업 |
| Betriebswirt/in(Fachschule)-Event-Management | Weiterbildungsberufe - Betriebswirte/Kaufleute | 경영학/이벤트관리 | 교육직업 |
| Betriebswirt/in(Fachschule)-Finanzen und Investment | Weiterbildungsberufe - Betriebswirte/Kaufleute | 경영학/투자,금융,재테크 | 교육직업 |
| Betriebswirt/in(Fachschule)-Handel | Weiterbildungsberufe - Betriebswirte/Kaufleute | 경영학/무역 | 교육직업 |
| Betriebswirt/in(Fachschule)-Hauswirtschaft | Weiterbildungsberufe - Betriebswirte/Kaufleute | 경영학/홈경제 | 교육직업 |
| Betriebswirt/in(Fachschule)-Holz | Weiterbildungsberufe - Betriebswirte/Kaufleute | 경영학/수목관리전문가 | 교육직업 |
| Betriebswirt/in(Fachschule)-Hotel-,Gaststättengewerbe | Weiterbildungsberufe - Betriebswirte/Kaufleute | 경영학/호텔,음식 | 교육직업 |
| Betriebswirt/in(Fachschule)-Immobilien | Weiterbildungsberufe - Betriebswirte/Kaufleute | 경영학/부동산,평생교육 | 교육직업 |
| Betriebswirt/in(Fachschule)-Informationsverarbeitung | Weiterbildungsberufe - Betriebswirte/Kaufleute | 경영학/정보처리전문가 | 교육직업 |

| 자 격 명 | 직업 및 교육형태 | 자 격 명 | 직업 및 교육형태 |
| --- | --- | --- | --- |
| Betriebswirt/in(Fachschule)-international | Weiterbildungsberufe - Betriebswirte/Kaufleute | 경영학/국제교육전문가 | 교육직업 |
| Betriebswirt/in(Fachschule)-Kommunik.u ndBüromanagem. | Weiterbildungsberufe - Betriebswirte/Kaufleute | 경영학/정보통신전문가 | 교육직업 |
| Betriebswirt/in(Fachschule)-Kraftfahrzeuge | Weiterbildungsberufe - Betriebswirte/Kaufleute | 경영학/자동차연수 | 교육직업 |
| Betriebswirt/in(Fachschule)-Krankenkassen | Weiterbildungsberufe - Betriebswirte/Kaufleute | 경영학/건강교육 | 교육직업 |
| Betriebswirt/in(Fachschule)-Logistik | Weiterbildungsberufe - Betriebswirte/Kaufleute | 경영학/물류 | 교육직업 |
| Betriebswirt/in(Fachschule)-Managem.im Gesundheitswes. | Weiterbildungsberufe - Betriebswirte/Kaufleute | 경영학/대학경영 | 교육직업 |
| Betriebswirt/in(Fachschule)-Marketingkommunikation | Weiterbildungsberufe - Betriebswirte/Kaufleute | 경영학/마케팅커뮤니케이션 | 교육직업 |
| Betriebswirt/in(Fachschule)-Medien | Weiterbildungsberufe - Betriebswirte/Kaufleute | 경영학/미디어통신 | 교육직업 |
| Betriebswirt/in(Fachschule)-Möbelhandel | Weiterbildungsberufe - Betriebswirte/Kaufleute | 경영학/가구무역 | 교육직업 |
| Betriebswirt/in(Fachschule)-Personalwirtschaft | Weiterbildungsberufe - Betriebswirte/Kaufleute | 경영학/인적자원교육 | 교육직업 |
| Betriebswirt/in(Fachschule)-Produktionswirtschaft | Weiterbildungsberufe - Betriebswirte/Kaufleute | 경영학/생산관리 | 교육직업 |
| Betriebswirt/in(Fachschule)-Projektmanagement | Weiterbildungsberufe - Betriebswirte/Kaufleute | 경영학/프로젝트관리 | 교육직업 |
| Betriebswirt/in(Fachschule)-Rechnungswesen | Weiterbildungsberufe - Betriebswirte/Kaufleute | 경영학/회계 | 교육직업 |
| Betriebswirt/in(Fachschule)-Recht | Weiterbildungsberufe - Betriebswirte/Kaufleute | 경영학/법률 | 교육직업 |
| Betriebswirt/in(Fachschule)-Sozialwesen | Weiterbildungsberufe - Betriebswirte/Kaufleute | 경영학/사회복지 | 교육직업 |
| Betriebswirt/in(Fachschule)-Steuern | Weiterbildungsberufe - Betriebswirte/Kaufleute | 경영학/세금 | 교육직업 |
| Betriebswirt/in(Fachschule)-Textil | Weiterbildungsberufe - Betriebswirte/Kaufleute | 경영학/섬유 | 교육직업 |
| Betriebswirt/in(Fachschule)-Touristik/Reiseverkehr | Weiterbildungsberufe - Betriebswirte/Kaufleute | 경영학/관광,여행 | 교육직업 |
| Betriebswirt/in(Fachschule)-Unternehmensführung | Weiterbildungsberufe - Betriebswirte/Kaufleute | 경영학/기업리더쉽 | 교육직업 |
| Betriebswirt/in(Fachschule)-Verkehr | Weiterbildungsberufe - Betriebswirte/Kaufleute | 경영학/교통 | 교육직업 |
| Betriebswirt/in(Fachschule)-Versicherung | Weiterbildungsberufe - Betriebswirte/Kaufleute | 경영학/보험 | 교육직업 |
| Betriebswirt/in(Fachschule)-Verwaltung | Weiterbildungsberufe - Betriebswirte/Kaufleute | 경영학/관리전문가 | 교육직업 |
| Betriebswirt/in(Fachschule)-ViehundFleisch | Weiterbildungsberufe - Betriebswirte/Kaufleute | 경영학/가축,육류 | 교육직업 |
| Betriebswirt/in(Hochschule) | Berufe mit Studium | 경영/거래 | 학문경로 |
| Betriebswirt/in(Hochschule)-Automobilwirtschaft | Berufe mit Studium | 경영/자동차산업 | 학문경로 |
| Betriebswirt/in(Hochschule)-BankundFinanzdienstl. | Berufe mit Studium | 경영/은행, 금융 | 학문경로 |
| Betriebswirt/in(Hochschule)-Bauwirtschaft | Berufe mit Studium | 경영/건설서비스 | 학문경로 |
| Betriebswirt/in(Hochschule)-Dienstleistungsmanagement | Berufe mit Studium | 경영/서비스관리 | 학문경로 |
| Betriebswirt/in(Hochschule)-E-Business | Berufe mit Studium | 경영/E-비지니스 | 학문경로 |
| Betriebswirt/in(Hochschule)-Handel | Berufe mit Studium | 경영/무역 | 학문경로 |

| 자 격 명 | 직업 및 교육형태 | 자 격 명 | 직업 및 교육형태 |
|---|---|---|---|
| Betriebswirt/in(Hochschule)-Handwerksmanagement | Berufe mit Studium | 경영/무역관리 | 학문경로 |
| Betriebswirt/in(Hochschule)-Hotelmanagement | Berufe mit Studium | 경영/호텔관리 | 학문경로 |
| Betriebswirt/in(Hochschule)-Immobilien | Berufe mit Studium | 경영/부동산관리 | 학문경로 |
| Betriebswirt/in(Hochschule)-Industrie | Berufe mit Studium | 경영/관련업계관리 | 학문경로 |
| Betriebswirt/in(Hochschule)-InternationaleWirtschaft | Berufe mit Studium | 경영/국제비지니스 | 학문경로 |
| Betriebswirt/in(Hochschule)-Logistik | Berufe mit Studium | 경영/물류 | 학문경로 |
| Betriebswirt/in(Hochschule)-Marketing | Berufe mit Studium | 경영/마케팅 | 학문경로 |
| Betriebswirt/in(Hochschule)-Personalmanagement | Berufe mit Studium | 경영/인적자원관리 | 학문경로 |
| Betriebswirt/in(Hochschule)-Rechnungswesenu.Controlling | Berufe mit Studium | 경영/회계및인사 | 학문경로 |
| Betriebswirt/in(Hochschule)-Sozialversicherung | Berufe mit Studium | 경영/사회직업 | 학문경로 |
| Betriebswirt/in(Hochschule)-SteuerundPrüfungswesen | Berufe mit Studium | 경영/세무와감사 | 학문경로 |
| Betriebswirt/in(Hochschule)-Touristik | Berufe mit Studium | 경영/관광 | 학문경로 |
| Betriebswirt/in(Hochschule)-Umweltökonomie | Berufe mit Studium | 경영/환경경제학 | 학문경로 |
| Betriebswirt/in(Hochschule)-Unternehmensführung,Managem. | Berufe mit Studium | 경영/경영관리 | 학문경로 |
| Betriebswirt/in(Hochschule)-Verkehr | Berufe mit Studium | 경영/교통학 | 학문경로 |
| Betriebswirt/in(Hochschule)-Versicherung | Berufe mit Studium | 경영/보험전문가 | 학문경로 |
| Betriebswirt/in(Hochschule)-Werbung,Marketingkommunik. | Berufe mit Studium | 경영/광고및홍보 | 학문경로 |
| Betriebswirtschaftslehre,BusinessAdministration(Bachelor) | Studienfächer - grundständig | 경영학 | (학사)과목-기초 |
| Betriebswirtschaftslehre,BusinessAdministration(Master) | Studienfächer - weiterführend | 경영학 | (석사)연구과목-고급 |
| Bewährungshelfer/in | Berufe mit Studium | 보호관찰자 | 학문경로 |
| Bewegungstherapeut/in | Berufe mit unterschiedlichen Zugängen | 운동치료사 | 직업경로 |
| Bezirksleiter/in | Berufe mit unterschiedlichen Zugängen | 지구환경관리자 | 직업경로 |
| Bibliothekar/in | Berufe mit Studium | 사서 | 학문경로 |
| Bibliotheks-,Informationswissenschaft(Bachelor) | Studienfächer - grundständig | 도서관,정보과학 | (학사)과목-기초 |
| Bibliotheks-,Informationswissenschaft(Master) | Studienfächer - weiterführend | 도서관,정보과학 | (석사)연구과목-고급 |
| Bilanzbuchhalter/in | Weiterbildungsberufe - Betriebswirte/Kaufleute | 회계학 | 교육직업 |
| Bildeinrahmer/in | Weiterbildungsberufe - Weitere | 실내인테리어 | 교육직업-고급 |
| BildendeKünste(Bachelor) | Studienfächer - grundständig | 예술 | (학사)과목-기초 |
| BildendeKünste(Master) | Studienfächer - weiterführend | 예술 | (석사)연구과목-고급 |
| Bildende/rKünstler/in | Berufe mit Studium | 파인아티스트 | 학문경로 |
| Bildhauer/in | Berufe mit unterschiedlichen Zugängen | 조각가 | 직업경로 |
| Bildhauer/in(schulischeAusbildung) | Ausbildungsberufe - Sonstige | 조각가 | 도제제도-Sonstige |
| Bildredakteur/in | Berufe mit unterschiedlichen Zugängen | 사진편집가 | 직업경로 |
| Bildungs-,Studienberater/in | Berufe mit Studium | 교육및연구학생고문가 | 학문경로 |
| Bildungsforscher/in | Berufe mit Studium | 교육연구원 | 학문경로 |

| 자 격 명 | 직업 및 교육형태 | 자 격 명 | 직업 및 교육형태 |
|---|---|---|---|
| Bildungsmanagement(Master) | Studienfächer - weiterführend | 교육관리자 | (석사)연구과목-고급 |
| Bildungsmanager/in | Berufe mit Studium | 교육관리자 | 학문경로 |
| Bildungsreferent/in | Berufe mit Studium | 교육책임자 | 학문경로 |
| Binnenschiffer/in | Ausbildungsberufe - Dual | | 도제제도-dual |
| Biochemie(Bachelor) | Studienfächer - grundständig | 생화학 | (학사)과목-기초 |
| Biochemie(Master) | Studienfächer - weiterführend | 생화학 | (석사)연구과목-고급 |
| Biochemiker/in | Berufe mit Studium | 생화학 | 학문경로 |
| Bioinformatik(Bachelor) | Studienfächer - grundständig | 생물정보학 | (학사)과목-기초 |
| Bioinformatik(Master) | Studienfächer - weiterführend | 생물정보학 | (석사)연구과목-고급 |
| Bioinformatiker/in(Hochschule) | Berufe mit Studium | 생물정보학 | 학문경로 |
| Biokosmetiker/in | Berufe mit unterschiedlichen Zugängen | 생물정보학 | 직업경로 |
| Biologe/Biologin | Berufe mit Studium | 생물학 | 학문경로 |
| Biologie(Bachelor) | Studienfächer - grundständig | 생물학 | (학사)과목-기초 |
| Biologie(Master) | Studienfächer - weiterführend | 생물학 | (석사)연구과목-고급 |
| Biologielaborant/in | Ausbildungsberufe - Dual | 생물학연구소 | 도제제도-dual |
| Biologiemodellmacher/in | Ausbildungsberufe - Dual | 생물학특성분석가 | 도제제도-dual |
| Biologisch-technische/rAssistent/in | Ausbildungsberufe - BFS | 생물학기술보조 | 도제제도-BFS |
| Biomathematik(Bachelor) | Studienfächer - grundständig | 생물수리학 | (학사)과목-기초 |
| Biomathematik(Master) | Studienfächer - weiterführend | 생물수리학 | (석사)연구과목-고급 |
| Biomathematiker/in | Berufe mit Studium | 생물수리학 | 학문경로 |
| Biomechanik(Master) | Studienfächer - weiterführend | 생명체계학 | (석사)연구과목-고급 |
| Biomed.Fachanalytiker/in-Hämatologie | Weiterbildungsberufe - Weitere | 생명공학-혈액학 | 교육직업-고급 |
| Biomed.Fachanalytiker/in-Histologie | Weiterbildungsberufe - Weitere | 생명공학-조직학 | 교육직업-고급 |
| Biomed.Fachanalytiker/in-Immunhämatolog.,Transfusionsmed. | Weiterbildungsberufe - Weitere | 생명공학-전도및전이 | 교육직업-고급 |
| Biomed.Fachanalytiker/in-klinischeChemie,Pathobiochemie | Weiterbildungsberufe - Weitere | 생명공학-임상화학, Pathobiochemistry | 교육직업-고급 |
| Biomed.Fachanalytiker/in-molekulareBiologie,Diagnostik | Weiterbildungsberufe - Weitere | 생명공학-분자생물학,진단학 | 교육직업-고급 |
| Biomed.Fachanalytiker/in-med.Mikrobio.,Virolog.,Hygiene | Weiterbildungsberufe - Weitere | 생명공학-미생물학적, Virolog,위생 | 교육직업-고급 |
| Biomedizin,MolekulareMedizin(Bachelor) | Studienfächer - grundständig | 생물의약,분자의학 | (학사)과목-기초 |
| Biomedizin,MolekulareMedizin(Master) | Studienfächer - weiterführend | 생물의약,분자의학 | (석사)연구과목-고급 |
| Biometrie,Biostatistik(Master) | Studienfächer - weiterführend | 생체인식,Biostatistics | (석사)연구과목-고급 |
| Biometriker/in | Berufe mit Studium | 생명구조학 | 학문경로 |
| Bionik(Bachelor) | Studienfächer - grundständig | 생체공학 | (학사)과목-기초 |
| Bionik(Master) | Studienfächer - weiterführend | 생체공학 | (석사)연구과목-고급 |
| Bioniker/in | Berufe mit Studium | 생체공학 | 학문경로 |
| Biophysik(Bachelor) | Studienfächer - grundständig | 생물물리학 | (학사)과목-기초 |
| Biophysik(Master) | Studienfächer - weiterführend | 생물물리학 | (석사)연구과목-고급 |
| Biophysiker/in | Berufe mit Studium | 생물물리학 | 학문경로 |

| 자 격 명 | 직업 및 교육형태 | 자 격 명 | 직업 및 교육형태 |
|---|---|---|---|
| Biotechnologie(Bachelor) | Studienfächer - grundständig | 생명공학 | (학사)과목-기초 |
| Biotechnologie(Master) | Studienfächer - weiterführend | 생명공학 | (석사)연구과목-고급 |
| Biowissenschaften,LifeSciences(Bachelor) | Studienfächer - grundständig | 생명과학 | (학사)과목-기초 |
| Biowissenschaften,LifeSciences(Master) | Studienfächer - weiterführend | 생명과학 | (석사)연구과목-고급 |
| Biowissenschaftler/in | Berufe mit Studium | 생명과학 | 학문경로 |
| Blechpresser/in | Berufe mit unterschiedlichen Zugängen | 플레이트압착기 | 직업경로 |
| Blitzschutzmonteur/in | Berufe mit unterschiedlichen Zugängen | 번개보호기술자 | 직업경로 |
| Bobath-Therapeut/in | Berufe mit unterschiedlichen Zugängen | 욕실및테라피스트 | 직업경로 |
| Bodenleger/in | Ausbildungsberufe - Dual | 마루작업자 | 도제제도-dual |
| Bodensteward/ess | Berufe mit unterschiedlichen Zugängen | 토양분석가 | 직업경로 |
| Bogenmacher/in | Ausbildungsberufe - Dual | 활 제작사 | 도제제도-dual |
| Bogenmachermeister/in | Weiterbildungsberufe - Meister | 활제작사 | 마이스터 |
| Bohrer/in | Berufe mit unterschiedlichen Zugängen | 천공사(드릴러) | 직업경로 |
| Bohrgerätefuhrer/in(Brunnenbau) | Berufe mit unterschiedlichen Zugängen | 드릴링리더 | 직업경로 |
| Bohrmaschinist/in | Berufe mit unterschiedlichen Zugängen | 시추기계작업자 | 직업경로 |
| Boots-undSchiffbauermeister/in | Weiterbildungsberufe - Meister | 배와선박제작사 | 마이스터 |
| Bootsbauer/in | Ausbildungsberufe - Dual | 건축사 | 도제제도-dual |
| Bootsbauer/in-Neu-,Aus-undUmbau | Ausbildungsberufe - Dual | 건축사-새로운건설,확장,개조 | 도제제도-dual |
| Bootsbauer/in-Technik | Ausbildungsberufe - Dual | 건축기술자 | 도제제도-dual |
| Bootsmann/-frau/Pumpenmann/-frau | Berufe mit unterschiedlichen Zugängen | 배펌핑기술자 | 직업경로 |
| Börsenhändler/in | Berufe mit unterschiedlichen Zugängen | 상인 | 직업경로 |
| Botenfahrer/in | Berufe mit unterschiedlichen Zugängen | 택배드라이버 | 직업경로 |
| Böttcher/in | Ausbildungsberufe - Dual | 도축사 | 도제제도-dual |
| Böttchermeister/in | Weiterbildungsberufe - Meister | 도축사 | 마이스터 |
| Boxlehrer/in | Berufe mit unterschiedlichen Zugängen | 권투강사 | 직업경로 |
| Brandschutzfachkraft | Weiterbildungsberufe - Weitere | 소방전문교육가 | 교육직업-고급 |
| Brandschutzfachkraft(Brandschutzmonteur/in) | Berufe mit unterschiedlichen Zugängen | 소방전문가(화재예방엔지니어) | 직업경로 |
| Brau-undGetränketechnologe/-technologin | Weiterbildungsberufe - Weitere | 양조및음료기술자 | 교육직업-고급 |
| Brauer-undMälzermeister/in | Weiterbildungsberufe - Meister | 양조및목트기술자 | 마이스터 |
| Brauerei-,Getränketechnologie(Bachelor) | Studienfächer - grundständig | 양조및음료기술자 | (학사)과목-기초 |
| Brauerei-,Getränketechnologie(Master) | Studienfächer - weiterführend | 양조및음료기술자 | (석사)연구과목-고급 |
| Brauer/inundMälzer/in | Ausbildungsberufe - Dual | 양조및몰트기술자 | 도제제도-dual |
| Brenner/in | Ausbildungsberufe - Dual | 버너기술자 | 도제제도-dual |
| Brennschneider/in | Berufe mit unterschiedlichen Zugängen | 산소버너기술자 | 직업경로 |
| Brückenkranführer/in | Berufe mit unterschiedlichen Zugängen | 교량기중기기능사 | 직업경로 |
| Brückenwärter/in | Berufe mit unterschiedlichen Zugängen | 교량기술자 | 직업경로 |
| Brunnenbauer/in | Ausbildungsberufe - Dual | 분수제작사 | 도제제도-dual |
| Brunnenbauermeister/in | Weiterbildungsberufe - Meister | 분수제작사 | 마이스터 |

| 자 격 명 | 직업 및 교육형태 | 자 격 명 | 직업 및 교육형태 |
| --- | --- | --- | --- |
| Buchbinder/in | Ausbildungsberufe - Dual | 제본바인더 | 도제제도-dual |
| Buchbinder/in-Restaurierungsarbeiten | Weiterbildungsberufe - Weitere | 바인더복원 | 교육직업-고급 |
| Buchbindermeister/in | Weiterbildungsberufe - Meister | 바인더제작 | 마이스터 |
| Buchdrucker/in | Berufe mit unterschiedlichen Zugängen | 인쇄제작프린터 | 직업경로 |
| Buchgroßhändler/in | Berufe mit unterschiedlichen Zugängen | 책도매 | 직업경로 |
| Buchhalter/in | Weiterbildungsberufe - Weitere | 기술교육자 | 교육직업-고급 |
| Buchhandel,Verlagswirtschaft(Bachelor) | Studienfächer - grundständig | 서점,출판산업 | (학사)과목-기초 |
| Buchhandel,Verlagswirtschaft(Master) | Studienfächer - weiterführend | 서점,출판산업 | (석사)연구과목-고급 |
| Buchhändler/in | Ausbildungsberufe - Dual | 서점 | 도제제도-dual |
| Buchhändler/in(Hochschule) | Berufe mit Studium | 서점거래 | 학문경로 |
| Büchsenmacher/in | Ausbildungsberufe - Dual | 총포대장장이 | 도제제도-dual |
| Büchsenmachermeister/in | Weiterbildungsberufe - Meister | 총포대장장이 | 마이스터 |
| Buchwissenschaft(Bachelor) | Studienfächer - grundständig | 도서연구 | (학사)과목-기초 |
| Buchwissenschaft(Master) | Studienfächer - weiterführend | 도서연구 | (석사)연구과목-고급 |
| Buchwissenschaftler/in | Berufe mit Studium | 과학도서 | 학문경로 |
| Büfettkraft | Berufe mit unterschiedlichen Zugängen | 뷔페 | 직업경로 |
| Bügler/in | Berufe mit unterschiedlichen Zugängen | 보도 | 직업경로 |
| Bühnen-,Kostümbild(Bachelor) | Studienfächer - grundständig | 무대와의상디자인 | (학사)과목-기초 |
| Bühnen-,Kostümbild(Master) | Studienfächer - weiterführend | 무대와의상디자인 | (석사)연구과목-고급 |
| Bühnenarbeiter/in | Berufe mit unterschiedlichen Zugängen | 무대담당자 | 직업경로 |
| Bühnenbild-Assistent/in | Berufe mit unterschiedlichen Zugängen | 무대설치보조자 | 직업경로 |
| Bühnenbildner/in | Berufe mit Studium | 무대세트 | 학문경로 |
| Bühnenmaler/inundBühnenplastiker/in | Ausbildungsberufe - Dual | 무대배경아티스트/조각가 | 도제제도-dual |
| Bühnenmaler/inundBühnenplastiker/in-Malerei | Ausbildungsberufe - Dual | 무대배경아티스트/조각가-그림 | 도제제도-dual |
| Bühnenmaler/inundBühnenplastiker/in-Plastik | Ausbildungsberufe - Dual | 무대배경아티스트/조각가 - 플라스틱 | 도제제도-dual |
| Bühnenmeister/in | Berufe mit unterschiedlichen Zugängen | 주임 | 직업경로 |
| Bühnentänzer/in | Berufe mit unterschiedlichen Zugängen | 댄서 | 직업경로 |
| Bühnentänzer/in(schulischeAusbildung) | Ausbildungsberufe - BFS | 댄서(학교교육) | 도제제도-BFS |
| Bühnentischler/in | Berufe mit unterschiedlichen Zugängen | 목수 | 직업경로 |
| Büroassistent/in | Weiterbildungsberufe - Betriebswirte/Kaufleute | 사무실보조/훈련 | 교육직업 |
| Bürokaufmann/-frau | Ausbildungsberufe - Dual | 사무실보조 | 도제제도-dual |
| Bürokraft/KaufmännischeFachkraft | Berufe mit unterschiedlichen Zugängen | 사무실상업/보조 | 직업경로 |
| Büroleiter/in-Handwerk | Weiterbildungsberufe - Betriebswirte/Kaufleute | 사무실관리자/ | 교육직업 |
| Bürsten-undPinselmacher/in | Ausbildungsberufe - Dual | 브러쉬메이커-빗 | 도제제도-dual |
| Bürsten-undPinselmacher/in-Bürstenherstellung | Ausbildungsberufe - Dual | 브러쉬메이커 - 붓 | 도제제도-dual |
| Bürsten-undPinselmacher/in-Pinselherstellung | Ausbildungsberufe - Dual | 브러쉬메이커-브러시제조 | 도제제도-dual |
| Busfahrer/in | Berufe mit unterschiedlichen Zugängen | 버스드라이버 | 직업경로 |

부록 115

| 자 격 명 | 직업 및 교육형태 | 자 격 명 | 직업 및 교육형태 |
|---|---|---|---|
| Business-Development-Manager/in | Berufe mit unterschiedlichen Zugängen | 사업개발경영자 | 직업경로 |
| Byzantinist/in | Berufe mit Studium | 중세비잔틴문화 | 학문경로 |
| CAD-Fachkraft | Weiterbildungsberufe - Weitere | CAD | 교육직업-고급 |
| CAD-Fachkraft-Bau | Weiterbildungsberufe - Weitere | CAD기술자-건축 | 교육직업-고급 |
| CAD-Fachkraft-Elektrotechnik | Weiterbildungsberufe - Weitere | CAD기술자-전기 | 교육직업-고급 |
| CAD-Fachkraft-Metall | Weiterbildungsberufe - Weitere | CAD 기술자-금속 | 교육직업-고급 |
| CAD-Fachkraft(ohneSchwerpunkt) | Weiterbildungsberufe - Weitere | CAD 기술자-교육 | 교육직업-고급 |
| Call-Center-Agent/in | Ausbildungsberufe - Sonstige | 콜센터대행자 | 도제제도-Sonstige |
| Call-Center-Controller/in | Berufe mit unterschiedlichen Zugängen | 콜센터관리자 | 직업경로 |
| CAM-Organisator/in | Weiterbildungsberufe - Weitere | CAM-공정전문가 | 교육직업-고급 |
| Campaigner/in | Berufe mit unterschiedlichen Zugängen | 캠페이너 | 직업경로 |
| Casting-Direktor/in | Berufe mit unterschiedlichen Zugängen | 주조작업자 | 직업경로 |
| Category-Manager/in | Berufe mit unterschiedlichen Zugängen | 과정경영자 | 직업경로 |
| Catering-Manager/in | Berufe mit unterschiedlichen Zugängen | 취급운영자 | 직업경로 |
| Checkkapitän/in | Berufe mit unterschiedlichen Zugängen | 대장장이 | 직업경로 |
| Chefderang | Berufe mit unterschiedlichen Zugängen | 주방장 | 직업경로 |
| Chefarzt/-ärztin | Berufe mit Studium | 의사/의료전문가 | 학문경로 |
| Chefpilot/in | Berufe mit unterschiedlichen Zugängen | 파일럿 | 직업경로 |
| Chefredakteur/in | Berufe mit unterschiedlichen Zugängen | 편집가 | 직업경로 |
| Chemie(Bachelor) | Studienfächer - grundständig | 화학 | (학사)과목-기초 |
| Chemie(Master) | Studienfächer - weiterführend | 화학 | (석사)연구과목-고급 |
| Chemieingenieurwesen(Bachelor) | Studienfächer - grundständig | 화학공학 | (학사)과목-기초 |
| Chemieingenieurwesen(Master) | Studienfächer - weiterführend | 화학공학 | (석사)연구과목-고급 |
| Chemielaborant/in | Ausbildungsberufe - Dual | 화학실험실 | 도제제도-dual |
| Chemielaborjungwerker/in | Ausbildungsberufe - Dual | 화학실험실작업자 | 도제제도-dual |
| Chemikant/in | Ausbildungsberufe - Dual | 약국 | 도제제도-dual |
| Chemiker/in | Berufe mit Studium | 화학 | 학문경로 |
| ChemischeBiologie(Bachelor) | Studienfächer - grundständig | 화학생물학 | (학사)과목-기초 |
| ChemischeBiologie(Master) | Studienfächer - weiterführend | 화학생물학 | (석사)연구과목-고급 |
| Chemisch-technische/rAssistent/in | Ausbildungsberufe - BFS | 화학 | 도제제도-BFS |
| Chiefsteward/-stewardess | Berufe mit unterschiedlichen Zugängen | 스튜어디스 | 직업경로 |
| Chirurgiemechaniker/in | Ausbildungsberufe - Dual | 수술기계취급사 | 도제제도-dual |
| Chirurgiemechanikermeister/in | Weiterbildungsberufe - Meister | 수술기계 정비사 | 마이스터 |
| Choreografie(Master) | Studienfächer - weiterführend | 안무가 | (석사)연구과목-고급 |
| Choreograf/in | Berufe mit Studium | 안무가 | 학문경로 |
| Chorsänger/in | Berufe mit unterschiedlichen Zugängen | 성가가수 | 직업경로 |
| City-/Flächen-Manager/in | Berufe mit unterschiedlichen Zugängen | 도시공학경영자 | 직업경로 |
| Clown/in | Ausbildungsberufe - Sonstige | 왕관제작자 | 도제제도-Sonstige |
| CNC-Bohrer/in | Berufe mit unterschiedlichen Zugängen | CNC-구멍 | 직업경로 |

| 자 격 명 | 직업 및 교육형태 | 자 격 명 | 직업 및 교육형태 |
|---|---|---|---|
| CNC-Dreher/in | Berufe mit unterschiedlichen Zugängen | CNC-보링 | 직업경로 |
| CNC-Fachkraft/NC-Anwendungsfachmann/-frau | Weiterbildungsberufe - Weitere | CNC-전문가/NC-전문가 | 교육직업-고급 |
| CNC-Fräser/in | Berufe mit unterschiedlichen Zugängen | CNC-Fräser/in | 직업경로 |
| CNC-Schleifer/in | Berufe mit unterschiedlichen Zugängen | CNC-Schleifer/in | 직업경로 |
| Coaching,Beratung,Supervision(Master) | Studienfächer - weiterführend | 코칭,상담,감독 | (석사) |
| Comic-Zeichner/in | Berufe mit unterschiedlichen Zugängen | 코믹-제스처 | 직업경로 |
| Community-Manager/in | Berufe mit unterschiedlichen Zugängen | 정보통신관리자 | 직업경로 |
| Compliance-Manager/in | Berufe mit Studium | 고객응대매니저 | 학문경로 |
| Computer-Animator/in | Berufe mit unterschiedlichen Zugängen | 컴퓨터에니메이터 | 직업경로 |
| Computerlinguistik(Bachelor) | Studienfächer - grundständig | 전산언어학 | (학사)과목-기초 |
| Computerlinguistik(Master) | Studienfächer - weiterführend | 전산언어학 | (석사)연구과목-고급 |
| Computerlinguist/in | Berufe mit Studium | 전산언어학 | 학문경로 |
| Computermathematik(Bachelor) | Studienfächer - grundständig | 컴퓨터수학 | (학사)과목-기초 |
| Computermathematik(Master) | Studienfächer - weiterführend | 컴퓨터수학 | (석사)연구과목-고급 |
| Computermathematiker/in | Berufe mit Studium | 컴퓨터수학자 | 학문경로 |
| Computervisualistik(Bachelor) | Studienfächer - grundständig | 전산 | (학사)과목-기초 |
| Computervisualistik(Master) | Studienfächer - weiterführend | 전산 | (석사)연구과목-고급 |
| Computervisualist/in | Berufe mit Studium | 전산 | 학문경로 |
| Content-Manager/in | Berufe mit unterschiedlichen Zugängen | 콘텐츠관리자 | 직업경로 |
| Continuity-Person | Berufe mit unterschiedlichen Zugängen | 지속성 사람 | 직업경로 |
| Controller/in | Berufe mit unterschiedlichen Zugängen | 관리자 | 직업경로 |
| Controller/in(Weiterbildung) | Weiterbildungsberufe - Betriebswirte/Kaufleute | 교육관리자 | 교육직업 |
| Co-Pilot/in | Berufe mit unterschiedlichen Zugängen | 부조종사 | 직업경로 |
| CorporateProfiler/in | Berufe mit unterschiedlichen Zugängen | 기업프로파일러 | 직업경로 |
| Croupier/Croupière | Ausbildungsberufe - Sonstige | 대리점/도박책임자 | 도제제도-Sonstige |
| CVJM-Sekretär/in | Weiterbildungsberufe - Weitere | YMCA총무 | 교육직업-고급 |
| Dachabdichter/in | Berufe mit unterschiedlichen Zugängen | 네덜란드워크숍 | 직업경로 |
| Dachdecker/in | Ausbildungsberufe - Dual | 지붕수리 | 도제제도-dual |
| Dachdecker/in-Dach-,Wand-undAbdichtungstechnik | Ausbildungsberufe - Dual | 지붕,벽과절연기술 | 도제제도-dual |
| Dachdecker/in-Reetdachtechnik | Ausbildungsberufe - Dual | 지붕초가기술 | 도제제도-dual |
| Dachdecker/inundBauklempner/in | Berufe mit unterschiedlichen Zugängen | 지붕배관공 | 직업경로 |
| Dachdeckermeister/in | Weiterbildungsberufe - Meister | 지붕수리 | 마이스터 |
| Damenfriseur/in | Berufe mit unterschiedlichen Zugängen | 미용사 | 직업경로 |
| Data-Warehouse-Analyst/in | Berufe mit unterschiedlichen Zugängen | 데이터창고분석사 | 직업경로 |
| Datenerfasser/in | Berufe mit unterschiedlichen Zugängen | 데이터입력사 | 직업경로 |

| 자 격 명 | 직업 및 교육형태 | 자 격 명 | 직업 및 교육형태 |
|---|---|---|---|
| Datenschutzbeauftragte/r | Berufe mit unterschiedlichen Zugängen | 개인정보취급위탁사 | 직업경로 |
| Decksmann/-frau(Seeschifffahrt) | Berufe mit unterschiedlichen Zugängen | 갑판원 | 직업경로 |
| Dekontaminateur/in | Berufe mit unterschiedlichen Zugängen | Dekontaminateur | 직업경로 |
| Dekorationenmaler/in | Berufe mit unterschiedlichen Zugängen | 장식화가 | 직업경로 |
| Dekorvorlagenhersteller/in | Ausbildungsberufe - Dual | 전문장식제조업체 | 도제제도-dual |
| Demichefderang | Berufe mit unterschiedlichen Zugängen | 민감한데이터취급 | 직업경로 |
| Demichefd'étage | Berufe mit unterschiedlichen Zugängen | Demichef D' étage | 직업경로 |
| Demograf/in | Berufe mit Studium | Demographer | 학문경로 |
| Denkmalpflege(Master) | Studienfächer - weiterführend | 음악 | 마이스터 |
| Denkmalpfleger/in | Berufe mit Studium | 음악 | 학문경로 |
| Denkmaltechnische/rAssistent/in | Ausbildungsberufe - BFS | 기념관기술자및보조원 | 도제제도-BFS |
| Dentalhygieniker/in | Weiterbildungsberufe - Weitere | 치위생학 | 교육직업-고급 |
| Deponieleiter/in | Berufe mit unterschiedlichen Zugängen | 매립지관리자 | 직업경로 |
| Design(Bachelor) | Studienfächer - grundständig | 디자이너 | (학사)과목-기초 |
| Design(Master) | Studienfächer - weiterführend | 디자이너 | 마이스터 |
| Designer/in(Berufsfachschule)-angew.For mg.,Schmuck/Gerät | Ausbildungsberufe - BFS | 디자이너(전문학교)-angew. Formg,보석/장치 | 도제제도-BFS |
| Designer/in(Berufsfachschule)-Foto | Ausbildungsberufe - BFS | 디자이너(전문학교)-사진 | 도제제도-BFS |
| Designer/in(Berufsfachschule)-Grafik | Ausbildungsberufe - BFS | 디자이너(전문학교)-그래픽 | 도제제도-BFS |
| Designer/in(Berufsfachschule)-Kommunikationsdesign | Ausbildungsberufe - BFS | 디자이너(전문학교)-통신설계 | 도제제도-BFS |
| Designer/in(Berufsfachschule)-Medien | Ausbildungsberufe - BFS | 디자이너 (전문학교)-미디어 | 도제제도-BFS |
| Designer/in(Berufsfachschule)-Mode | Ausbildungsberufe - BFS | 디자이너(전문학교)-패션 | 도제제도-BFS |
| Designer/in(Fachschule)-Informationsdesign | Weiterbildungsberufe - Weitere | 디자이너(대학)-정보디자인 | 교육직업-고급 |
| Designer/in(Hochschule) | Berufe mit Studium | 디자이너(대학) | 학문경로 |
| Desinfektor/in | Ausbildungsberufe - Sonstige | 디자인구성 | 도제제도-Sonstige |
| Destillateur/in | Ausbildungsberufe - Dual | 증류사 | 도제제도-dual |
| Destillateurmeister/in | Weiterbildungsberufe - Meister | 증류사 | 마이스터 |
| Detailkonstrukteur/in | Berufe mit unterschiedlichen Zugängen | 상세디자이너 | 직업경로 |
| Detektiv/in | Ausbildungsberufe - Sonstige | 군사학 | 도제제도-Sonstige |
| DeutschalsZweit-/Fremdsprache(Bachelor) | Studienfächer - grundständig | | (학사)과목-기초 |
| DeutschalsZweit-/Fremdsprache(Master) | Studienfächer - weiterführend | | (석사)연구과목-고급 |
| Diabetesberater/in | Berufe mit unterschiedlichen Zugängen | 간호사 | 직업경로 |
| Diabetesberater/in(Weiterbildung) | Weiterbildungsberufe - Weitere | 간호사 | 교육직업-고급 |
| Diakon(katholisch) | Weiterbildungsberufe - Weitere | 천주교 | 교육직업-고급 |
| Diakon/in(evangelisch) | Weiterbildungsberufe - Weitere | 개신교 | 교육직업-고급 |
| Diakon/in(Sozialarbeit) | Berufe mit unterschiedlichen Zugängen | 사회사업 | 직업경로 |
| Diakonisse(Sozialarbeit) | Berufe mit unterschiedlichen Zugängen | 사회복지 | 직업경로 |
| Diamantschleifer/in | Ausbildungsberufe - Dual | 다이아몬드연삭 | 도제제도-dual |
| Diätassistent/in | Ausbildungsberufe - BFS | 영양사 | 도제제도-BFS |

| 자 격 명 | 직업 및 교육형태 | 자 격 명 | 직업 및 교육형태 |
| --- | --- | --- | --- |
| Diätberater/in | Berufe mit unterschiedlichen Zugängen | 영양사 | 직업경로 |
| Diätkoch/-köchin | Weiterbildungsberufe - Weitere | 다이어트요리 | 교육직업-고급 |
| Dienstleistungs-,Servicemanagement(Bachelor) | Studienfächer - grundständig | 서비스관리 | (학사)과목-기초 |
| Dienstleistungs-,Servicemanagement(Master) | Studienfächer - weiterführend | 서비스관리 | (석사)연구과목-고급 |
| Dienstwagenfahrer/in | Berufe mit unterschiedlichen Zugängen | 회사자동차운전자 | 직업경로 |
| Direktionsbevollmächtigte/r(Versicherung) | Berufe mit unterschiedlichen Zugängen | 이사회대리인 | 직업경로 |
| Dirigent/in | Berufe mit Studium | 지휘자 | 학문경로 |
| Dirigieren,Chorleitung(Bachelor) | Studienfächer - grundständig | 실시,합창지휘 | (학사)과목-기초 |
| Dirigieren,Chorleitung(Master) | Studienfächer - weiterführend | 실시,합창지휘 | (석사)연구과목-고급 |
| Diskjockey | Berufe mit unterschiedlichen Zugängen | 디스크 자키 | 직업경로 |
| Disponent/in-Güterverkehr | Berufe mit unterschiedlichen Zugängen | 물류-화물 | 직업경로 |
| Disponent/in-Lager | Berufe mit unterschiedlichen Zugängen | 물류-재고 | 직업경로 |
| Dokumentar/in | Berufe mit Studium | 다큐멘터리 | 학문경로 |
| Dokumentensachbearbeiter/in(Bank) | Berufe mit unterschiedlichen Zugängen | 문서서기 | 직업경로 |
| Dolmetschen,Übersetzen(Bachelor) | Studienfächer - grundständig | 통역,번역 | (학사)과목-기초 |
| Dolmetschen,Übersetzen(Master) | Studienfächer - weiterführend | 통역,번역 | 학문경로-고급 |
| Dolmetscher/in/Übersetzer/in | Berufe mit unterschiedlichen Zugängen | 통역,번역 | 직업경로 |
| Dolmetscher/in/Übersetzer/in(schulischeAusbildung) | Ausbildungsberufe - BFS | 통역,번역 | 도제제도-BFS |
| Dolmetscher/in/Übersetzer/in(Weiterbildung) | Weiterbildungsberufe - Weitere | 통역,번역 | 교육직업-고급 |
| Dompteur/Dompteuse | Berufe mit unterschiedlichen Zugängen | 트레이너 / 조련사 | 직업경로 |
| Dorfhelfer/in | Weiterbildungsberufe - Weitere | 지역마을헬퍼 | 교육직업-고급 |
| Dozent/in-HochschulenundAkademien | Berufe mit Studium | 대학강사 | 학문경로 |
| Dozent/in-höhereFachschulenundAkademien | Berufe mit Studium | 기술학교및학회강사 | 학문경로 |
| Dozent/in-Musikberufe | Berufe mit Studium | 음악채용강사 | 학문경로 |
| Dozent/in-Waldorflehrerseminar | Berufe mit Studium | 월도프교사연수강사 | 학문경로 |
| Drahtwarenmacher/in | Ausbildungsberufe - Dual | 메이커와이어제품 | 도제제도-dual |
| Drahtzieher/in | Ausbildungsberufe - Dual | 지도자 | 도제제도-dual |
| Dramaturgie(Bachelor) | Studienfächer - grundständig | 연출자 | (학사)과목-기초 |
| Dramaturgie(Master) | Studienfächer - weiterführend | 연출자 | (석사)연구과목-고급 |
| Dramaturg/in | Berufe mit unterschiedlichen Zugängen | 연출자 | 직업경로 |
| Dramaturg/in(schulischeAusbildung) | Ausbildungsberufe - Sonstige | 연출자 | 도제제도-Sonstige |
| Drechsler-(Elfenbeinschni.)u.Holzspielzeugmachermeister/in | Weiterbildungsberufe - Meister | 목세공인 | 마이스터 |
| Drechsler/in(Elfenbeinschnitzer/in) | Ausbildungsberufe - Dual | 상아조각가 | 도제제도-dual |
| Drechsler/in(Elfenbeinschnitzer/in)-Drechseln | Ausbildungsberufe - Dual | 상아조각가 | 도제제도-dual |
| Drechsler/in(Elfenbeinschnitzer/in)-Elfenbeinschnitzen | Ausbildungsberufe - Dual | 상아조각가 | 도제제도-dual |
| Drehbuchautor/in | Berufe mit unterschiedlichen Zugängen | 작가 | 직업경로 |

부록 119

| 자 격 명 | 직업 및 교육형태 | 자 격 명 | 직업 및 교육형태 |
|---|---|---|---|
| Drehbuchautor/in(schulischeAusbildung) | Ausbildungsberufe - Sonstige | 작가 | 도제제도-Sonstige |
| Drehkranführer/in | Berufe mit unterschiedlichen Zugängen | 크레인운전자 | 직업경로 |
| Drogist/in | Ausbildungsberufe - Dual | 약사 | 도제제도-dual |
| Druck-,Medientechnik(Bachelor) | Studienfächer - grundständig | 인쇄및미디어공학 | (학사)과목-기초 |
| Druck-,Medientechnik(Master) | Studienfächer - weiterführend | 인쇄및미디어공학 | (석사)연구과목-고급 |
| Druckermeister/in | Weiterbildungsberufe - Meister | 마스터프린터 | 마이스터 |
| DTP-Fachkraft | Berufe mit unterschiedlichen Zugängen | DTP 전문가 | 직업경로 |
| Duty-Officer | Berufe mit unterschiedlichen Zugängen | 의무 장교 | 직업경로 |
| Edelmetallprüfer/in | Ausbildungsberufe - Dual | 보석조립 | 도제제도-dual |
| Edelsteinfasser/in | Ausbildungsberufe - Dual | 보석제조 | 도제제도-dual |
| Edelsteingraveur/in | Ausbildungsberufe - Dual | 보석가공 | 도제제도-dual |
| Edelsteinschleifer-undEdelsteingraveurmeister/in | Weiterbildungsberufe - Meister | 보석및돌가공 | 마이스터 |
| Edelsteinschleifer/in | Ausbildungsberufe - Dual | 석공예 | 도제제도-dual |
| Editionswissenschaft(Master) | Studienfächer - weiterführend | 석판학 | (석사)연구과목-고급 |
| Editionswissenschaftler/in | Berufe mit Studium | 석판과학자 | 학문경로 |
| EDV-Fachkraft | Weiterbildungsberufe - Weitere | IT 전문가 | 교육직업-고급 |
| EDV-Organisator/in | Berufe mit unterschiedlichen Zugängen | IT기술자 | 직업경로 |
| EDV-Sachbearbeiter/in | Berufe mit unterschiedlichen Zugängen | IT관리자 | 직업경로 |
| EEG-Assistent/in | Berufe mit unterschiedlichen Zugängen | EEG-보조원 | 직업경로 |
| Einkäufer/in | Berufe mit unterschiedlichen Zugängen | 로그인 관리자 | 직업경로 |
| Einrichtungsfachberater/in | Weiterbildungsberufe - Weitere | 시설 컨설턴트 | 교육직업-고급 |
| Einsatzleiter/in(Feuerwehr) | Berufe mit unterschiedlichen Zugängen | 운영관리자(불) | 직업경로 |
| Einsatzleiter/in(Rettungsdienst) | Berufe mit unterschiedlichen Zugängen | 작업관리자(응급서비스) | 직업경로 |
| Einschaler/in | Berufe mit unterschiedlichen Zugängen | 목수 | 직업경로 |
| Eisenbahner/in-Betriebsdienst | Ausbildungsberufe - Dual | 철도원서비스운영 | 도제제도-dual |
| Eisenbahner/in-Betriebsdienst-Fahrweg | Ausbildungsberufe - Dual | 철도원운영인프라 | 도제제도-dual |
| Eisenbahner/in-Betriebsdienst-LokführerundTransport | Ausbildungsberufe - Dual | 철도교통운영및운전자 | 도제제도-dual |
| Eiskonditor/in | Berufe mit unterschiedlichen Zugängen | 아이스크림메이커 | 직업경로 |
| Eislauflehrer/in | Berufe mit unterschiedlichen Zugängen | 스케이트트레이너 | 직업경로 |
| E-Learning-Autor/in | Berufe mit Studium | E-Learning관리자 | 학문경로 |
| Elektro-undSchutzgasschweißer/in(§66B BiG/§42mHwO) | Ausbildungsberufe - Reha | 전기및가스보호용접기 | 도제제도-Reha |
| Elektroanlagenmonteur/in | Ausbildungsberufe - Dual | 전기플랜트배관공 | 도제제도-dual |
| Elektrofachkraftfürfestgelegte Tätigkeiten | Weiterbildungsberufe - Weitere | 전기공학 | 교육직업-고급 |
| Elektromaschinenbauermeister/in | Weiterbildungsberufe - Meister | 전기공학 | 마이스터 |
| Elektroniker/in-Automatisierungstechnik (Handwerk) | Ausbildungsberufe - Dual | 전기-자동화(공예) | 도제제도-dual |
| Elektroniker/in-Automatisierungstechnik (Industrie) | Ausbildungsberufe - Dual | 전기-자동화(산업) | 도제제도-dual |
| Elektroniker/in-Betriebstechnik | Ausbildungsberufe - Dual | 전기-산업공학 | 도제제도-dual |

| 자 격 명 | 직업 및 교육형태 | 자 격 명 | 직업 및 교육형태 |
| --- | --- | --- | --- |
| Elektroniker/in-Betriebstechnik(Schalt-undSteueranl.) | Berufe mit unterschiedlichen Zugängen | 전기-산업공학 | 직업경로 |
| Elektroniker/in-Energie-undGebäudetechnik | Ausbildungsberufe - Dual | 전기-에너지및빌딩 | 도제제도-dual |
| Elektroniker/in-Gebäude-undInfrastruktursysteme | Ausbildungsberufe - Dual | 전기-건물및인프라시스템 | 도제제도-dual |
| Elektroniker/in-GeräteundSysteme | Ausbildungsberufe - Dual | 전기-장비및시스템 | 도제제도-dual |
| Elektroniker/in-GeräteundSysteme(Feingeräte) | Berufe mit unterschiedlichen Zugängen | 전기-장비및시스템(정밀기기) | 직업경로 |
| Elektroniker/in-GeräteundSysteme(Funktechnik) | Berufe mit unterschiedlichen Zugängen | 전기-장비및시스템(무선기술) | 직업경로 |
| Elektroniker/in-GeräteundSysteme(Telekommunikation) | Berufe mit unterschiedlichen Zugängen | 전기-장비및시스템(통신) | 직업경로 |
| Elektroniker/in-Informations-u.Telekommunikationstechnik | Ausbildungsberufe - Dual | 전기-정보및통신기술 | 도제제도-dual |
| Elektroniker/in-LuftfahrttechnischeSysteme | Ausbildungsberufe - Dual | 전기-항공시스템 | 도제제도-dual |
| Elektroniker/in-MaschinenundAntriebstechnik | Ausbildungsberufe - Dual | 전기-기계및드라이브 | 도제제도-dual |
| Elektroniker/in-Prüffeld | Berufe mit unterschiedlichen Zugängen | 전기-시험분야 | 직업경로 |
| Elektroniker/in(Handwerk) | Ausbildungsberufe - Dual | 전기(공예) | 도제제도-dual |
| Elektroschweißer/in | Berufe mit unterschiedlichen Zugängen | 전기용접기 | 직업경로 |
| Elektrotechnik(Bachelor) | Studienfächer - grundständig | 전기공학 | (학사)과목-기초 |
| Elektrotechnik(Master) | Studienfächer - weiterführend | 전기공학 | (석사)연구과목-고급 |
| Elektrotechnikermeister/in | Weiterbildungsberufe - Meister | 전기공학 | 마이스터 |
| Elektrotechnische/rAssistent/in | Ausbildungsberufe - BFS | 전기보조 | 도제제도-BFS |
| Elementarpädagoge/-pädagogin | Berufe mit Studium | 초등학교교사 | 학문경로 |
| E-Mail-Agent/in | Berufe mit unterschiedlichen Zugängen | E-Mail대행 | 직업경로 |
| Empfangschef/in(Hotel) | Berufe mit unterschiedlichen Zugängen | 접수관리자(호텔) | 직업경로 |
| Empfangskraft | Berufe mit unterschiedlichen Zugängen | 접수원 | 직업경로 |
| Empfangsmitarbeiter/in(Hotel) | Berufe mit unterschiedlichen Zugängen | 접수원(호텔) | 직업경로 |
| Energie-,Ressourcenmanagement(Bachelor) | Studienfächer - grundständig | 에너지,자원관리 | (학사)과목-기초 |
| Energie-,Ressourcenmanagement(Master) | Studienfächer - weiterführend | 에너지,자원관리 | (석사)연구과목-고급 |
| Energieberater/in | Berufe mit unterschiedlichen Zugängen | 에너지컨설턴트 | 직업경로 |
| Energieberater/in(Weiterbildung) | Weiterbildungsberufe - Weitere | 에너지컨설턴트 | 교육직업-고급 |
| Energiemanager/in | Berufe mit Studium | 에너지관리자 | 학문경로 |
| Energietechnik(Bachelor) | Studienfächer - grundständig | 에너지기술 | (학사)과목-기초 |
| Energietechnik(Master) | Studienfächer - weiterführend | 에너지기술 | (석사)연구과목-고급 |
| Ensembleleiter/in | Ausbildungsberufe - BFS | 겸직이사 | 도제제도-BFS |
| Entertainer/in | Berufe mit unterschiedlichen Zugängen | 연예인 | 직업경로 |
| Entremetier | Berufe mit unterschiedlichen Zugängen | 연예기획 | 직업경로 |
| Entroster/in | Berufe mit unterschiedlichen Zugängen | 연예지망 | 직업경로 |
| Entwickler/inDigitaleMedien | Berufe mit unterschiedlichen Zugängen | 개발자 / 디지털 미디어 | 직업경로 |

| 자 격 명 | 직업 및 교육형태 | 자 격 명 | 직업 및 교육형태 |
|---|---|---|---|
| Entwickler/inDigitaleMedien(Weiterbildung) | Weiterbildungsberufe - Weitere | 개발자/디지털미디어 | 교육직업-고급 |
| Entwicklungsforschung,-politik(Master) | Studienfächer - weiterführend | 개발연구,정책 | 학문경로 |
| Entwicklungshelfer/in | Berufe mit unterschiedlichen Zugängen | 개발 기획 | 직업경로 |
| Entwicklungstechniker/in | Berufe mit unterschiedlichen Zugängen | 개발엔지니어 | 직업경로 |
| Epidemiologe/Epidemiologin | Berufe mit Studium | 역학사 | 학문경로 |
| Epidemiologie(Master) | Studienfächer - weiterführend | 역학사 | 마이스터 |
| Epithetiker/in | Berufe mit unterschiedlichen Zugängen | Anaplastologist | 직업경로 |
| Erdbewegungsmaschinenführer/in | Berufe mit unterschiedlichen Zugängen | Erdbewegungsmaschinenführer | 직업경로 |
| Ergotherapeut/in | Berufe mit unterschiedlichen Zugängen | 직업치료사 | 직업경로 |
| Ergotherapeut/in(schulischeAusbildung) | Ausbildungsberufe - BFS | 직업치료사 | 도제제도-BFS |
| Ergotherapie(Bachelor) | Studienfächer - grundständig | 작업요법 | (학사)과목-기초 |
| Ermittler/in(Handels-,Kreditauskunftei) | Berufe mit unterschiedlichen Zugängen | 사설탐정 | 직업경로 |
| Ernährungs-undFitnessberater/in(Gesundheit/Sport) | Berufe mit unterschiedlichen Zugängen | 영양및피트니스컨설턴트 | 직업경로 |
| Ernährungsberater/in | Berufe mit unterschiedlichen Zugängen | 영양사 | 직업경로 |
| Ernährungsberater/in(Weiterbildung) | Weiterbildungsberufe - Weitere | 영양사 | 교육직업-고급 |
| Ernährungswissenschaft,Ökotrophologie(Bachelor) | Studienfächer - grundständig | 영양과학 | (학사)과목-기초 |
| Ernährungswissenschaft,Ökotrophologie(Master) | Studienfächer - weiterführend | 영양과학 | (석사)연구과목-고급 |
| ErneuerbareEnergien(Bachelor) | Studienfächer - grundständig | 신재생에너지 | (학사)과목-기초 |
| ErneuerbareEnergien(Master) | Studienfächer - weiterführend | 신재생에너지 | (석사)연구과목-고급 |
| Erodierer/in | Berufe mit unterschiedlichen Zugängen | Erodierer | 직업경로 |
| ERP-Anwendungsentwickler/in | Berufe mit unterschiedlichen Zugängen | ERP기술자 | 직업경로 |
| ERP-Berater/in-ERP-Consultant | Berufe mit unterschiedlichen Zugängen | ERP컨설턴트 | 직업경로 |
| ERP-Organisator/in | Berufe mit unterschiedlichen Zugängen | ERP조직관리자 | 직업경로 |
| ERP-Systembetreuer/in | Berufe mit unterschiedlichen Zugängen | ERP시스템관리자 | 직업경로 |
| Erste/rNautische/rSchiffsoffizier/in | Berufe mit unterschiedlichen Zugängen | 항해선박임원 | 직업경로 |
| Erwachsenenheimleiter/in | Berufe mit unterschiedlichen Zugängen | 성인홈관리자 | 직업경로 |
| Erzieher/in | Ausbildungsberufe - BFS | 교육자 | 도제제도-BFS |
| Erzieher/in-Jugend-undHeimerziehung | Ausbildungsberufe - BFS | 교육자-청소년과가정교육 | 도제제도-BFS |
| Erzieher/in-sonderpädagogischeEinrichtungen | Berufe mit unterschiedlichen Zugängen | 교육자-특수교육 | 직업경로 |
| Erziehungs-,Bildungswissenschaft(Bachelor) | Studienfächer - grundständig | 과학교육 | (학사)과목-기초 |
| Erziehungs-,Bildungswissenschaft(Master) | Studienfächer - weiterführend | 과학교육 | (석사)연구과목-고급 |
| Erziehungsberater/in | Berufe mit Studium | 교육고문 | 학문경로 |
| Estrichleger/in | Ausbildungsberufe - Dual | 계단제작자 | 도제제도-dual |
| Estrichlegermeister/in | Weiterbildungsberufe - Meister | 계단제작자 | 마이스터 |

| 자 격 명 | 직업 및 교육형태 | 자 격 명 | 직업 및 교육형태 |
|---|---|---|---|
| Etagenkellner/in | Berufe mit unterschiedlichen Zugängen | 웨이터/웨이트리스 | 직업경로 |
| Ethnologe/Ethnologin | Berufe mit Studium | 인류학자 | 학문경로 |
| Ethnologie,Sozial-,Kulturanthropologie(Bachelor) | Studienfächer - grundständig | 민족학,사회,문화인류학 | (학사)과목-기초 |
| Ethnologie,Sozial-,Kulturanthropologie(Master) | Studienfächer - weiterführend | 민족학,사회,문화인류학 | (석사)연구과목-고급 |
| Eurokaufmann/-frau | Ausbildungsberufe - Abi | 유로사업가 | 도제제도-abi |
| Eurythmie(Bachelor) | Studienfächer - grundständig | 율동치료 | (학사)과목-기초 |
| Eurythmie(Master) | Studienfächer - weiterführend | 율동치료 | (석사)연구과목-고급 |
| Eurythmielehrer/in | Berufe mit unterschiedlichen Zugängen | 율동치료 | 직업경로 |
| Eurythmielehrer/in(schulischeAusbildung) | Ausbildungsberufe - Sonstige | 율동치료 | 도제제도-Sonstige |
| Eurythmist/in | Berufe mit Studium | 율동치료 | 학문경로 |
| Eutonietherapeut/in | Berufe mit unterschiedlichen Zugängen | Eutonietherapeut | 직업경로 |
| Evangelische/rPfarrer/in | Berufe mit Studium | 복음주의목사 | 학문경로 |
| Event-Management(Bachelor) | Studienfächer - grundständig | 이벤트관리 | (학사)과목-기초 |
| Event-Manager/in | Berufe mit unterschiedlichen Zugängen | 이벤트관리 | 직업경로 |
| Event-Manager/in(schulischeAusbildung) | Ausbildungsberufe - Sonstige | 이벤트관리 | 도제제도-Sonstige |
| Expedient/in | Berufe mit unterschiedlichen Zugängen |  | 직업경로 |
| Extruderführer/in | Berufe mit unterschiedlichen Zugängen | 압출기처리사 | 직업경로 |
| Fachagrarwirt/in-BaumpflegeundBaumsanierung | Weiterbildungsberufe - Betriebswirte/Kaufleute | 전문농업경제-나무관리및나무치료 | 교육직업 |
| Fachagrarwirt/in-Besamungswesen | Weiterbildungsberufe - Betriebswirte/Kaufleute | 전문농업경제 - AI의존재 | 교육직업 |
| Fachagrarwirt/in-EDV-gestützteUnternehmensführung | Weiterbildungsberufe - Betriebswirte/Kaufleute | 전문농업경제-전산관리 | 교육직업 |
| Fachagrarwirt/in-ErneuerbareEnergien/Biomasse | Weiterbildungsberufe - Betriebswirte/Kaufleute | 전문농업경제-신재생에너지/바이오매스 | 교육직업 |
| Fachagrarwirt/in-Golfplatzpflege | Weiterbildungsberufe - Betriebswirte/Kaufleute | 전문농업경제-골프코스관리 | 교육직업 |
| Fachagrarwirt/in-Head-Greenkeeper/in | Weiterbildungsberufe - Betriebswirte/Kaufleute | 전문 농업경제 Head-Greenkeeper | 교육직업 |
| Fachagrarwirt/in-Klauenpflege | Weiterbildungsberufe - Betriebswirte/Kaufleute | 전문농업경제-발관리 | 교육직업 |
| Fachagrarwirt/in-LandwirtschaftlicheDirektvermarktung | Weiterbildungsberufe - Betriebswirte/Kaufleute | 전문농업경제-농업직접마케팅 | 교육직업 |
| Fachagrarwirt/in-Rechnungswesen | Weiterbildungsberufe - Betriebswirte/Kaufleute | 전문농업경제-회계 | 교육직업 |
| Fachaltenpfleger/in | Weiterbildungsberufe - Weitere | 노인간호사 | 교육직업-고급 |
| Fachaltenpfleger/in-klinischeGeriatrie/Rehabilitation | Weiterbildungsberufe - Weitere | 노인간호사-임상노인병학/재활 | 교육직업-고급 |
| Fachaltenpfleger/in-Onkologie | Weiterbildungsberufe - Weitere | 노인간호사-종양학 | 교육직업-고급 |
| Fachaltenpfleger/in-Palliativ-undHospizpflege | Weiterbildungsberufe - Weitere | 노인간호사-호스피스케어 | 교육직업-고급 |
| Fachaltenpfleger/in-Psychiatrie | Weiterbildungsberufe - Weitere | 노인전문정신과의사/간호사 | 교육직업-고급 |
| Fachangestellte/rfürArbeitsmarktdienstleistungen | Ausbildungsberufe - Dual | 노동시장서비스직원 | 도제제도-dual |
| Fachangestellte/rfürBäderbetriebe | Ausbildungsberufe - Dual | 목욕탕직원 | 도제제도-dual |

부록 123

| 자 격 명 | 직업 및 교육형태 | 자 격 명 | 직업 및 교육형태 |
|---|---|---|---|
| Fachangestellte/rfürBürokommunikation | Ausbildungsberufe - Dual | 사무실통신연구직우너 | 도제제도-dual |
| Fachangestellte/rfürMarkt-undSozialforschung | Ausbildungsberufe - Dual | 시장및사회연구직원 | 도제제도-dual |
| Fachangestellte/rfürMedien-u.Info.Dienste | Ausbildungsberufe - Dual | 미디어및정보수집직원 | 도제제도-dual |
| Fachangestellte/rfürMedien-u.Info.Dienste-Archiv | Ausbildungsberufe - Dual | 미디어및정보수집직원-자료실 | 도제제도-dual |
| Fachangestellte/rfürMedien-u.Info.Dienste-Bibliothek | Ausbildungsberufe - Dual | 미디어및정보수집직원-도서관 | 도제제도-dual |
| Fachangestellte/rfürMedien-u.Info.Dienste-Bildagentur | Ausbildungsberufe - Dual | 미디어및정보수집직원-사진기구 | 도제제도-dual |
| Fachangestellte/rfürMedien-u.Info.Dienste-Info.u.Doku | Ausbildungsberufe - Dual | 미디어및정보수집직원-정보문서 | 도제제도-dual |
| Fachangestellte/rfürMedien-u.Info.Dienste-Med.Doku. | Ausbildungsberufe - Dual | 미디어및정보수집직원-광의문서 | 도제제도-dual |
| Fachanwalt/-anwältin | Berufe mit Studium - Weiterbildung | 전문변호사 | 학문경로-고급 |
| Fachapotheker/in | Berufe mit Studium - Weiterbildung | 약사 | 학문경로-고급 |
| Facharzt/-ärztin-Allgemeinchirurgie | Berufe mit Studium - Weiterbildung | 의료-일반외과 | 학문경로-고급 |
| Facharzt/-ärztin-Allgemeinmedizin(Hausarzt/-ärztin) | Berufe mit Studium - Weiterbildung | 의료-일반개업의(GP/GP) | 학문경로-고급 |
| Facharzt/-ärztin-Anästhesiologie | Berufe mit Studium - Weiterbildung | 의료-마취과 | 학문경로-고급 |
| Facharzt/-ärztin-Anatomie | Berufe mit Studium - Weiterbildung | 의료-인체학 | 학문경로-고급 |
| Facharzt/-ärztin-Arbeitsmedizin | Berufe mit Studium - Weiterbildung | 의료-건강 | 학문경로-고급 |
| Facharzt/-ärztin-Augenheilkunde | Berufe mit Studium - Weiterbildung | 의료-안과 | 학문경로-고급 |
| Facharzt/-ärztin-Biochemie | Berufe mit Studium - Weiterbildung | 의료-생화학 | 학문경로-고급 |
| Facharzt/-ärztin-FrauenheilkundeundGeburtshilfe | Berufe mit Studium - Weiterbildung | 의료-산부인과 | 학문경로-고급 |
| Facharzt/-ärztin-Gefäßchirurgie | Berufe mit Studium - Weiterbildung | 의료-혈관외과 | 학문경로-고급 |
| Facharzt/-ärztin-Hals-Nasen-Ohrenheilkunde | Berufe mit Studium - Weiterbildung | 의료-귀,코,목 | 학문경로-고급 |
| Facharzt/-ärztin-Haut-undGeschlechtskrankheiten | Berufe mit Studium - Weiterbildung | 의료-피부와성병질병 | 학문경로-고급 |
| Facharzt/-ärztin-Herzchirurgie | Berufe mit Studium - Weiterbildung | 의료-심장수술 | 학문경로-고급 |
| Facharzt/-ärztin-Humangenetik | Berufe mit Studium - Weiterbildung | 의료-인간유전학 | 학문경로-고급 |
| Facharzt/-ärztin-HygieneundUmweltmedizin | Berufe mit Studium - Weiterbildung | 의료-위생및환경의학 | 학문경로-고급 |
| Facharzt/-ärztin-InnereMedizin | Berufe mit Studium - Weiterbildung | 의료-내과 | 학문경로-고급 |
| Facharzt/-ärztin-Kinder-u.Jugendpsychiat.u.-psychoth. | Berufe mit Studium - Weiterbildung | 의료-어린이및Jugendpsychiat.U-심리치료사. | 학문경로-고급 |
| Facharzt/-ärztin-Kinder-undJugendmedizin | Berufe mit Studium - Weiterbildung | 의료-어린이병원 | 학문경로-고급 |
| Facharzt/-ärztin-Kinderchirurgie | Berufe mit Studium - Weiterbildung | 의료-소아외과 | 학문경로-고급 |
| Facharzt/-ärztin-KlinischePharmakologie | Berufe mit Studium - Weiterbildung | 의료-임상약리학 | 학문경로-고급 |

| 자 격 명 | 직업 및 교육형태 | 자 격 명 | 직업 및 교육형태 |
|---|---|---|---|
| Facharzt/-ärztin-Laboratoriumsmedizin | Berufe mit Studium - Weiterbildung | 의료-실험실의학 | 학문경로-고급 |
| Facharzt/-ärztin-Mikrobiol./Virolog./Infektionsepi. | Berufe mit Studium - Weiterbildung | 의료-Microbiol/Virolog/Infektionsepi... | 학문경로-고급 |
| Facharzt/-ärztin-Mund-Kiefer-Gesichtschirurgie | Berufe mit Studium - Weiterbildung | 의료-구강악안면외과 | 학문경로-고급 |
| Facharzt/-ärztin-Neurochirurgie | Berufe mit Studium - Weiterbildung | 의료-신경외과 | 학문경로-고급 |
| Facharzt/-ärztin-Neurologie | Berufe mit Studium - Weiterbildung | 의료-신경과 | 학문경로-고급 |
| Facharzt/-ärztin-Neuropathologie | Berufe mit Studium - Weiterbildung | 의료-Neuropathology | 학문경로-고급 |
| Facharzt/-ärztin-Nuklearmedizin | Berufe mit Studium - Weiterbildung | 의료-핵의학 | 학문경로-고급 |
| Facharzt/-ärztin-ÖffentlichesGesundheitswesen | Berufe mit Studium - Weiterbildung | 의료-보건 | 학문경로-고급 |
| Facharzt/-ärztin-OrthopädieundUnfallchirurgie | Berufe mit Studium - Weiterbildung | 의료-Orthopaedics과외상외과 | 학문경로-고급 |
| Facharzt/-ärztin-Pathologie | Berufe mit Studium - Weiterbildung | 의료-병리학 | 학문경로-고급 |
| Facharzt/-ärztin-PharmakologieundToxikologie | Berufe mit Studium - Weiterbildung | 의료-약리학및독성 | 학문경로-고급 |
| Facharzt/-ärztin-Physikalische/RehabilitativeMedizin | Berufe mit Studium - Weiterbildung | 의료-물리/재활의학 | 학문경로-고급 |
| Facharzt/-ärztin-Physiologie | Berufe mit Studium - Weiterbildung | 의료-생리학 | 학문경로-고급 |
| Facharzt/-ärztin-PlastischeundÄsthetischeChirurgie | Berufe mit Studium - Weiterbildung | 의료-성형및성형수술 | 학문경로-고급 |
| Facharzt/-ärztin-PsychiatrieundPsychotherapie | Berufe mit Studium - Weiterbildung | 의료-정신과 | 학문경로-고급 |
| Facharzt/-ärztin-Psychosom.Medizinu.Psychotherapie | Berufe mit Studium - Weiterbildung | 심리치료 | 학문경로-고급 |
| Facharzt/-ärztin-Radiologie | Berufe mit Studium - Weiterbildung | 의료-방사선과 | 학문경로-고급 |
| Facharzt/-ärztin-Rechtsmedizin | Berufe mit Studium - Weiterbildung | 의료-법의학의학 | 학문경로-고급 |
| Facharzt/-ärztin-Sprach-,Stimm-u.kindl. Hörstörungen | Berufe mit Studium - Weiterbildung | 의료-언어치료 | 학문경로-고급 |
| Facharzt/-ärztin-Strahlentherapie | Berufe mit Studium - Weiterbildung | 의료-방사선치료 | 학문경로-고급 |
| Facharzt/-ärztin-Thoraxchirurgie | Berufe mit Studium - Weiterbildung | 의료-흉부외과 | 학문경로-고급 |
| Facharzt/-ärztin-Transfusionsmedizin | Berufe mit Studium - Weiterbildung | 의료-수혈의학 | 학문경로-고급 |
| Facharzt/-ärztin-Urologie | Berufe mit Studium - Weiterbildung | 의료-비뇨기과 | 학문경로-고급 |
| Facharzt/-ärztin-Viszeralchirurgie | Berufe mit Studium - Weiterbildung | 의료-내장수술 | 학문경로-고급 |
| Fachassistent/in-Hirnleistungstraining | Berufe mit unterschiedlichen Zugängen | 의료기술보조-뇌성능훈련 | 직업경로 |
| Fachbauleiter/in-Tischlerhandwerk | Weiterbildungsberufe - Weitere | 무역사이트관리자-목공 | 학문경로-고급 |
| Fachberater/in-Altenhilfe | Berufe mit unterschiedlichen Zugängen | 컨설턴트-노인 | 직업경로 |
| Fachberater/in-Farben,LackeundKunststoffe | Berufe mit unterschiedlichen Zugängen | 컨설턴트-페인트, 비닐및플라스틱 | 직업경로 |
| Fachberater/in-Finanzdienstleistungen | Weiterbildungsberufe - Betriebswirte/Kaufleute | 컨설턴트 - 금융서비스 | 교육직업 |

부록 125

| 자 격 명 | 직업 및 교육형태 | 자 격 명 | 직업 및 교육형태 |
|---|---|---|---|
| Fachberater/in-IntegrierteSysteme | Ausbildungsberufe - Abi | 컨설턴트 - 통합시스템 | 도제제도-Abi |
| Fachberater/in-Softwaretechniken | Ausbildungsberufe - Abi | 컨설턴트 - 소프트웨어기술 | 도제제도-Abi |
| Fachberater/in-Vertrieb | Weiterbildungsberufe - Betriebswirte/Kaufleute | 컨설턴트-판매 | 교육직업 |
| Fachhauswirtschafter/in | Weiterbildungsberufe - Weitere | 가정부 | 교육직업-고급 |
| Fachhumangenetiker/in | Berufe mit Studium - Weiterbildung | 전문가-인간감정 | 학문경로-고급 |
| Fachinformatiker/in | Ausbildungsberufe - Dual | 전문가 | 도제제도-dual |
| Fachinformatiker/in-Anwendungsentwicklung | Ausbildungsberufe - Dual | 기술자-응용프로그램개발 | 도제제도-dual |
| Fachinformatiker/in-Systemintegration | Ausbildungsberufe - Dual | 기술자-시스템통합 | 도제제도-dual |
| Fachkaufmann/-frau-Außenwirtschaft | Weiterbildungsberufe - Betriebswirte/Kaufleute | 무역업-대외무역 | 교육직업 |
| Fachkaufmann/-frau-Büro-undProjektorganisation | Weiterbildungsberufe - Betriebswirte/Kaufleute | 무역업-사무실및프로젝트조직 | 교육직업 |
| Fachkaufmann/-frau-EinkaufundLogistik | Weiterbildungsberufe - Betriebswirte/Kaufleute | 무역업-구매및물류 | 교육직업 |
| Fachkaufmann/-frau-Handwerkswirtschaft | Weiterbildungsberufe - Betriebswirte/Kaufleute | 무역업-거래산업 | 교육직업 |
| Fachkaufmann/-frau-Marketing | Weiterbildungsberufe - Betriebswirte/Kaufleute | 무역업-마케팅 | 교육직업 |
| Fachkaufmann/-frau-Personal | Weiterbildungsberufe - Betriebswirte/Kaufleute | 무역업-직원 | 교육직업 |
| Fachkaufmann/-frau-Teleservice | Ausbildungsberufe - BFS | 무역업-전화서비스 | 도제제도-BFS |
| Fachkaufmann/-frau-Vertrieb | Weiterbildungsberufe - Betriebswirte/Kaufleute | 무역업-판매 | 교육직업 |
| Fachkaufmann/-frau-VerwaltungvonWohnungseigentum | Weiterbildungsberufe - Betriebswirte/Kaufleute | 무역업-주거재산관리 | 교육직업 |
| Fachkinderkrankenschwester/-pfleger | Weiterbildungsberufe - Weitere | 전문가소아과간호사 | 교육직업-고급 |
| Fachkinderkrankenschwester/-pfleger-Hygiene | Weiterbildungsberufe - Weitere | 전문가소아과간호사 - 위생 | 교육직업-고급 |
| Fachkinderkrankenschwester/-pfleger-Intensivpfl./Anästhes. | Weiterbildungsberufe - Weitere | 소아과전문의/간호사 | 교육직업-고급 |
| Fachkinderkrankenschwester/-pfleger-Nephrologie | Weiterbildungsberufe - Weitere | 소아과전문의(신장)/간호사 | 교육직업-고급 |
| Fachkinderkrankenschwester/-pfleger-Onkologie | Weiterbildungsberufe - Weitere | 소아과전문의(종양)/간호사 | 교육직업-고급 |
| Fachkinderkrankenschwester/-pfleger-Operations-/Endoskop. | Weiterbildungsberufe - Weitere | 전문가소아과간호사-수술및 처리실 | 교육직업-고급 |
| Fachkinderkrankenschwester/-pfleger-Palliativ-/Hospizpfl. | Weiterbildungsberufe - Weitere | 전문가소아과간호사-요양및 간병시 | 교육직업-고급 |
| Fachkinderkrankenschwester/-pfleger-Psychiatrie | Weiterbildungsberufe - Weitere | 전문가소아과간호사-정신과 | 교육직업-고급 |
| Fachkinderkrankenschwester/-pfleger-Rehabil./Langzeitpfl. | Weiterbildungsberufe - Weitere | 전문가소아과간호사-Rehabil/Langzeitpfl.. | 교육직업-고급 |
| Fachkraft-Abwassertechnik | Ausbildungsberufe - Dual | 전문가-폐수처리기술 | 도제제도-dual |
| Fachkraft-Agrarservice | Ausbildungsberufe - Dual | 전문가-농업서비스 | 도제제도-dual |
| Fachkraft-Arbeits-undBerufsförderung | Weiterbildungsberufe - Weitere | 전문가 - 고용 및 직업 훈련 | 교육직업-고급 |
| Fachkraft-Arbeitssicherheit | Berufe mit unterschiedlichen Zugängen | 전문가 - 작업 안전 | 직업경로 |
| Fachkraft-Arbeitssicherheit(Weiterbildung) | Weiterbildungsberufe - Weitere | 전문가 - 작업안전 (교육) | 교육직업-고급 |
| Fachkraft-Audiotechnik/Audio-Engineer | Ausbildungsberufe - Sonstige | 전문가-음향공학/음향엔지니어 | 도제제도-Sonstige |
| Fachkraft-Automatenservice | Ausbildungsberufe - Dual | 전문가-자동화서비스 | 도제제도-dual |

| 자 격 명 | 직업 및 교육형태 | 자 격 명 | 직업 및 교육형태 |
| --- | --- | --- | --- |
| Fachkraft-BeautyundWellness | Ausbildungsberufe - BFS | 전문가 - 미용과 웰빙 | 도제제도-BFS |
| Fachkraft-Betreuung | Ausbildungsberufe - Sonstige | 전문가 - 관리 | 도제제도-Sonstige |
| Fachkraft-Brennereiwesen | Weiterbildungsberufe - Weitere | 전문가 - 증류 | 교육직업-고급 |
| Fachkraft-BüroorganisationundTextverarbeitung | Weiterbildungsberufe - Weitere | 전문가 - 사무 관리 및 워드 프로세싱 | 교육직업-고급 |
| Fachkraft-Fahrbetrieb | Ausbildungsberufe - Dual | 전문가 - 운전 | 도제제도-dual |
| Fachkraft-Fruchtsafttechnik | Ausbildungsberufe - Dual | 전문가 - 주스 기술 | 도제제도-dual |
| Fachkraft-Gastgewerbe | Ausbildungsberufe - Dual | 전문가 - 접대 | 도제제도-dual |
| Fachkraft-Gebäudetechnik | Weiterbildungsberufe - Weitere | 전문가 - 빌딩 | 교육직업-고급 |
| Fachkraft-Hafenlogistik | Ausbildungsberufe - Dual | 전문가-항만물류 | 도제제도-dual |
| Fachkraft-Holz-undBautenschutzarbeiten | Ausbildungsberufe - Dual | 전문가-목재관련 | 도제제도-dual |
| Fachkraft-Hygieneüberwachung | Ausbildungsberufe - BFS | 전문가 - 위생 모니터링 | 도제제도-BFS |
| Fachkraft-Kreislauf-undAbfallwirtschaft | Ausbildungsberufe - Dual | 전문가-수거및폐기물관리 | 도제제도-dual |
| Fachkraft-Kurier-,Express-undPostdienstleistungen | Ausbildungsberufe - Dual | 전문가 - 택배, 익스프레스 및 우편 서비스 | 도제제도-dual |
| Fachkraft-Lagerlogistik | Ausbildungsberufe - Dual | 전문가 - 창고물류 | 도제제도-dual |
| Fachkraft-landwirtschaftlicherHaushalt | Weiterbildungsberufe - Weitere | 전문가 - 농장 | 교육직업-고급 |
| Fachkraft-Lebensmitteltechnik | Ausbildungsberufe - Dual | 전문가 - 식품기술 | 도제제도-dual |
| Fachkraft-Lederverarbeitung | Ausbildungsberufe - Dual | 전문가-가죽처리기술 | 도제제도-dual |
| Fachkraft-Logistik/Materialwirtschaft | Weiterbildungsberufe - Weitere | 전문가 - 물류/자재 관리 | 교육직업-고급 |
| Fachkraft-Marketing/Verkauf/Vertrieb | Berufe mit unterschiedlichen Zugängen | 전문가 - 마케팅/판매/유통 | 직업경로 |
| Fachkraft-mechatronischeSysteme | Weiterbildungsberufe - Weitere | 전문가-메카트로닉스시스템 | 교육직업-고급 |
| Fachkraft-MetallbearbeitungdurchLaserstrahl | Weiterbildungsberufe - Weitere | 전문가-레이저빔에의한금속절단 | 교육직업-고급 |
| Fachkraft-Möbel-,Küchen-undUmzugsservice | Ausbildungsberufe - Dual | 전문가 - 가구, 주방 및 제거 서비스 | 도제제도-dual |
| Fachkraft-Personalberatungund-vermittlung | Berufe mit unterschiedlichen Zugängen | 전문가 - HR 컨설팅 및 채용 | 직업경로 |
| Fachkraft-Pflegeassistenz | Ausbildungsberufe - BFS | 전문가 - 간호도우미 | 도제제도-BFS |
| Fachkraft-Qualitätssicherung/-management | Weiterbildungsberufe - Weitere | 전문가 - 품질보증/관리 | 교육직업-고급 |
| Fachkraft-Rohr-,Kanal-undIndustrieservice | Ausbildungsberufe - Dual | 전문가 - 파이프, 하수도 및 산업 서비스 | 도제제도-dual |
| Fachkraft-Schiff-/Maschinendienst(ohneBefähigungszeugnis) | Berufe mit unterschiedlichen Zugängen | 전문가 - 선박/서비스기계 (인증없음) | 직업경로 |
| Fachkraft-SchutzundSicherheit | Ausbildungsberufe - Dual | 전문가 - 안전및보안 | 도제제도-dual |
| Fachkraft-Straßen-undVerkehrstechnik | Ausbildungsberufe - Dual | 전문가 - 도로및교통공학 | 도제제도-dual |
| Fachkraft-Süßwarentechnik | Ausbildungsberufe - Dual | 전문가 - 제과기술 | 도제제도-dual |
| Fachkraft-Süßwarentechnik-Dauerbackwaren | Ausbildungsberufe - Dual | 전문가 - 제과기술 - 비스킷 | 도제제도-dual |
| Fachkraft-Süßwarentechnik-Konfekt | Ausbildungsberufe - Dual | 전문가 - 제과기술 - 합성 | 도제제도-dual |
| Fachkraft-Süßwarentechnik-Schokolade | Ausbildungsberufe - Dual | 전문가 - 제과 기술 - 초콜릿 | 도제제도-dual |
| Fachkraft-Süßwarentechnik-Zuckerwaren | Ausbildungsberufe - Dual | 전문가 - 제과 기술 - 제과 | 도제제도-dual |
| Fachkraft-Trockenbau | Weiterbildungsberufe - Weitere | 전문가 | 교육직업-고급 |
| Fachkraft-überbetrieblicheAus-undWeiterbildung | Berufe mit unterschiedlichen Zugängen | 전문가 - 직업훈련·교육 | 직업경로 |
| Fachkraft-Veranstaltungstechnik | Ausbildungsberufe - Dual | 전문가 - 이벤트 기술 | 도제제도-dual |
| Fachkraft-Wasserversorgungstechnik | Ausbildungsberufe - Dual | 전문가 - 물 공급 기술 | 도제제도-dual |
| Fachkraft-Wasserwirtschaft | Ausbildungsberufe - Dual | 전문가 - 물 관리 | 도제제도-dual |
| Fachkrankenschwester/-pfleger | Weiterbildungsberufe - Weitere | 전문간호사 | 교육직업-고급 |
| Fachkrankenschwester/-pfleger-Hygiene | Weiterbildungsberufe - Weitere | 전문간호사-위생 | 교육직업-고급 |

| 자 격 명 | 직업 및 교육형태 | 자 격 명 | 직업 및 교육형태 |
|---|---|---|---|
| Fachkrankenschwester/-pfleger-Intensivpflege/Anästhesie | Weiterbildungsberufe - Weitere | 전문간호사-집중케어/Anaesthesia | 교육직업-고급 |
| Fachkrankenschwester/-pfleger-Klinische Geriatrie | Weiterbildungsberufe - Weitere | 전문간호사 - 임상노인질환 | 교육직업-고급 |
| Fachkrankenschwester/-pfleger-Nephrologie | Weiterbildungsberufe - Weitere | 전문간호사-신장학 | 교육직업-고급 |
| Fachkrankenschwester/-pfleger-Onkologie | Weiterbildungsberufe - Weitere | 전문간호사-종양학 | 교육직업-고급 |
| Fachkrankenschwester/-pfleger-Operations-/Endoskopiedienst | Weiterbildungsberufe - Weitere | 전문간호사 - 수술및처리실 | 교육직업-고급 |
| Fachkrankenschwester/-pfleger-Palliativ- undHospizpflege | Weiterbildungsberufe - Weitere | 전문간호사/간호사-요양및간병 | 교육직업-고급 |
| Fachkrankenschwester/-pfleger-Psychiatrie | Weiterbildungsberufe - Weitere | 전문간호사-정신과 | 교육직업-고급 |
| Fachkrankenschwester/-pfleger-Rehabilitation/Langzeitpfl. | Weiterbildungsberufe - Weitere | 전문간호사-재활및치료 | 교육직업-고급 |
| Fachlagerist/in | Ausbildungsberufe - Dual | 전문트레이너 | 도제제도-dual |
| Fachlehrer/in-berufliche/allgemeinbildendeSchulen | Weiterbildungsberufe - Weitere | 전문트레이너 - 일반/직업교육학교 | 교육직업-고급 |
| Fachlehrer/in-Informationsverarb./Textverarb./Bürotechnik | Weiterbildungsberufe - Weitere | 전문트레이너-정보처리,통신사무용품. | 교육직업-고급 |
| Fachlehrer/in-musisch-technischeFächer | Ausbildungsberufe - BFS | 전문트레이너-음악및기술과목 | 도제제도-BFS |
| Fachlehrer/in-Sonderschulen | Weiterbildungsberufe - Weitere | 전문트레이너-특수학교 | 교육직업-고급 |
| Fachlehrer/in-Waldarbeiterschulen | Berufe mit unterschiedlichen Zugängen | 전문트레이너-벌목 | 직업경로 |
| Fachlehrer/in-Waldorfschulen | Berufe mit unterschiedlichen Zugängen | 전문트레이너-직업학교 | 직업경로 |
| Fachlehrer/in-Waldorfschulen(schulische Ausbildung) | Ausbildungsberufe - Sonstige | 전문트레이너-학교교육 | 도제제도-Sonstige |
| Fachleiter/in-allgemeinbildendeSchulen | Berufe mit Studium | 전문트레이너-일반교육학교 | 학문경로 |
| Fachleiter/in-Dach-,Wand-undAbdichtungstechnik | Weiterbildungsberufe - Weitere | 전문가-지붕,벽과절연기술 | 교육직업-고급 |
| Fachmann/-frau-Gebäudebewirtschaftung | Weiterbildungsberufe - Weitere | 전문가-건물관리 | 교육직업-고급 |
| Fachmann/-frau-Rehatechnik/Sanitätshauswaren | Berufe mit unterschiedlichen Zugängen | 전문가-재활/의료공급상점상품 | 직업경로 |
| Fachmann/-frau-Systemgastronomie | Ausbildungsberufe - Dual | 전문가-음식서비스 | 도제제도-dual |
| Fachplaner/in-Energie-undGebäudetechnik | Weiterbildungsberufe - Weitere | 전문가-에너지및빌딩 | 교육직업-고급 |
| Fachpraktiker/inelektr.Gerät.u.Syst.(§66BBiG/§42mHwO) | Ausbildungsberufe - Reha | 숙련공-전기.통상,시스템 | 도제제도-Reha |
| Fachpraktiker/inf.Tierpflege(Heim/Pens.)(§66BBiG/§42mHwO) | Ausbildungsberufe - Reha | 숙련공-동물관리 | 도제제도-Reha |
| Fachpraktiker/infürAnlagenmechanikerSHK(§66BBiG/§42mHwO) | Ausbildungsberufe - Reha | 숙련공-기계배치 | 도제제도-Reha |
| Fachpraktiker/infürBäcker(§66BBiG/§42mHwO) | Ausbildungsberufe - Reha | 숙련공-베이커 | 도제제도-Reha |
| Fachpraktiker/infürBaugruppenmechanik(§66BBiG/§42mHwO) | Ausbildungsberufe - Reha | 숙련공-모듈기계 | 도제제도-Reha |
| Fachpraktiker/infürBuchbinder(§66BBiG/§42mHwO) | Ausbildungsberufe - Reha | 숙련공-인쇄제본 | 도제제도-Reha |
| Fachpraktiker/infürBürokommunikation(§66BBiG/§42mHwO) | Ausbildungsberufe - Reha | 숙련공-사무통신 | 도제제도-Reha |
| Fachpraktiker/infürDrucktechnik(§66BBiG/§42mHwO) | Ausbildungsberufe - Reha | 숙련공-인쇄 | 도제제도-Reha |

| 자 격 명 | 직업 및 교육형태 | 자 격 명 | 직업 및 교육형태 |
|---|---|---|---|
| Fachpraktiker/infürelektrischeGeräte(§66BBiG/§42mHwO) | Ausbildungsberufe - Reha | 숙련공-전기장비 | 도제제도-Reha |
| Fachpraktiker/infürElektroniker(§66BBiG/§42mHwO) | Ausbildungsberufe - Reha | 숙련공-전문전자장비 | 도제제도-Reha |
| Fachpraktiker/infürFleischer(§66BBiG/§42mHwO) | Ausbildungsberufe - Reha | 숙련공-전문홍보 | 도제제도-Reha |
| Fachpraktiker/infürGebäudereiniger(§66BBiG/§42mHwO) | Ausbildungsberufe - Reha | 숙련공-전문크리닝 | 도제제도-Reha |
| Fachpraktiker/infürHolzverarbeitung(§66BBiG/§42mHwO) | Ausbildungsberufe - Reha | 숙련공- 목재처리 | 도제제도-Reha |
| Fachpraktiker/infürInformationstechnik(§66BBiG/§42mHwO) | Ausbildungsberufe - Reha | 숙련공-정보통신기술 | 도제제도-Reha |
| Fachpraktiker/infürKfz-Mechatroniker(§66BBiG/§42mHwO) | Ausbildungsberufe - Reha | 숙련공-전문자동차메카트로닉스 | 도제제도-Reha |
| Fachpraktiker/infürKonstruktionsmechanik(§66BBiG/§42mHwO) | Ausbildungsberufe - Reha | 숙련공-건설기계 | 도제제도-Reha |
| Fachpraktiker/infürKreislauf-/Abfallwirt.(§66BBiG/§42mHwO) | Ausbildungsberufe - Reha | 숙련공-의사/의료기 | 도제제도-Reha |
| Fachpraktiker/infürLand-/Baumaschinent.(§66BBiG/§42mHwO) | Ausbildungsberufe - Reha | 숙련공-토양/구조기계 | 도제제도-Reha |
| Fachpraktiker/infürMalerundLackierer(§66BBiG/§42mHwO) | Ausbildungsberufe - Reha | 숙련공-전문페인트 | 도제제도-Reha |
| Fachpraktiker/infürMetallbau(§66BBiG/§42mHwO) | Ausbildungsberufe - Reha | 숙련공-금속 | 도제제도-Reha |
| Fachpraktiker/infürpersonaleDienstleist.(§66BBiG/§42mHwO) | Ausbildungsberufe - Reha | 숙련공-의료개인서비스 | 도제제도-Reha |
| Fachpraktiker/infürtechn.Zeichnen(§66BBiG/§42mHwO) | Ausbildungsberufe - Reha | 숙련공-그림기술 | 도제제도-Reha |
| Fachpraktiker/infürTiefbaufacharbeiter(§66BBiG/§42mHwO) | Ausbildungsberufe - Reha | 숙련공-토목공학 | 도제제도-Reha |
| Fachpraktiker/infürZerspanungsmechanik(§66BBiG/§42mHwO) | Ausbildungsberufe - Reha | 숙련공- 금속절삭가공 | 도제제도-Reha |
| Fachpraktiker/inHauswirtschaft(§66BBiG/§42mHwO) | Ausbildungsberufe - Reha | 숙련공-홈경제 | 도제제도-Reha |
| Fachpraktiker/inimDamenschneiderhandwerk(§66BBiG/§42mHwO) | Ausbildungsberufe - Reha | 숙련공-드레스공예 | 도제제도-Reha |
| Fachpraktiker/inimGastgewerbe(§66BBiG/§42mHwO) | Ausbildungsberufe - Reha | 숙련공-환대전문가 | 도제제도-Reha |
| Fachpraktiker/inimLagerbereich(§66BBiG/§42mHwO) | Ausbildungsberufe - Reha | 숙련공-창고서비스 | 도제제도-Reha |
| Fachpraktiker/inimNahrungsmittelverk.(§66BBiG/§42mHwO) | Ausbildungsberufe - Reha | 숙련공-Nahrungsmittelverk | 도제제도-Reha |
| Fachpraktiker/inimVerkauf(§66BBiG/§42mHwO) | Ausbildungsberufe - Reha | 숙련공-판매전문가 | 도제제도-Reha |
| Fachpraktiker/ininderFloristik(§66BBiG/§42mHwO) | Ausbildungsberufe - Reha | 숙련공-프로리스트 | 도제제도-Reha |
| Fachpraktiker/inKüche(Beikoch)(§66BBiG/§42mHwO) | Ausbildungsberufe - Reha | 숙련공-보조요리사 | 도제제도-Reha |
| Fachpraktiker/in-Möbel-,Küchen-,Umzugsserv.(§66BBiG/§42mHwO) | Ausbildungsberufe - Reha | 숙련공-주방장 | 도제제도-Reha |
| Fachradiologietechnologe/-technologin-radiolog.Diagnostik | Weiterbildungsberufe - Weitere | 전문방사선과의기술자-진단 | 교육직업-고급 |
| Fachradiologietechnologe/-technologin-Radioonk.,Dosimetrie | Weiterbildungsberufe - Weitere | 전문방사선과의기술자-방사선,선량. | 교육직업-고급 |
| Fachtierarzt/-ärztin | Berufe mit Studium - Weiterbildung | 전문수의학 | 학문경로-고급 |
| Fachunteroffizier | Ausbildungsberufe - Sonstige | 전문임원 | 도제제도-Sonstige |

부록 129

| 자 격 명 | 직업 및 교육형태 | 자 격 명 | 직업 및 교육형태 |
|---|---|---|---|
| Fachunteroffizier-AllgemeinerFachdienst | Ausbildungsberufe - Sonstige | 상사 | 도제제도-Sonstige |
| Fachunteroffizier-Militärmusikdienst | Ausbildungsberufe - Sonstige | 하사 | 도제제도-Sonstige |
| Fachunteroffizier-Sanitätsdienst | Ausbildungsberufe - Sonstige | 군의상사 | 도제제도-Sonstige |
| Fachverkäufer/-berater/in-Bau-/Heimwerkerbedarf | Weiterbildungsberufe - Betriebswirte/Kaufleute | 판매전문가-컨설턴트 | 교육직업 |
| Fachverkäufer/in-Bürobedarf | Berufe mit unterschiedlichen Zugängen | 영업사원-사무용품 | 직업경로 |
| Fachverkäufer/in-Drogeriewaren | Berufe mit unterschiedlichen Zugängen | 영업사원-약국항목 | 직업경로 |
| Fachverkäufer/in-Elektronik | Berufe mit unterschiedlichen Zugängen | 영업사원-전자 | 직업경로 |
| Fachverkäufer/in-Elektro/Sanitär/Heizung/Installation | Berufe mit unterschiedlichen Zugängen | 영업사원-전기/배관/난방/설치 | 직업경로 |
| Fachverkäufer/in-Foto/Video | Berufe mit unterschiedlichen Zugängen | 영업사원-사진/비디오 | 직업경로 |
| Fachverkäufer/in-Gartengeräte,-maschinen | Berufe mit unterschiedlichen Zugängen | 영업사원-정원장비,기계 | 직업경로 |
| Fachverkäufer/in-Geschenkartikel | Berufe mit unterschiedlichen Zugängen | 영업사원-선물 | 직업경로 |
| Fachverkäufer/in-Haushaltswaren | Berufe mit unterschiedlichen Zugängen | 영업사원-가정용품 | 직업경로 |
| Fachverkäufer/in-Kfz-Zubehör,Reifen | Berufe mit unterschiedlichen Zugängen | 영업사원-자동차액세서리,타이어 | 직업경로 |
| Fachverkäufer/in-KosmetikundKörperpflege | Berufe mit unterschiedlichen Zugängen | 영업사원-화장품과스킨케어 | 직업경로 |
| Fachverkäufer/in-Kraftfahrzeuge | Berufe mit unterschiedlichen Zugängen | 영업사원-차량 | 직업경로 |
| Fachverkäufer/in-Kunst-/Antiquitätenhandel | Berufe mit unterschiedlichen Zugängen | 영업사원-예술과골동품 | 직업경로 |
| Fachverkäufer/in-Lebensmittelhandwerk | Ausbildungsberufe - Dual | 영업사원-식품무역 | 도제제도-dual |
| Fachverkäufer/in-Lebensmittelhandwerk (Bäckerei) | Ausbildungsberufe - Dual | 영업사원-식품무역(제과점) | 도제제도-dual |
| Fachverkäufer/in-Lebensmittelhandwerk (Fleischerei) | Ausbildungsberufe - Dual | 영업사원-식품공예품(정육점) | 도제제도-dual |
| Fachverkäufer/in-Lebensmittelhandwerk (Konditorei) | Ausbildungsberufe - Dual | 영업사원-음식공예(과자) | 도제제도-dual |
| Fachverkäufer/in-Lederwaren | Berufe mit unterschiedlichen Zugängen | 영업사원-가죽제품 | 직업경로 |
| Fachverkäufer/in-Medizintechnik,med.Einrichtungen | Berufe mit unterschiedlichen Zugängen | 영업사원-의료,의료기관 | 직업경로 |
| Fachverkäufer/in-Nahrungsmittel | Berufe mit unterschiedlichen Zugängen | 영업사원-음식 | 직업경로 |
| Fachverkäufer/in-PflanzenundSaatgut | Berufe mit unterschiedlichen Zugängen | 영업사원-식물과종자 | 직업경로 |
| Fachverkäufer/in-Reform-undDiätwaren | Berufe mit unterschiedlichen Zugängen | 영업사원-건강보조 및 다이어트제품 | 직업경로 |
| Fachverkäufer/in-Sanitätsfachhandel | Berufe mit unterschiedlichen Zugängen | 영업사원-의료공급업체 | 직업경로 |
| Fachverkäufer/in-Schmuck/Uhren/Gold-/Silberw. | Berufe mit unterschiedlichen Zugängen | 영업사원-보석/시계/골드/은제품. | 직업경로 |
| Fachverkäufer/in-Schuhe | Berufe mit unterschiedlichen Zugängen | 영업사원-신발 | 직업경로 |
| Fachverkäufer/in-Spielwaren | Berufe mit unterschiedlichen Zugängen | 영업사원-완구 | 직업경로 |
| Fachverkäufer/in-Sportartikel | Berufe mit unterschiedlichen Zugängen | 영업사원 - 스포츠용품 | 직업경로 |

| 자 격 명 | 직업 및 교육형태 | 자 격 명 | 직업 및 교육형태 |
|---|---|---|---|
| Fachverkäufer/in-Textilien,Bekleidung | Berufe mit unterschiedlichen Zugängen | 영업사원-섬유,의류 | 직업경로 |
| Fachverkäufer/in-ZoobedarfundHeimtierverkauf | Berufe mit unterschiedlichen Zugängen | 영업사원-동물원장비및애완동물판매 | 직업경로 |
| Fachverkäufer/in-Zweiradhandel | Berufe mit unterschiedlichen Zugängen | 영업사원-Zweiradhandel | 직업경로 |
| Fachwerker/in-Feinwerktechnik(§66BBiG/§42mHwO) | Ausbildungsberufe - Reha | 기술노동자-정밀공학 | 도제제도-Reha |
| Fachwerker/in-Qualitätssicherung(§66BBiG/§42mHwO) | Ausbildungsberufe - Reha | 기술노동자-품질보증 | 도제제도-Reha |
| Fachwirt/in-Alten-undKrankenpflege | Weiterbildungsberufe - Betriebswirte/Kaufleute | 비즈니스관리자-환자와노인케어 | 교육직업 |
| Fachwirt/in-ambulantemedizinischeVersorgung | Weiterbildungsberufe - Betriebswirte/Kaufleute | 비즈니스관리자-외래의료 | 교육직업 |
| Fachwirt/in-ArbeitsstudiumundBetriebsorganisation | Weiterbildungsberufe - Betriebswirte/Kaufleute | 비즈니스관리자-공부 및 작업조직 | 교육직업 |
| Fachwirt/in-Bahnbetrieb | Weiterbildungsberufe - Betriebswirte/Kaufleute | 비즈니스관리자-철도 | 교육직업 |
| Fachwirt/in-Bank | Weiterbildungsberufe - Betriebswirte/Kaufleute | 비즈니스관리자-금융 | 교육직업 |
| Fachwirt/in-Bau | Weiterbildungsberufe - Betriebswirte/Kaufleute | 비즈니스관리자-건설 | 교육직업 |
| Fachwirt/in-Bekleidung | Weiterbildungsberufe - Betriebswirte/Kaufleute | 비즈니스관리자-의류 | 교육직업 |
| Fachwirt/in-Bestattung | Weiterbildungsberufe - Betriebswirte/Kaufleute | 비즈니스관리자-장례식- | 교육직업 |
| Fachwirt/in-Buchhandel | Weiterbildungsberufe - Betriebswirte/Kaufleute | 비즈니스관리자-서점 | 교육직업 |
| Fachwirt/in-Büro | Weiterbildungsberufe - Betriebswirte/Kaufleute | 비즈니스관리자-사무실 | 교육직업 |
| Fachwirt/in-Call-Center | Weiterbildungsberufe - Betriebswirte/Kaufleute | 비즈니스관리자-콜센터 | 교육직업 |
| Fachwirt/in-Computer-Management | Weiterbildungsberufe - Betriebswirte/Kaufleute | 비즈니스관리자-컴퓨터관리 | 교육직업 |
| Fachwirt/in-Controlling | Weiterbildungsberufe - Betriebswirte/Kaufleute | 비즈니스관리자-관리 | 교육직업 |
| Fachwirt/in-Energie | Weiterbildungsberufe - Betriebswirte/Kaufleute | 비즈니스관리자-에너지 | 교육직업 |
| Fachwirt/in-Erziehungswesen | Weiterbildungsberufe - Betriebswirte/Kaufleute | 비즈니스관리자-교육 | 교육직업 |
| Fachwirt/in-Facility-Management | Weiterbildungsberufe - Betriebswirte/Kaufleute | 비즈니스관리자-시설관리 | 교육직업 |
| Fachwirt/in-Finanzberatung | Weiterbildungsberufe - Betriebswirte/Kaufleute | 비즈니스관리자 - 금융조언 | 교육직업 |
| Fachwirt/in-FinanzierungundLeasing | Weiterbildungsberufe - Betriebswirte/Kaufleute | 비즈니스관리자 - 금융및임대 | 교육직업 |
| Fachwirt/in-Fitness | Weiterbildungsberufe - Betriebswirte/Kaufleute | 비즈니스관리자-피트니스 | 교육직업 |
| Fachwirt/in-Gastgewerbe | Weiterbildungsberufe - Betriebswirte/Kaufleute | 비즈니스관리자 - 접대 | 교육직업 |
| Fachwirt/in-Gesundheits-undSozialwesen | Weiterbildungsberufe - Betriebswirte/Kaufleute | 비즈니스관리자 - 건강과사회보험 | 교육직업 |
| Fachwirt/in-Handel | Weiterbildungsberufe - Betriebswirte/Kaufleute | 비즈니스관리자 - 무역 | 교육직업 |
| Fachwirt/in-Immobilien | Weiterbildungsberufe - Betriebswirte/Kaufleute | 비즈니스관리자-부동산 | 교육직업 |

| 자 격 명 | 직업 및 교육형태 | 자 격 명 | 직업 및 교육형태 |
| --- | --- | --- | --- |
| Fachwirt/in-Industrie | Weiterbildungsberufe - Betriebswirte/Kaufleute | 비즈니스관리자-산업 | 교육직업 |
| Fachwirt/in-Informationsdienste | Weiterbildungsberufe - Betriebswirte/Kaufleute | 비즈니스관리자 - 정보서비스 | 교육직업 |
| Fachwirt/in-Investment | Weiterbildungsberufe - Betriebswirte/Kaufleute | 비즈니스관리자-투자 | 교육직업 |
| Fachwirt/in-kaufmännischeBetriebsführung/Handwerk | Weiterbildungsberufe - Betriebswirte/Kaufleute | 비즈니스관리자-상업관리/공예 | 교육직업 |
| Fachwirt/in-Krankenkasse | Weiterbildungsberufe - Betriebswirte/Kaufleute | 비즈니스관리자-건강보험 | 교육직업 |
| Fachwirt/in-MarketingundWerbung | Weiterbildungsberufe - Betriebswirte/Kaufleute | 비즈니스관리자-마케팅및광고 | 교육직업 |
| Fachwirt/in-Medien(Digital) | Weiterbildungsberufe - Betriebswirte/Kaufleute | 비즈니스관리자-미디어(디지털) | 교육직업 |
| Fachwirt/in-Medien(Print) | Weiterbildungsberufe - Betriebswirte/Kaufleute | 비즈니스관리자-미디어(인쇄) | 교육직업 |
| Fachwirt/in-Notariat | Weiterbildungsberufe - Betriebswirte/Kaufleute | 비즈니스관리자-공증 | 교육직업 |
| Fachwirt/in-Organisationu.Führung(Sozial) | Weiterbildungsberufe - Betriebswirte/Kaufleute | 비즈니스관리자-조직및관리(사회) | 교육직업 |
| Fachwirt/in-Personaldienstleistung | Weiterbildungsberufe - Betriebswirte/Kaufleute | 비즈니스관리자-인사서비스 | 교육직업 |
| Fachwirt/in-Recht | Weiterbildungsberufe - Betriebswirte/Kaufleute | 비즈니스관리자-법 | 교육직업 |
| Fachwirt/in-Sport | Weiterbildungsberufe - Betriebswirte/Kaufleute | 비즈니스관리자-스포츠 | 교육직업 |
| Fachwirt/in-Steuer | Weiterbildungsberufe - Betriebswirte/Kaufleute | 비즈니스관리자-세금 | 교육직업 |
| Fachwirt/in-Tourismus | Weiterbildungsberufe - Betriebswirte/Kaufleute | 비즈니스관리자-관광 | 교육직업 |
| Fachwirt/in-Umweltschutz | Weiterbildungsberufe - Betriebswirte/Kaufleute | 비즈니스관리자-환경 | 교육직업 |
| Fachwirt/in-Veranstaltung | Weiterbildungsberufe - Betriebswirte/Kaufleute | 비즈니스관리자-이벤트 | 교육직업 |
| Fachwirt/in-Verkehr | Weiterbildungsberufe - Betriebswirte/Kaufleute | 비즈니스관리자-교통 | 교육직업 |
| Fachwirt/in-Verlag | Weiterbildungsberufe - Betriebswirte/Kaufleute | 비즈니스관리자-출판 | 교육직업 |
| Fachwirt/in-VersicherungenundFinanzen | Weiterbildungsberufe - Betriebswirte/Kaufleute | 비즈니스관리자-보험및금융 | 교육직업 |
| Fachwirt/in-Verwaltung | Weiterbildungsberufe - Betriebswirte/Kaufleute | 비즈니스관리자-관리 | 교육직업 |
| Fachwirt/in-VisualMerchandising | Weiterbildungsberufe - Betriebswirte/Kaufleute | 비즈니스관리자-비주얼머천다이징 | 교육직업 |
| Fachwirt/in-Wirtschaft | Weiterbildungsberufe - Betriebswirte/Kaufleute | 비즈니스관리자-경제 | 교육직업 |
| Fachzahnarzt/-ärztin | Berufe mit Studium - Weiterbildung | 전문가 치과 / 의료 | 학문경로-고급 |
| Facility-Management,Techn.Gebäudemanagement(Bachelor) | Studienfächer - grundständig | 시설관리,기술빌딩관리 | (학사)과목-기초 |
| Facility-Management,Techn.Gebäudemanagement(Master) | Studienfächer - weiterführend | 시설관리,기술빌딩관리 | (석사)연구과목-고급 |
| Facility-Manager/in | Berufe mit unterschiedlichen Zugängen | 장비운영자 | 직업경로 |
| Fahrbahnmarkierer/in | Berufe mit unterschiedlichen Zugängen | 포장관리자 | 직업경로 |

| 자 격 명 | 직업 및 교육형태 | 자 격 명 | 직업 및 교육형태 |
| --- | --- | --- | --- |
| Fahrbetriebsregler/in(Straßenverkehr) | Berufe mit unterschiedlichen Zugängen | 교통통제관리(운영) | 직업경로 |
| Fahrlehrer/in | Weiterbildungsberufe - Weitere | 운전강사 | 교육직업-고급 |
| Fahrradmonteur/in | Ausbildungsberufe - Dual | 자전거정비사 | 도제제도-dual |
| Fährschiffer/in(Binnenschifffahrt) | Berufe mit unterschiedlichen Zugängen | Fährschiffer | 직업경로 |
| Fahrzeugglaser/in | Berufe mit unterschiedlichen Zugängen | 자동차유리정비 | 직업경로 |
| Fahrzeuginformatik,-elektronik(Bachelor) | Studienfächer - grundständig | 자동차컴퓨터과학,전자 | (학사)과목-기초 |
| Fahrzeuginformatik,-elektronik(Master) | Studienfächer - weiterführend | 자동차컴퓨터과학,전자 | (석사)연구과목-고급 |
| Fahrzeuginnenausstatter/in | Ausbildungsberufe - Dual | 자동차배관 | 도제제도-dual |
| Fahrzeuglackierer/in | Ausbildungsberufe - Dual | 자동차도장 | 도제제도-dual |
| Fahrzeugpfleger/in | Berufe mit unterschiedlichen Zugängen | 차량정비 | 직업경로 |
| Fahrzeugpfleger/in(§66BBiG/§42mHwO) | Ausbildungsberufe - Reha | 차량정비 | 도제제도-Reha |
| Fahrzeugtechnik(Bachelor) | Studienfächer - grundständig | 자동차공학 | (학사)과목-기초 |
| Fahrzeugtechnik(Master) | Studienfächer - weiterführend | 자동차공학 | (석사)연구과목-고급 |
| Falkner/in | Berufe mit unterschiedlichen Zugängen | Falkner | 직업경로 |
| Familien-/Paartherapeut/in | Berufe mit Studium | Familien-/Paartherapeut/in | 학문경로 |
| Farb-,Stil-undImageberater/in | Berufe mit unterschiedlichen Zugängen | 색상,스타일및이미지컨설턴트 | 직업경로 |
| Fassadendecker/in | Berufe mit unterschiedlichen Zugängen | 외벽건축 | 직업경로 |
| Fassadenmonteur/in | Ausbildungsberufe - Dual | 외벽건축-조립 | 도제제도-dual |
| Fassadenreiniger/in(Gebäudereinigung) | Berufe mit unterschiedlichen Zugängen | 외관청소 | 직업경로 |
| Fechtlehrer/in | Ausbildungsberufe - Sonstige | 펜싱트레이너 | 도제제도-Sonstige |
| Federmacher/in | Ausbildungsberufe - Dual | 기둥설치자 | 도제제도-dual |
| Feinoptiker/in | Ausbildungsberufe - Dual | 안경점 | 도제제도-dual |
| Feinoptikermeister/in | Weiterbildungsberufe - Meister | 안경점-마이스터 | 마이스터 |
| Feinpolierer/in | Ausbildungsberufe - Dual | 안경세척 | 도제제도-dual |
| Feinwerkmechaniker/in | Ausbildungsberufe - Dual | 안경가공기계 | 도제제도-dual |
| Feinwerkmechanikermeister/in | Weiterbildungsberufe - Meister | 안경가공기계-마이스터 | 마이스터 |
| Feldwebel | Ausbildungsberufe - Sonstige | 중사 | 도제제도-Sonstige |
| Feldwebel-AllgemeinerFachdienst | Ausbildungsberufe - Sonstige | 상사-일반행정 | 도제제도-Sonstige |
| Feldwebel-Geoinformationsdienst | Ausbildungsberufe - Sonstige | 상사 - 지리 | 도제제도-Sonstige |
| Feldwebel-Militärmusikdienst | Ausbildungsberufe - Sonstige | 상사-군악대 | 도제제도-Sonstige |
| Feldwebel-Sanitätsdienst | Ausbildungsberufe - Sonstige | 상사 - 의료 서비스 | 도제제도-Sonstige |
| Feldwebel-Truppendienst | Ausbildungsberufe - Sonstige | 상사-기타서비스 | 도제제도-Sonstige |
| Fertighausmonteur/in(Beton) | Berufe mit unterschiedlichen Zugängen | 콘크리트조립식배관공 | 직업경로 |
| Fertighausmonteur/in(Holz) | Berufe mit unterschiedlichen Zugängen | 나무조립식배관공 | 직업경로 |
| Fertigungsmechaniker/in | Ausbildungsberufe - Dual | 제조기술자 | 도제제도-dual |
| Fertigungsplaner/in-Tischlerhandwerk | Weiterbildungsberufe - Weitere | 생산플래너-목공 | 교육직업-고급 |
| Feuerungs-undSchornsteinbauer/in | Ausbildungsberufe - Dual | 노와굴뚝빌더 | 도제제도-dual |
| Feuerwehrgerätewart/in | Berufe mit unterschiedlichen Zugängen | 소방관 | 직업경로 |
| Figurenkeramformer/in | Ausbildungsberufe - Dual | 세라믹기술자 | 도제제도-dual |
| Figurentheater(Bachelor) | Studienfächer - grundständig | 인형극극장 | (학사)과목-기초 |
| Filialleiter/in,Verkaufsstellenleiter/in | Berufe mit unterschiedlichen Zugängen | 스토어관리자/ 판매센터관리자 | 직업경로 |

| 자 격 명 | 직업 및 교육형태 | 자 격 명 | 직업 및 교육형태 |
|---|---|---|---|
| Film-,Fernsehkamera(Bachelor) | Studienfächer - grundständig | 영화,텔레비전카메라 | (학사)과목-기초 |
| Film-,Fernsehproduktion(Bachelor) | Studienfächer - grundständig | 영화,텔레비전생산 | (학사)과목-기초 |
| Film-undFernsehwirt/in | Ausbildungsberufe - Sonstige | 영화및TV호스트 | 도제제도-Sonstige |
| Film-undVideoeditor/in | Ausbildungsberufe - Dual | 영화및비디오편집기 | 도제제도-dual |
| Film-undVideolaborant/in | Ausbildungsberufe - Dual | 영화및비디오연출자 | 도제제도-dual |
| Film-/Fernseh-Regisseur/in(schulischeAusbildung) | Ausbildungsberufe - Sonstige | 영화및TV감독 | 도제제도-Sonstige |
| Filmgeschäftsführer/in | Berufe mit unterschiedlichen Zugängen | 영화관리자 | 직업경로 |
| Filmrestaurator/in(Archiv) | Berufe mit Studium | 필름영사기술자 | 학문경로 |
| Filmvorführer/in | Berufe mit unterschiedlichen Zugängen | 영사기술자 | 직업경로 |
| Filmwissenschaftler/in | Berufe mit Studium | 영화학자 | 학문경로 |
| Finanz-undRechnungswesen,Controlling(Bachelor) | Studienfächer - grundständig | 금융및회계,관리 | (학사)과목-기초 |
| Finanz-undRechnungswesen,Controlling(Master) | Studienfächer - weiterführend | 금융및회계,관리 | (석사)연구과목-고급 |
| Finanz-,Wirtschaftsmathematik(Bachelor) | Studienfächer - grundständig | 금융,비즈니스수학 | (학사)과목-기초 |
| Finanz-,Wirtschaftsmathematik(Master) | Studienfächer - weiterführend | 금융,비즈니스수학 | (석사)연구과목-고급 |
| Finanzassistent/in | Ausbildungsberufe - Abi | 금융관련보조 | 도제제도-Abi |
| Finanzbuchhalter/in | Weiterbildungsberufe - Betriebswirte/Kaufleute | 회계사 | 교육직업 |
| Finanzmakler/in | Berufe mit unterschiedlichen Zugängen | 금융브로커 | 직업경로 |
| Finanzwirt/in | Berufe mit Studium | 금융경제학 | 학문경로 |
| Finno-Ugristik(Bachelor) | Studienfächer - grundständig | Finno-Ugric연구 | (학사)과목-기초 |
| Finno-Ugristik(Master) | Studienfächer - weiterführend | Finno-Ugric연구 | (석사)연구과목-고급 |
| Finno-Ugrist/in | Berufe mit Studium | Finno-Ugrist | 학문경로 |
| Fischereiwesen,Aquakultur(Master) | Studienfächer - weiterführend | 수산양식업 | (석사)연구과목-고급 |
| Fischverarbeiter/in | Berufe mit unterschiedlichen Zugängen | 양식공정기술자 | 직업경로 |
| Fischwirt/in | Ausbildungsberufe - Dual | 양식장 | 도제제도-dual |
| Fischwirt/in-FischhaltungundFischzucht | Ausbildungsberufe - Dual | 양식장-내륙 | 도제제도-dual |
| Fischwirt/in-KleineHochsee-undKüstenfischerei | Ausbildungsberufe - Dual | 양식장-연안 | 도제제도-dual |
| Fischwirt/in-Seen-undFlussfischerei | Ausbildungsberufe - Dual | 양식장-민물 | 도제제도-dual |
| Fischwirtschaftsmeister/in | Weiterbildungsberufe - Meister | 낚시마스터 | 마이스터 |
| Fischwirtschaftsmeister/in-FischhaltungundFischzucht | Weiterbildungsberufe - Meister | 낚시마스터 - 양식장 | 마이스터 |
| Fischwirtschaftsmeister/in-Kl.Hochsee-u.Küstenfischerei | Weiterbildungsberufe - Meister | 낚시마스터 - 해양및근해낚시 | 마이스터 |
| Fischwirtschaftsmeister/in-Seen-undFlussfischerei | Weiterbildungsberufe - Meister | 낚시마스터 - 호수와강낚시 | 마이스터 |
| Fitnesstrainer/in | Ausbildungsberufe - Sonstige | 휘트니스트레이너 | 도제제도-Sonstige |
| Flachdachdecker/in | Berufe mit unterschiedlichen Zugängen | 연삭기 | 직업경로 |
| Flächenschleifer/in | Berufe mit unterschiedlichen Zugängen | 평면연삭기 | 직업경로 |
| Flachglasmechaniker/in | Ausbildungsberufe - Dual | 유리기술자 | 도제제도-dual |
| Flechtwerkgestalter/in | Ausbildungsberufe - Dual | 수공업공장근로자 | 도제제도-dual |
| Fleisch-undWurstwarenhersteller/in | Berufe mit unterschiedlichen Zugängen | 고기와 소시지생산 | 직업경로 |
| Fleischer/in | Ausbildungsberufe - Dual | 도축사 | 도제제도-dual |
| Fleischermeister/in | Weiterbildungsberufe - Meister | 도축마이스터 | 마이스터 |

| 자 격 명 | 직업 및 교육형태 | 자 격 명 | 직업 및 교육형태 |
|---|---|---|---|
| Fleischzerleger/in | Berufe mit unterschiedlichen Zugängen | 도축학 | 직업경로 |
| Flexodrucker/in | Berufe mit unterschiedlichen Zugängen | 광학프린트 | 직업경로 |
| Flexografenmeister/in | Weiterbildungsberufe - Meister | 광학프린트인쇄 | 마이스터 |
| Fliesen-,Platten-undMosaikleger/in | Ausbildungsberufe - Dual | 타일,슬래브 및 모자이크기술자 | 도제제도-dual |
| Fliesen-,Platten-undMosaiklegermeister/in | Weiterbildungsberufe - Meister | 타일,플레이트 및 모자이크마이스터 | 마이스터 |
| Florist/in | Ausbildungsberufe - Dual | 프로리스트 | 도제제도-dual |
| Florist/in(staatl.geprüft) | Weiterbildungsberufe - Weitere | 프로리스트(주정부승인) | 교육직업-고급 |
| Floristmeister/in | Weiterbildungsberufe - Meister | 프로리스트-마이스터 | 마이스터 |
| Flugbegleiter/in | Ausbildungsberufe - Sonstige | 스튜어디스 | 도제제도-Sonstige |
| Flugbetriebsleiter/in | Berufe mit unterschiedlichen Zugängen | 비행운영관리자 | 직업경로 |
| Flugdatenbearbeiter/in | Ausbildungsberufe - Sonstige | 비행데이터프로세서 | 도제제도-Sonstige |
| Flugdienstberater/in | Ausbildungsberufe - BFS | 비행할당기술자 | 도제제도-BFS |
| Fluggerätmechaniker/in | Ausbildungsberufe - Dual | 항공기기계 | 도제제도-dual |
| Fluggerätmechaniker/in-Fertigungstechnik | Ausbildungsberufe - Dual | 항공기기계-제조기술 | 도제제도-dual |
| Fluggerätmechaniker/in-Instandhaltungstechnik | Ausbildungsberufe - Dual | 항공기기계-유지관리기술 | 도제제도-dual |
| Fluggerätmechaniker/in-Triebwerkstechnik | Ausbildungsberufe - Dual | 항공기기계-엔진기술 | 도제제도-dual |
| Flughafenstationsleiter/in | Berufe mit unterschiedlichen Zugängen | 공항역관리자 | 직업경로 |
| Flugingenieur/in | Berufe mit Studium | 비행엔지니어 | 학문경로 |
| Fluglehrer/in | Ausbildungsberufe - Sonstige | 항공편트레이너 | 도제제도-Sonstige |
| Fluglotse/Fluglotsin | Ausbildungsberufe - Abi | 항공 교통 컨트롤러 / 항공 교통 컨트롤러 | 도제제도-Abi |
| Flugsicherungstechniker/in | Berufe mit unterschiedlichen Zugängen | 항공교통제어전문가 | 직업경로 |
| Flugunfalluntersucher/in | Berufe mit unterschiedlichen Zugängen | 항공기사고수사관 | 직업경로 |
| Flugzeugabfertiger/in | Weiterbildungsberufe - Weitere | 에이전트 | 교육직업-고급 |
| Flugzeugreiniger/in | Berufe mit unterschiedlichen Zugängen | 항공기청소기술자 | 직업경로 |
| Flugzeugwart/in | Berufe mit unterschiedlichen Zugängen | 항공승무원 | 직업경로 |
| Flussmeister/in | Berufe mit unterschiedlichen Zugängen | 공정마이스터 | 직업경로 |
| Foliendrucker/in | Berufe mit unterschiedlichen Zugängen | 영화프린트 | 직업경로 |
| Fondsmanager/in | Berufe mit unterschiedlichen Zugängen | 펀드매니저 | 직업경로 |
| Food-and-Beverage-Assistant | Berufe mit unterschiedlichen Zugängen | 식품 및 음료의 조수 | 직업경로 |
| Food-and-Beverage-Manager/in | Berufe mit unterschiedlichen Zugängen | 음식료관리자 | 직업경로 |
| Food-Chain-Manager/in | Berufe mit unterschiedlichen Zugängen | 식재료관리자 | 직업경로 |
| Förderlehrer/in | Ausbildungsberufe - BFS | 지원교사 | 도제제도-BFS |
| Forensische/rPsychologe/Psychologin | Berufe mit Studium | 법정심리학자 | 학문경로 |
| Forschungs-undEntwicklungsingenieur/in | Berufe mit Studium | 연구및개발엔지니어 | 학문경로 |

부록 135

| 자 격 명 | 직업 및 교육형태 | 자 격 명 | 직업 및 교육형태 |
|---|---|---|---|
| Forschungsreferent/in | Berufe mit Studium | 연구책임자 | 학문경로 |
| Forstmaschinenführer/in | Weiterbildungsberufe - Weitere | 산림기계기술자 | 교육직업-고급 |
| Forstverwalter/in/Betriebsleiter/in-Forst | Berufe mit unterschiedlichen Zugängen | 산림관리자 | 직업경로 |
| Forstwirt/in | Ausbildungsberufe - Dual | 임업 | 도제제도-dual |
| Forstwirt/in(Hochschule) | Berufe mit Studium | 임업 | 학문경로 |
| Forstwirtschaftsmeister/in | Weiterbildungsberufe - Meister | 임업마이스터 | 마이스터 |
| Forstwissenschaft,-wirtschaft(Bachelor) | Studienfächer - grundständig | 임업,경제 | (학사)과목-기초 |
| Forstwissenschaft,-wirtschaft(Master) | Studienfächer - weiterführend | 임업,경제 | (석사)연구과목-고급 |
| Foto-undmedientechnische/rAssistent/in | Ausbildungsberufe - BFS | 사진및미디어기술보조사 | 도제제도-BFS |
| Fotodesigner/in(Hochschule) | Berufe mit Studium | 사진디자이너 | 학문경로 |
| Fotografenmeister/in | Weiterbildungsberufe - Meister | 마스터사진 | 마이스터 |
| Fotografie(Bachelor) | Studienfächer - grundständig | 사진학 | (학사)과목-기초 |
| Fotografie(Master) | Studienfächer - weiterführend | 사진학 | (석사)연구과목-고급 |
| Fotograf/in | Ausbildungsberufe - Dual | 사진학 | 도제제도-dual |
| Fotolaborant/in | Ausbildungsberufe - Dual | 사진연구 | 도제제도-dual |
| Fotomedienfachmann/-frau | Ausbildungsberufe - Dual | 사진미디어전문가 | 도제제도-dual |
| Fotomedienlaborant/in | Ausbildungsberufe - Dual | 미디어실험실기술자 | 도제제도-dual |
| Fotomodell | Berufe mit unterschiedlichen Zugängen | 사진 모델 | 직업경로 |
| Fräser/in | Ausbildungsberufe - Dual | 커터기술자 | 도제제도-dual |
| Fraud-Analyst/in | Berufe mit unterschiedlichen Zugängen | 사기분석사 | 직업경로 |
| Freiballonführer/in | Berufe mit unterschiedlichen Zugängen | 풍선파일럿 | 직업경로 |
| Freiwil.Wehrdienstleistende/r-Laufbahngruppe Mannschaften | Ausbildungsberufe - Sonstige | 자원봉사자 | 도제제도-Sonstige |
| Fremdenführer/in | Berufe mit unterschiedlichen Zugängen | 가이드 | 직업경로 |
| Fremdsprachendidaktik(Bachelor) | Studienfächer - grundständig | 외국어교육 | (학사)과목-기초 |
| Fremdsprachendidaktik(Master) | Studienfächer - weiterführend | 외국어교육 | (석사)연구과목-고급 |
| Fremdsprachenkaufmann/-frau | Weiterbildungsberufe - Betriebswirte/Kaufleute | 언어사업가 | 교육직업 |
| Fremdsprachenkorrespondent/in(schulischeAusbildung) | Ausbildungsberufe - BFS | 통역사 | 도제제도-BFS |
| Fremdsprachenkorrespondent/in(Weiterbildung) | Weiterbildungsberufe - Betriebswirte/Kaufleute | 통역사 | 교육직업 |
| Fremdsprachenlehrer/in | Berufe mit Studium | 외국어교사 | 학문경로 |
| Fremdsprachensekretär/in | Ausbildungsberufe - BFS | 외국어비서 | 도제제도-BFS |
| Friedens-,Konfliktforschung(Master) | Studienfächer - weiterführend | 평화,갈등연구 | (학사)과목-기초 |
| Friedhofsarbeiter/in | Berufe mit unterschiedlichen Zugängen | 묘지노동자 | 직업경로 |
| Friesische/rPhilologe/Philologin | Berufe mit Studium | 문헌학자 | 학문경로 |
| Friseur/in | Ausbildungsberufe - Dual | 이발소 | 도제제도-dual |
| Friseurmeister/in | Weiterbildungsberufe - Meister | 이발마이스터 | 마이스터 |
| Frühstücksleiter/in | Berufe mit unterschiedlichen Zugängen | 조식관리자 | 직업경로 |
| Fuger/in,Verfuger/in | Berufe mit unterschiedlichen Zugängen | Verfuger | 직업경로 |
| Fuhrparkleiter/in | Berufe mit unterschiedlichen Zugängen | 함대관리자 | 직업경로 |
| Fundraiser/in | Berufe mit unterschiedlichen Zugängen | 기금모금행사 | 직업경로 |

| 자 격 명 | 직업 및 교육형태 | 자 격 명 | 직업 및 교육형태 |
| --- | --- | --- | --- |
| Fundusverwalter/in | Berufe mit unterschiedlichen Zugängen | 펀드매니저 | 직업경로 |
| Funkbediener/in(Taxibetrieb) | Berufe mit unterschiedlichen Zugängen | 택시무선기술자 | 직업경로 |
| Funker/in | Berufe mit unterschiedlichen Zugängen | 무선운영자 | 직업경로 |
| Fußballtrainer/in | Ausbildungsberufe - Sonstige | 축구코치 | 도제제도-Sonstige |
| Futtermeister/in | Berufe mit unterschiedlichen Zugängen | 라이닝마이스터 | 직업경로 |
| Gabelstaplerfahrer/in | Berufe mit unterschiedlichen Zugängen | 지게차운전자 | 직업경로 |
| Galvaniseurmeister/in | Weiterbildungsberufe - Meister | Galvaniseur마이스터 | 마이스터 |
| Game-Design,Interaction-Design(Bachelor) | Studienfächer - grundständig | 게임디자인,상호작용디자인 | (학사)과목-기초 |
| Game-Design,Interaction-Design(Master) | Studienfächer - weiterführend | 게임디자인,상호작용디자인 | (석사)연구과목-고급 |
| Game-Designer/in | Berufe mit unterschiedlichen Zugängen | 게임디자이너 | 직업경로 |
| Game-Designer/in(schulischeAusbildung) | Ausbildungsberufe - Sonstige | 게임디자이너 | 도제제도-Sonstige |
| Gardemanger | Berufe mit unterschiedlichen Zugängen | 예술관리자 | 직업경로 |
| Gardinennäher/in | Berufe mit unterschiedlichen Zugängen | 커튼기술자 | 직업경로 |
| Garten-,Landschaftsbau(Bachelor) | Studienfächer - grundständig | 정원,공원기술자 | (학사)과목-기초 |
| Garten-,Landschaftsbau(Master) | Studienfächer - weiterführend | 정원,공원기술자 | (석사)연구과목-고급 |
| Gartenbauwerker/in(§66BBiG/§42mHwO) | Ausbildungsberufe - Reha | 정원기술자 | 도제제도-Reha |
| Garten-/Landschaftsgestalter/in | Berufe mit unterschiedlichen Zugängen | 정원,공원관리자 | 직업경로 |
| Gärtner/in | Ausbildungsberufe - Dual | 정원사 | 도제제도-dual |
| Gärtner/in-Baumschule | Ausbildungsberufe - Dual | 정원사-보육 | 도제제도-dual |
| Gärtner/in-Friedhofsgärtnerei | Ausbildungsberufe - Dual | 정원사-Friedhofsgärtnerei | 도제제도-dual |
| Gärtner/in-Garten-undLandschaftsbau | Ausbildungsberufe - Dual | 정원사-조경 | 도제제도-dual |
| Gärtner/in-Gemüsebau | Ausbildungsberufe - Dual | 정원사 - 야채 | 도제제도-dual |
| Gärtner/in-Obstbau | Ausbildungsberufe - Dual | 정원사 - 과일 | 도제제도-dual |
| Gärtner/in-Staudengärtnerei | Ausbildungsberufe - Dual | 정원사-Staudengärtnerei | 도제제도-dual |
| Gärtner/in-Zierpflanzenbau | Ausbildungsberufe - Dual | 정원사-장식작물 | 도제제도-dual |
| Gärtnermeister/in | Weiterbildungsberufe - Meister | 정원사 | 마이스터 |
| Gärtnermeister/in-Baumschule | Weiterbildungsberufe - Meister | 정원사-보육 | 마이스터 |
| Gärtnermeister/in-Friedhofsgärtnerei | Weiterbildungsberufe - Meister | 정원사-Friedhofsgärtnerei | 마이스터 |
| Gärtnermeister/in-Garten-undLandschaftsbau | Weiterbildungsberufe - Meister | 정원사-조경 | 마이스터 |
| Gärtnermeister/in-Gemüsebau | Weiterbildungsberufe - Meister | 정원사 - 야채 | 마이스터 |
| Gärtnermeister/in-Obstbau | Weiterbildungsberufe - Meister | 정원사 - 과일 | 마이스터 |
| Gärtnermeister/in-Staudengärtnerei | Weiterbildungsberufe - Meister | 정원사 - Staudengärtnerei | 마이스터 |
| Gärtnermeister/in-Zierpflanzenbau | Weiterbildungsberufe - Meister | 정원사-장식작물 | 마이스터 |
| Gästebetreuer/in | Berufe mit unterschiedlichen Zugängen | 게스트관리사 | 직업경로 |
| Gastronom/in | Weiterbildungsberufe - Betriebswirte/Kaufleute | 레스토랑주인 | 교육직업 |
| Gastwirt/in | Berufe mit unterschiedlichen Zugängen | 여관주인 | 직업경로 |
| Gebärdensprachdolmetschen(Bachelor) | Studienfächer - grundständig | 언어 통역 | (학사)과목-기초 |
| Gebärdensprachdolmetschen(Master) | Studienfächer - weiterführend | 언어 통역 | (석사)연구과목-고급 |

부록 137

| 자 격 명 | 직업 및 교육형태 | 자 격 명 | 직업 및 교육형태 |
|---|---|---|---|
| Gebärdensprachdolmetscher/in | Berufe mit Studium | 언어통역 | 학문경로 |
| Gebäudereiniger/in | Ausbildungsberufe - Dual | 청소 | 도제제도-dual |
| Gebäudereinigermeister/in | Weiterbildungsberufe - Meister | 청소마스터/의 | 마이스터 |
| Gebäudetechnik,Gebäudeenergietechnik(Bachelor) | Studienfächer - grundständig | 빌딩,빌딩에너지관리 | (학사)과목-기초 |
| Gebäudetechnik,Gebäudeenergietechnik(Master) | Studienfächer - weiterführend | 빌딩,건물에너지공학 | (석사)연구과목-고급 |
| Gedächtniskünstler/in | Berufe mit unterschiedlichen Zugängen | 기념 예술기술자 | 직업경로 |
| Gefahrgutbeauftragte/r | Berufe mit unterschiedlichen Zugängen | 고문 | 직업경로 |
| Geflügelfleischer/in | Berufe mit unterschiedlichen Zugängen | 가금류고기 | 직업경로 |
| Geigenbauer/in | Ausbildungsberufe - Dual | 바이올린 | 도제제도-dual |
| Geigenbauermeister/in | Weiterbildungsberufe - Meister | 바이올린마이스터 | 마이스터 |
| Geldzähler/in | Berufe mit unterschiedlichen Zugängen | 카운터 | 직업경로 |
| Gemeindearbeiter/in | Berufe mit unterschiedlichen Zugängen | 소통노동자 | 직업경로 |
| Gemeindehelfer/in/Gemeindediakon/in | Ausbildungsberufe - Sonstige | 지역사회노동자 | 도제제도-Sonstige |
| Gemeindereferent/in-katholisch | Berufe mit unterschiedlichen Zugängen | 선교사-천주교 | 직업경로 |
| Gemeindereferent/in-katholisch(Fachschule) | Weiterbildungsberufe - Weitere | 선교사-천주교(학교) | 교육직업-고급 |
| Gemmologe/Gemmologin | Weiterbildungsberufe - Weitere | 지리학자 | 교육직업-고급 |
| GenderStudies(Bachelor) | Studienfächer - grundständig | 성별연구 | (학사)과목-기초 |
| GenderStudies(Master) | Studienfächer - weiterführend | 성별연구 | (석사)연구과목-고급 |
| Genderwissenschaftler/in | Berufe mit Studium | 성별연구원 | 학문경로 |
| GeneralManager/in(Gastronomie) | Berufe mit unterschiedlichen Zugängen | 일반관리자-취사 | 직업경로 |
| GeneralManager/in(Hotellerie) | Berufe mit unterschiedlichen Zugängen | 일반관리자-호텔 | 직업경로 |
| Generalagent/in(Versicherung) | Berufe mit unterschiedlichen Zugängen | 일반에이전트-보험 | 직업경로 |
| Genetiker/in | Berufe mit Studium | 유전학자 | 학문경로 |
| Geografie(Bachelor) | Studienfächer - grundständig | 지리학 | (학사)과목-기초 |
| Geografie(Master) | Studienfächer - weiterführend | 지리학 | (석사)연구과목-고급 |
| Geograf/in | Berufe mit Studium | 지리학자 | 학문경로 |
| Geoinformatiker/in(Hochschule) | Berufe mit Studium | 지리정보 | 학문경로 |
| Geologe/Geologin | Berufe mit Studium | 지질학자 | 학문경로 |
| Geomatiker/in | Ausbildungsberufe - Dual | 지질학 | 도제제도-dual |
| Geoökologe/-ökologin | Berufe mit Studium | 지질생태학 | 학문경로 |
| Geoökologie(Bachelor) | Studienfächer - grundständig | 지리경제학 | (학사)과목-기초 |
| Geoökologie(Master) | Studienfächer - weiterführend | 지리경제학 | (석사)연구과목-고급 |
| Geophysik(Bachelor) | Studienfächer - grundständig | 지구물리학 | (학사)과목-기초 |
| Geophysik(Master) | Studienfächer - weiterführend | 지구물리학 | (석사)연구과목-고급 |
| Geophysiker/in | Berufe mit Studium | 지구물리학 | 학문경로 |
| Geotechnologie(Bachelor) | Studienfächer - grundständig | 지리기술 | (학사)과목-기초 |
| Geotechnologie(Master) | Studienfächer - weiterführend | 지리기술 | (석사)연구과목-고급 |
| Geowissenschaften(Bachelor) | Studienfächer - grundständig | 지구과학 | (학사)과목-기초 |
| Geowissenschaften(Master) | Studienfächer - weiterführend | 지구과학 | (석사)연구과목-고급 |
| Geowissenschaftler/in | Berufe mit Studium | 지구과학 | 학문경로 |
| Geprüfte/rWeinfachberater/in | Weiterbildungsberufe - Weitere | 와인컨설턴트 | 교육직업-고급 |

| 자격명 | 직업 및 교육형태 | 자격명 | 직업 및 교육형태 |
|---|---|---|---|
| Gerätewart/in | Berufe mit unterschiedlichen Zugängen | 군인 | 직업경로 |
| Gerätezusammensetzer/in | Ausbildungsberufe - Dual | 장비어셈블러 | 도제제도-dual |
| Gerber/in | Ausbildungsberufe - Dual | 거버 | 도제제도-dual |
| Gerichtshelfer/in | Berufe mit Studium | 법원도우미 | 학문경로 |
| Gerichtsvollzieher/in | Weiterbildungsberufe - Weitere | 법집행관 | 교육직업-고급 |
| Germanistik(Bachelor) | Studienfächer - grundständig | 독일어연구 | (학사)과목-기초 |
| Germanistik(Master) | Studienfächer - weiterführend | 독일어연구 | (석사)연구과목-고급 |
| Germanist/in | Berufe mit Studium | 독일어학자 | 학문경로 |
| Gerontologe/Gerontologin | Berufe mit Studium | 노인학 | 학문경로 |
| Gerontologie(Bachelor) | Studienfächer - grundständig | 노인학 | (학사)과목-기초 |
| Gerontologie(Master) | Studienfächer - weiterführend | 노인학 | (석사)연구과목-고급 |
| Gerüstbauer/in | Ausbildungsberufe - Dual | 비계설치자 | 도제제도-dual |
| Gerüstbauermeister/in | Weiterbildungsberufe - Meister | 비계설치자마이스터 | 마이스터 |
| Gerüstbau-Kolonnenführer/in | Weiterbildungsberufe - Weitere | 비계감독자 | 교육직업-고급 |
| Gesang(Bachelor) | Studienfächer - grundständig | 보컬 | (학사)과목-기초 |
| Gesang(Master) | Studienfächer - weiterführend | 보컬 | (석사)연구과목-고급 |
| Geschäftsführer/in | Berufe mit unterschiedlichen Zugängen | 운영관리자 | 직업경로 |
| Geschäftsführer/in-Maschinen-undBetriebshilfering | Berufe mit unterschiedlichen Zugängen | 기술및운영지원자 | 직업경로 |
| Geschäftsstellenleiter/in(Versicherung) | Berufe mit unterschiedlichen Zugängen | 보험지점관리자 | 직업경로 |
| Geschichte(Bachelor) | Studienfächer - grundständig | 역사학 | (학사)과목-기초 |
| Geschichte(Master) | Studienfächer - weiterführend | 역사학 | (석사)연구과목-고급 |
| Gestalter/in-Bekleidung,Mode | Weiterbildungsberufe - Weitere | 디자이너-의류,패션 | 교육직업-고급 |
| Gestalter/in-Edelmetall | Weiterbildungsberufe - Weitere | 디자이너 - 반지 | 교육직업-고급 |
| Gestalter/in-Edelstein,SchmuckundGerät | Weiterbildungsberufe - Weitere | 디자이너-보석,보석및 | 교육직업-고급 |
| Gestalter/in-Farbtechnik/Raumgestaltung | Weiterbildungsberufe - Weitere | 디자이너 - 컬러기술/인테리어디자인 | 교육직업-고급 |
| Gestalter/in-Handwerk | Weiterbildungsberufe - Weitere | 디자이너 - 공예 | 교육직업-고급 |
| Gestalter/in-Holz/Möbel/Raumgestaltung | Weiterbildungsberufe - Weitere | 디자이너-목재/가구/인테리어디자인 | 교육직업-고급 |
| Gestalter/in-Keramik | Weiterbildungsberufe - Weitere | 디자이너-세라믹 | 교육직업-고급 |
| Gestalter/in-Metallgestaltung | Weiterbildungsberufe - Weitere | 디자이너-금속디자인 | 교육직업-고급 |
| Gestalter/in-Produktdesign | Weiterbildungsberufe - Weitere | 디자이너-제품디자인 | 교육직업-고급 |
| Gestalter/in-Spielzeug | Weiterbildungsberufe - Weitere | 디자이너-완구 | 교육직업-고급 |
| Gestalter/in-Stein | Weiterbildungsberufe - Weitere | 디자이너-돌 | 교육직업-고급 |
| Gestalter/in-Werbe-undMediengestaltung | Weiterbildungsberufe - Weitere | 디자이너-광고및미디어디자인 | 교육직업-고급 |
| Gestalter/infürvisuellesMarketing | Ausbildungsberufe - Dual | 시각디자이너-머천다이징 | 도제제도-dual |
| Gestaltungsberater/in-Raumausstatterhandwerk | Weiterbildungsberufe - Weitere | 디자인컨설턴트 - 인테리어공예 | 교육직업-고급 |
| Gestaltungstechnische/rAssistent/in | Ausbildungsberufe - BPS | 기술설계보조 | 도제제도-BPS |
| Gesundheits-,Rehabilitationspsychologie(Bachelor) | Studienfächer - grundständig | 건강,재활심리학 | (학사)과목-기초 |
| Gesundheits-,Rehabilitationspsychologie(Master) | Studienfächer - weiterführend | 건강,재활심리학 | (석사)연구과목-고급 |
| Gesundheits-undKinderkrankenpfleger/in | Ausbildungsberufe - BPS | 건강및소아과간호사 | 도제제도-BPS |
| Gesundheits-undKrankenpflegehelfer/in | Ausbildungsberufe - BPS | 보건및간호보조 | 도제제도-BPS |
| Gesundheits-undKrankenpfleger/in | Ausbildungsberufe - BPS | 건강과간호 | 도제제도-BPS |
| Gesundheitsaufseher/in | Ausbildungsberufe - BPS | 건강감독자 | 도제제도-BPS |

| 자 격 명 | 직업 및 교육형태 | 자 격 명 | 직업 및 교육형태 |
| --- | --- | --- | --- |
| Gesundheitsberater/in | Berufe mit unterschiedlichen Zugängen | 트레이너 | 직업경로 |
| Gesundheitsförderer/-förderin,-pädagoge/-pädagogin | Berufe mit Studium | 건강발기인 | 학문경로 |
| Gesundheitsförderung,-pädagogik(Bachelor) | Studienfächer - grundständig | 건강증진,교육학 | (학사)과목-기초 |
| Gesundheitsförderung,-pädagogik(Master) | Studienfächer - weiterführend | 건강증진,교육학 | (석사)연구과목-고급 |
| Gesundheitsmanagement,-ökonomie(Bachelor) | Studienfächer - grundständig | 건강관리,경제 | (학사)과목-기초 |
| Gesundheitsmanagement,-ökonomie(Master) | Studienfächer - weiterführend | 건강관리,경제 | (석사)연구과목-고급 |
| Gesundheitsmanager/in | Berufe mit Studium | 건강관리자 | 학문경로 |
| Gesundheitssport(Bachelor) | Studienfächer - grundständig | 건강스포츠 | (학사)과목-기초 |
| Gesundheitssport(Master) | Studienfächer - weiterführend | 건강스포츠 | (석사)연구과목-고급 |
| Gesundheitswissenschaft,PublicHealth(Bachelor) | Studienfächer - grundständig | 건강과학,보건 | (학사)과목-기초 |
| Gesundheitswissenschaft,PublicHealth(Master) | Studienfächer - weiterführend | 건강과학,보건 | (석사)연구과목-고급 |
| Gesundheitswissenschaftler/in-Öffentlichesgesundheitsw. | Berufe mit Studium | 건강과학-보건관리. | 학문경로 |
| Getränkebetriebsmeister/in | Weiterbildungsberufe - Meister | 음료공장관리자 | 마이스터 |
| Gewandmeister/in | Weiterbildungsberufe - Weitere | 옷장제작마이스터 | 교육직업-고급 |
| Gewässerschutzbeauftragte/r | Berufe mit unterschiedlichen Zugängen | 수질오염제어기술자 | 직업경로 |
| Gießereimechaniker/in | Ausbildungsberufe - Dual | 주조 기술자 | 도제제도-dual |
| Gießereimechaniker/in-Druck-undKokillenguss | Ausbildungsberufe - Dual | 주조기술자-압력과중력 다이캐스팅 | 도제제도-dual |
| Gießereimechaniker/in-Handformguss | Ausbildungsberufe - Dual | 주조기술자-수작업성형 | 도제제도-dual |
| Gießereimechaniker/in-Maschinenformguss | Ausbildungsberufe - Dual | 주조기술자-기계성형 | 도제제도-dual |
| Glas-undPorzellanmaler/in | Ausbildungsberufe - Dual | 유리및도자기 | 도제제도-dual |
| Glas-undPorzellanmalermeister/in | Weiterbildungsberufe - Meister | 유리및도자기 | 마이스터 |
| Glasapparatebauer/in | Ausbildungsberufe - Dual | 유리장치메이커 | 도제제도-dual |
| Glasbildner/in | Ausbildungsberufe - BFS | 유리제작자 | 도제제도-BFS |
| Glasbläser-undGlasapparatebauermeister/in | Weiterbildungsberufe - Meister | 유리제작자-마이스터 | 마이스터 |
| Glasbläser/in | Ausbildungsberufe - Dual | 유리제작자-직공 | 도제제도-dual |
| Glasbläser/in-Christbaumschmuck | Ausbildungsberufe - Dual | 유리제작자-크리스마스장식품 | 도제제도-dual |
| Glasbläser/in-Glasgestaltung | Ausbildungsberufe - Dual | 유리제작자-유리디자인 | 도제제도-dual |
| Glasbläser/in-Kunstaugen | Ausbildungsberufe - Dual | 유리제작자-인공눈 | 도제제도-dual |
| Glaser/in | Ausbildungsberufe - Dual | 유리 | 도제제도-dual |
| Glaser/in-Fenster-undGlasfassadenbau | Ausbildungsberufe - Dual | 유리공-창유리외관 | 도제제도-dual |
| Glaser/in-VerglasungundGlasbau | Ausbildungsberufe - Dual | 유리공- 유리 | 도제제도-dual |
| Glasermeister/in | Weiterbildungsberufe - Meister | 유리공 | 마이스터 |
| Glasmacher/in | Ausbildungsberufe - Dual | 유리공 | 도제제도-dual |
| Glasreiniger/in | Berufe mit unterschiedlichen Zugängen | 유리클리너 | 직업경로 |
| Glasschneider/in | Berufe mit unterschiedlichen Zugängen | 유리커터 | 직업경로 |
| Glasveredler/in | Ausbildungsberufe - Dual | 유리가공 | 도제제도-dual |
| Glasveredler/in-GlasmalereiundKunstverglasung | Ausbildungsberufe - Dual | 유리가공-스테인드글라스와 예술유리 | 도제제도-dual |

| 자 격 명 | 직업 및 교육형태 | 자 격 명 | 직업 및 교육형태 |
|---|---|---|---|
| Glasveredler/in-Kanten-undFlächenveredlung | Ausbildungsberufe - Dual | 유리가공 - 마무리에지및표면 | 도제제도-dual |
| Glasveredler/in-SchliffundGravur | Ausbildungsberufe - Dual | 유리가공-절단및조각 | 도제제도-dual |
| Glasveredlermeister/in | Weiterbildungsberufe - Meister | 유리가공공장장 | 마이스터 |
| Gleichstellungsbeauftragte/r | Berufe mit unterschiedlichen Zugängen | 균등기회책임자 | 직업경로 |
| Gleisbauer/in | Ausbildungsberufe - Dual | 철도트랙기술자 | 도제제도-dual |
| Gold-undSilberschmiedemeister/in | Weiterbildungsberufe - Meister | 금과은마스터 | 마이스터 |
| Goldschmied/in | Ausbildungsberufe - Dual | 금세공 | 도제제도-dual |
| Goldschmied/in-Juwelen | Ausbildungsberufe - Dual | 금세공 - 보석 | 도제제도-dual |
| Goldschmied/in-Ketten | Ausbildungsberufe - Dual | 금세공 - 사슬 | 도제제도-dual |
| Goldschmied/in-Restaurator/in | Berufe mit unterschiedlichen Zugängen | 금세공-복원 | 직업경로 |
| Goldschmied/in-Schmuck | Ausbildungsberufe - Dual | 금세공-보석 | 도제제도-dual |
| Goldschmied/in-WerkstattundVerkauf | Berufe mit unterschiedlichen Zugängen | 금세공-워크숍 | 직업경로 |
| Golflehrer/in | Ausbildungsberufe - Sonstige | 골프트레이너 | 도제제도-Sonstige |
| Grabsteinmetz/in | Berufe mit unterschiedlichen Zugängen | 석조무덤기술자 | 직업경로 |
| Grabungsleiter/in | Berufe mit Studium | 토굴및발굴 | 학문경로 |
| Graveur/in | Ausbildungsberufe - Dual | 조판사 | 도제제도-dual |
| Graveurmeister/in | Weiterbildungsberufe - Meister | 조판사 | 마이스터 |
| Gräzist/in | Berufe mit Studium | 고대그리스문화연구자 | 학문경로 |
| Greenkeeper-Assistent/in | Berufe mit unterschiedlichen Zugängen | 고대그리스문화연구보조자 | 직업경로 |
| Grilleur/in | Berufe mit unterschiedlichen Zugängen | Grilleur | 직업경로 |
| Großküchenkoch/-köchin | Berufe mit unterschiedlichen Zugängen | 대형주방요리사 | 직업경로 |
| Gruppen-,Teamleiter/in | Berufe mit unterschiedlichen Zugängen | 그룹팀리더 | 직업경로 |
| Gruppentänzer/in | Berufe mit unterschiedlichen Zugängen | 그룹무용단 | 직업경로 |
| Guest-Relations-Manager/in | Berufe mit unterschiedlichen Zugängen | 방청객관계경영자 | 직업경로 |
| Gummiverarbeiter/in | Berufe mit unterschiedlichen Zugängen | 고무공정 | 직업경로 |
| Gusskontrolleur/in | Berufe mit unterschiedlichen Zugängen | 사출관리자 | 직업경로 |
| Güte-,Materialprüfer/in/Qualitätsfachmann/-frau | Weiterbildungsberufe - Weitere | 품질,재료시험기-품질전문 | 교육직업-고급 |
| Gymnastik-undTanzpädagoge/-pädagogin-Bewegungstherapie | Weiterbildungsberufe - Weitere | 체조와무용교사-운동요법 | 교육직업-고급 |
| Gymnastiklehrer/in | Ausbildungsberufe - BFS | 체육관트레이너 | 도제제도-BFS |
| Hafenarbeiter/in | Berufe mit unterschiedlichen Zugängen | 항만노동자 | 직업경로 |
| Hafenfacharbeiter/in | Weiterbildungsberufe - Weitere | 항만전문인력 | 교육직업-고급 |
| Hafenkranführer/in | Berufe mit unterschiedlichen Zugängen | 항만크레인운전자 | 직업경로 |
| Hafenmeister/in | Berufe mit unterschiedlichen Zugängen | 항만마이스터 | 직업경로 |
| Hafenschiffer/in | Ausbildungsberufe - Dual | 항만기술자 | 도제제도-dual |
| Handelsassistent/in-Einzelhandel | Ausbildungsberufe - Abi | 소매업 | 도제제도-Abi |
| Handelsbetriebswirtschaft(Bachelor) | Studienfächer - grundständig | 상업경영 | (학사)과목-기초 |

| 자 격 명 | 직업 및 교육형태 | 자 격 명 | 직업 및 교육형태 |
|---|---|---|---|
| Handelsbetriebswirtschaft(Master) | Studienfächer - weiterführend | 상업경영 | (석사)연구과목-고급 |
| Handelsfachwirt/in(Abi-Ausbildung) | Ausbildungsberufe - Abi | 상업경영 | 도제제도-Abi |
| Handelsvertreter/in | Berufe mit unterschiedlichen Zugängen | 판매담당자 | 직업경로 |
| Handschuhmacher/in | Berufe mit unterschiedlichen Zugängen | 수공예사 | 직업경로 |
| Handwerksmanagement(Bachelor) | Studienfächer - grundständig | 공예관리 | (학사)과목-기초 |
| Handzuginstrumentenmacher/in | Ausbildungsberufe - Dual | 수공예품보전 | 도제제도-dual |
| Handzuginstrumentenmachermeister/in | Weiterbildungsberufe - Meister | 수공예품보전 | 마이스터 |
| Hängegerüstbauer/in | Berufe mit unterschiedlichen Zugängen | 작업중지작업자 | 직업경로 |
| Haus-undFamilienpfleger/in(Berufsfachschule) | Ausbildungsberufe - BFS | 홈기반의개인관리 | 도제제도-BFS |
| Haus-undFamilienpfleger/in(Fachschule) | Weiterbildungsberufe - Weitere | 홈기반의개인관리 | 교육직업-고급 |
| Hausdame/Housekeeper | Berufe mit unterschiedlichen Zugängen | 가정부 | 직업경로 |
| Hausmeister/in | Berufe mit unterschiedlichen Zugängen | 홈케어마이스터 | 직업경로 |
| Hauswart/in(§66BBiG/§42mHwO) | Ausbildungsberufe - Reha | 홈케어 | 도제제도-Reha |
| Hauswart/in/Haustechniker/in | Weiterbildungsberufe - Weitere | 홈케어기술자 | 교육직업-고급 |
| Hauswirtschafter/in | Ausbildungsberufe - Dual | 홈케어 | 도제제도-dual |
| Hauswirtschaftliche/rBetriebsleiter/in | Weiterbildungsberufe - Weitere | 홈케어관리자 | 교육직업-고급 |
| Hauswirtschaftsgehilfe/-gehilfin | Berufe mit unterschiedlichen Zugängen | 홈케어보조자 | 직업경로 |
| Hauswirtschaftshelfer/in/-assistent/in | Ausbildungsberufe - BFS | 세탁도우미 | 도제제도-BFS |
| Hebamme/Entbindungspfleger | Berufe mit unterschiedlichen Zugängen | 조산사·임신과출산간호사 | 직업경로 |
| Hebamme/Entbindungspfleger (schulischeAusbildung) | Ausbildungsberufe - BFS | 조산사·임신과출산간호사 | 도제제도-BFS |
| Hebammenkunde(Bachelor) | Studienfächer - grundständig | 조산사 | (학사)과목-기초 |
| Hebammenkunde(Master) | Studienfächer - weiterführend | 조산사 | (석사)연구과목-고급 |
| Heilerziehungspflegehelfer/in | Ausbildungsberufe - BFS | 건강교육간호보조 | 도제제도-BFS |
| Heilerziehungspfleger/in | Ausbildungsberufe - BFS | 근로지원 | 도제제도-BFS |
| Heileurythmist/in | Weiterbildungsberufe - Weitere | Eurythmy | 교육직업-고급 |
| Heilpädagoge/-pädagogin | Berufe mit unterschiedlichen Zugängen | 치료교사 | 직업경로 |
| Heilpädagoge/-pädagogin(Fachschule) | Weiterbildungsberufe - Weitere | 치료교사 | 교육직업-고급 |
| Heilpädagogik(Bachelor) | Studienfächer - grundständig | 특수교육 | (학사)과목-기초 |
| Heilpädagogik(Master) | Studienfächer - weiterführend | 특수교육 | (석사)연구과목-고급 |
| Heilpraktiker/in | Ausbildungsberufe - Sonstige | 의사 | 도제제도-Sonstige |
| Heimerzieher/in | Berufe mit unterschiedlichen Zugängen | 홈가정교사 | 직업경로 |
| Heizer/in | Berufe mit unterschiedlichen Zugängen | 난방히터기술자 | 직업경로 |